教育部高等学校航空航天类专业教学指导委员会推荐教材
航空航天类专业应用型人才培养教材

现代航空工程导论

主　编　王　琦
副主编　何国毅　陈龙胜　宋　伟

北京航空航天大学出版社

内容简介

航空航天技术成果不仅极大地改变了世界,也直接影响着人们的日常出行和生活,是一个国家技术水平的标志和综合实力的象征。航空航天技术设计学科众多、魅力无限。本书以飞行器为中心、以航空器为重点,阐述航空航天领域设计的基本概念、基本原理和基本知识,介绍航空航天领域的发展历史、技术特点、最新动态等,全面系统地再现了航空航天技术的技术成果。本书内容包括航空航天发展历程、飞行原理、飞机构造与飞行性能、直升机、飞行器的动力装置、飞行器机载设备与系统、民用飞机、现代飞机新技术、可靠性与质量管理、成本系统工程、民航维修管理、适航与民航运输等。

本书可作为普通高校航空航天类专业的基础教材,供本科低年级各类专业的学生使用,也可作为相关专业人员的参考书。

图书在版编目(CIP)数据

现代航空工程导论 / 王琦主编. -- 北京 : 北京航空航天大学出版社, 2025. 8. -- ISBN 978-7-5124-4836-0

Ⅰ. V2

中国国家版本馆 CIP 数据核字第 2025P81R55 号

现代航空工程导论

主 编 王 琦

副主编 何国毅 陈龙胜 宋 伟

策划编辑 周世婷 责任编辑 周世婷

*

北京航空航天大学出版社出版发行

北京市海淀区学院路 37 号(邮编 100191) http://www.buaapress.com.cn

发行部电话:(010)82317024 传真:(010)82328026

读者信箱:goodtextbook@126.com 邮购电话:(010)82316936

涿州市铭瑞印刷有限公司印装 各地书店经销

*

开本:787×1 092 1/16 印张:15 字数:384 千字

2025 年 8 月第 1 版 2025 年 8 月第 1 次印刷 印数:1 000 册

ISBN 978-7-5124-4836-0 定价:49.00 元

航空航天类专业应用型人才培养教材

编 委 会

前　言

航空工程是现代科学技术的重要分支，涉及飞行器设计、制造、维护、运营及航空系统管理等诸多领域，涵盖了从飞机、直升机、无人机等航空器的设计与制造，到航空材料、航空动力、航空电子、飞行控制等关键技术的研究与应用。航空工程的发展水平直接关系国家的军事安全、交通运输、民航事业以及空间探索等多个领域，不仅是国家综合实力和科技创新能力的体现，也是推动经济社会发展的重要力量。本书旨在为读者提供一个全面而系统的航空工程概述，深入剖析其发展历程、现状、核心技术、应用价值、未来趋势、学科交叉及其对人才的要求，以便读者能够更好地理解和把握航空工程的精髓与前沿。

从莱特兄弟的首次飞行到现代喷气式飞机的广泛使用，从简单的飞行器到复杂的航空系统，航空工程在不断创新中取得了显著成就。当前，航空工程已成为世界范围内高度竞争和发展的领域，各国都在不断加大投入，推动航空技术的进步和应用。航空工程的发展不仅推动了相关产业的繁荣，也对科技创新和人才培养提出了更高的要求。

航空工程的核心技术领域包括空气动力学、结构力学、材料科学、发动机技术、航电系统、飞行控制等，同时又涉及可靠性、维修性、经济性以及适航与运营等方面。这些技术领域的发展与应用，为航空器的性能提升和安全性保障提供了坚实基础。同时，随着信息技术的快速发展，航空工程也在与人工智能、大数据、物联网等新兴技术深度融合，不断拓展其应用领域和发展空间。

未来，航空工程将继续朝着智能化、绿色化、高效化方向发展。随着新技术的不断涌现和应用，航空工程将面临更多的发展机遇和挑战。如何在保证安全性的前提下提高航空器的性能和效率，如何降低航空器的环境影响，如何实现航空技术的普及和大众化，都是航空工程需要面对的重要问题。

随着航空工程的快速发展和应用的广泛深入，其对人才的需求也日益迫切。航空工程人才需要具备扎实的专业基础知识、较强的实践能力和创新精神，同时还需要具备良好的团队合作精神和国际视野。高校和科研机构应加强对航空工程人才的培养和引进，为航空工程的发展提供有力的人才保障。

本书在已有的众多“航空概论”类教材的基础上增加了航空航天类高校学生

应该了解，但又无法安排专门课程进行讲授的内容。

本书通俗易懂、图文并茂，侧重基本概念、基本原理和基本过程的阐述，其内容共13章，包括：第1章绪论，第2章航空航天发展历程，第3章飞行原理，第4章飞机构造与飞行性能，第5章直升机，第6章飞行器的动力装置，第7章飞行器机载设备与系统，第8章民用飞机，第9章现代飞机新技术，第10章可靠性与质量管理，第11章成本系统工程，第12章民航维修管理和第13章适航与民航运输。

本书编写人员均为在航空航天领域从教多年的资深教师，大家以高昂的工作热情，本着育人为先的初心使命，分工合作、精益求精地完成了书稿的撰写工作。本书得到相关院校及企事业单位专家学者的大力支持和指导，在此一并致谢。

本书难免存在各种不足，恳请读者提出宝贵意见，我们将认真听取，并以适当的方式进行修正。

编　者

2025年1月20日

目　　录

第1章 绪 论

飞机无疑是20世纪最伟大的发明之一，以飞机诞生为标志，人类社会步入了航空时代。

1.1 航空航天的基本概念

像鸟一样在空中自由飞翔是人类自古以来的梦想。经过一百多年的发展，航空航天已经成为21世纪最活跃和最有影响力的科技领域之一。航空航天产业一直被认为是高科技产业的典范，是一个国家级战略性的产业，是世界大国之间有力竞争的条件。航空航天技术发展的程度，体现了一个国家的综合国力，直接反映一个国家科学技术、国防建设和国民经济现代化的水平。

航空航天技术是以数学、物理学以及现代技术科学为基础，以飞行器设计、推进理论与工程、制造工程、人机与环境工程等专业为主干的高度综合的学科体系。它综合应用许多其他学科和工程技术的最新成果。数学、力学、化学、动力工程与工程热物理、材料科学与工程、机械工程、电子科学与技术、控制科学与工程、计算机科学与技术、医学以及低温与真空技术等，都对航空航天事业的发展发挥了重要作用。这些学科和技术在航空航天应用中交叉渗透，产生了一个新的学科群，使航空航天形成了一个完整的学科体系。

1. 航 空

航空是指利用载人或不载人的飞行器在地球周围大气层内的航行活动，在空中并没有脱离地球的引力和地球大气层的范围，一般指30 km以内的飞行活动。现代的各种飞机、飞艇等都是属于航空范围的飞行工具。

2. 航 天

航天是指利用载人或不载人的航天器在地球大气层之外的航行活动。航天首先是指脱离了地球引力范围的航行，但基本上还是在太阳系内进行的航行活动，一般指100 km以上的飞行活动。火箭、探测卫星、航天飞机等都属于航天的范围。但实际上，大气层的最大高度达1 200 km，因此，很多航天活动并没有超出大气层的范围。

也有专家进一步将太阳系以外的航行活动称为宇航。中国著名科学家钱学森就认为人类飞行活动可以分为三个阶段，即航空、航天和航宇。他认为航空是在大气层中活动，航天是飞出地球大气层在太阳系内活动，而航宇则是飞出太阳系到广袤无垠的宇宙中去航行。

3. 航空与航天的差异

航空与航天主要可通过以下4点不同体现其间的区别。

第一，飞行原理不同。航空器在大气中活动，需要空气作为介质，产生升力，而航天器在类似真空的环境下活动，且没有或星球引力非常小，无需自己产生升力，但需要按照一定的轨道进行飞行。

第二，使用的动力不同。航空动力需要空气中的氧气作为助燃剂，而航天器动力不仅自带燃料,还自带助燃剂,无需空气中的氧气助燃。

第三,高度不同。航空一般在 30 km 以下,而航天一般在 100 km 以上。

第四,外形要求不同。飞机对外形有较严格的要求,而航天器对外形没有要求,很多卫星都是方的,甚至是不规则外形。

4. 临近空间

"临近空间"目前只是一个学术概念,还没有公认的"官方定义",对它的称呼也有很多种,如"近空间""亚轨道"或"空天过渡区",美国也有人称之为"横断区",而中国学术界过去则有"亚太空""超高空""高高空"等称呼。临近空间下面的空域,通常称为"天空",是传统航空器的主要活动空间,其上面的空域就是人们平常说的"太空",是航天器的运行空间。

临近空间中,空气非常稀薄,不足以为飞行器提供升力,又不足以为航空动力提供所需的氧气,但又有大气,对飞行器形成阻力,且地心引力较大。近年来临近空间的利用正被科学家们所关注。临近空间飞艇、充氦气的高空自由浮动气球、平流层高空长航时无人机、远距离遥控滑翔飞行器、高超声速巡航飞行器等都属于临近空间飞行器。

1.2 飞行器的分类

1783 年 11 月,两位法国人从容地跨入热气球的吊篮,首次体验了离开大地;1903 年 12 月,美国的莱特兄弟的"飞行者"1 号升空,开启了有动力可控航空的新纪元;1961 年 4 月,苏联加加林驾乘"东方 1 号"飞船,实现了人类飞向太空的梦想。这些飞行活动都离不开装载他们升空的飞行器械,这些飞行器械就是飞行器。

在地球大气层内、外飞行的器械统称飞行器。根据飞行器的使用环境和工作方式的不同,可将其大致分为 3 类:航空器、航天器、火箭和导弹。

1.2.1 航空器

在地球周围大气层内从事航行活动的飞行器,称为航空器。现在,航空器的种类繁多,外形不同、构造不同、原理和用途不同的航空器比比皆是。航空器必须具备空气介质和克服自身重力的升力,大部分航空器还要能产生相对于空气运动所需的动力。

航空器在空中飞行,必须产生一个能克服自身重力的向上的力,这个力称为"升力";还必须产生推力或拉力来克服前进的阻力,一般这个推力或拉力由航空器的动力系统提供。根据产生升力的基本原理不同,可将飞行器分为轻于空气的航空器和重于空气的航空器两大类。按照不同的特色可将航空器进行进一步细分,如图 1.1 所示。

按照用途不同,航空器可分为军用航空器、民用航空器以及科研用航空器。军用航空器主要用于军事活动,属于军队的武器装备。有些国家,将军用、警用,以及海关、缉私等用途的航空器统一归为国家航空器;民用航空器是指除军用航空以外的各种航空器,包括民航运输和通用航空领域的航空器;科研用航空器是指为探索航空科学技术而专门研制的航空器,常见的包括研究机、试验机等。

按照驾驶方式不同,航空器可分为有人驾驶航空器和无人驾驶航空器两类。有人驾驶航空器指机上有飞行员操控的航空器;无人驾驶航空器指机上无飞行员,由遥控设备或自备程序控制装置操控，或完全自主控制的航空器。

- 航空器
  - 轻于空气的航空器
    - 非动力驱动：气球
      - 自由气球
      - 系留气球
    - 动力驱动：飞艇
      - 刚性飞艇
      - 半刚性飞艇
      - 非刚性飞艇
  - 重于空气的航空器
    - 非动力驱动
      - 风筝
      - 滑翔机
    - 动力驱动
      - 飞机(固定翼)
        - 陆上飞机
        - 水上飞机
        - 水陆两用飞机
      - 旋翼航空器
        - 直升机
        - 旋翼机
      - 扑翼机
      - 其他航空器
        - 倾转动力航空器
        - 复合动力航空器
        - ……

图 1.1　航空器的分类

1. 轻于空气的航空器

轻于空气的航空器靠空气的浮力克服重力使其升空，因此又称之为浮空器。国际民用航空组织(ICAO)将轻于空气的航空器分为非动力驱动和动力驱动两类。前者指气球，又分为自由气球和系留气球两小类。后者指飞艇，包括刚性飞艇、半刚性飞艇和非刚性飞艇。

(1) 气　球

气球一般没有推力装置，主体为气囊，气囊下面一般都有吊篮或吊舱。

按照气球气囊内所充气体的类型，可将其分为热气球(见图 1.2)、氢气球和氦气球。热气球的吊篮里安装了燃料罐和喷灯，通过控制喷灯，将空气加热后从气囊底部的开口充入气囊，利用热空气轻于冷空气的原理，使气囊产生浮力而升空；升空后，通过控制喷灯的喷射量来操纵气球的上升和下降。氢气和氦气都轻于空气，是主要的填充气体，但氢气易燃易爆，后来氢气球逐步被氦气球取代。

按照气球与地面的关系，可将其分为自由气球和系留气球。自由气球没有地面约束，随风飘荡；而系留气球通过绳缆系于地面，可随时收回。

气球的结构简单，易于制造，价格低廉，应用范围很广。目前，气球在吊运货物、气象、通信、空中监视、旅游等领域表现出很大的优势；热气球运动也是一项受到大众喜爱的航空运动。

(2) 飞　艇

飞艇是指有动力装置且可控的轻于空气的航空器，如图 1.3 所示。

飞艇由巨大的流线型艇体、位于艇体下面的吊舱、起稳定控制作用的尾面和推进装置组成。艇体的气囊内充以密度比空气小的浮升气体(氢气或氦气)借以产生浮力使飞艇升空。吊舱供人员乘坐和装载货物。尾面用来控制和保持航向、俯仰的稳定。大型民用飞艇还可以用于交通、运输、娱乐、赈灾、影视拍摄、科学实验等。

图 1.2 热气球

图 1.3 飞 艇

根据艇体的结构不同，飞艇可分为 3 种类型：刚性飞艇、半刚性飞艇和非刚性飞艇。刚性飞艇由其内部骨架（金属或木材等制成）保持形状，外表覆盖着蒙皮，骨架内部则装有许多为飞艇提供升力的充满气体的独立气囊。半刚性飞艇主要通过气囊中的气体压力保持其形状，其他部分也要依靠刚性骨架。

尽管同飞机相比，飞艇显得大而笨、操纵不便、速度也较慢、易受风力影响，但飞艇也有其突出的优点，如垂直起降、留空时间长、可长时间悬停或缓慢行进且不因此消耗燃料、噪声小、污染小等。此外，随着飞艇广泛使用了氦气填充，其安全性也得到极大提高。

目前，新型飞艇被用于气象、空间和地面探测、空中摄影摄像、巡逻等方面，在军事上也发挥着重要作用。

2. 重于空气的航空器

重于空气的航空器需要与空气产生相对运动来产生升力，或由发动机喷流产生的反作用力使航空器升空。同样，国际民用航空组织（ICAO）将重于空气的航空器也分为非动力驱动和动力驱动两类。前者主要指滑翔机、滑翔伞等，后者包括固定翼飞机、旋翼类航空器、扑翼机以及其他类别的各种航空器。

(1) 固定翼航空器

固定翼航空器包括滑翔机和固定翼飞机。

滑翔机是指没有动力装置的重于空气的固定翼航空器。滑翔机通过外力牵引起飞，如飞机拖拽或汽车牵引起飞。当然，也有部分动力滑翔机装有小型辅助动力，无须牵引可自行起飞，但升空后发动机需要关闭。

无风条件下，滑翔机在下滑飞行中依靠自身重力的分力获得前进动力，这种损失高度的无动力下滑飞行称为滑翔；如有上升气流，滑翔机就可实现平飞或爬高，称为翱翔。滑翔和翱翔是滑翔机的基本飞行方式。现代滑翔机主要用于体育运动。滑翔机一般由较为狭长的机翼和光滑细长的机身和尾翼组成，如图 1.4 所示。

固定翼飞机是指由动力装置产生前进的推力或拉力，由固定机翼产生升力，在大气层内飞行的重于空气的航空器（见图 1.5）。固定翼飞机由机体结构和功能系统组成。按照飞机的动力不同，可分为喷气动力飞机和螺旋桨动力飞机。在航空器家族中，无论是种类还是数量，固定翼飞机均占绝对优势，因此，一般就将固定翼飞机简称为飞机。

图 1.4　滑翔机

图 1.5　固定翼飞机

(2) 旋翼航空器

旋翼航空器包括直升机和旋翼机。

直升机是指以航空发动机驱动旋翼旋转，主动产生升力和推进力，能在大气中垂直起降、悬停、可向前后左右飞行，并可定点转向的可控飞行的重于空气的航空器(见图 1.6)。直升机在军事、民用航空领域几乎无处不在。但与飞机相比，直升机存在速度慢、航程短、使用成本高等缺点。

图 1.6　AC311 直升机

旋翼机是指以航空动力驱动其前行，利用前飞时的相对气流带动旋翼旋转，被动产生升力的重于空气的旋翼航空器，全称为自转旋翼机(见图 1.7)。旋翼机不能垂直起降，也不能悬停，必须像飞机一样滑跑加速才能起飞。旋翼机一般用于空中游览和航空体育运动。

(3) 扑翼机

扑翼机是指像鸟或昆虫扑动翅膀一样，通过机翼的扑动产生升力和推力的重于空气的航

图 1.7 旋翼机

空器，属于仿生飞行器，如图 1.8 所示。中国春秋时期就有人试图制造能飞的木鸟。15 世纪意大利的达·芬奇绘制过扑翼机的草图。1930 年，一架意大利的扑翼机模型进行过试飞。此后出现过多种扑翼机的设计方案，但在气动、控制技术、材料和结构等方面都还存在较多有待解决的问题。

图 1.8 扑翼机

(4) 其他航空器

除上述类型的航空器以外，还有很多其他类型的航空器，如倾转动力航空器、复合动力航空器、地效飞行器、科恩效应航空器等。

倾转动力飞行器是指通过倾转动力，改变飞机推力或拉力的方向，从而使飞机可以垂直或短距起降，又可高速平飞的重于空气的航空器(见图 1.9)。当动力方向处于垂直位置时，飞机即可实现垂直起降；当动力方向转到水平位置时，就相当于一架固定翼飞机。

复合动力飞机是指带有两套以上动力装置的重于空气的航空器。早期为提高直升机的前飞速度，在尾部增加了一个推进螺旋桨(见图 1.10)。现在复合动力航空器类型越来越多，一些高超声速飞行器为满足马赫数大跨度变化的需求，也采用两种或两种以上的组合动力方式。

图 1.9　倾转动力飞机

图 1.10　旋翼机

1.2.2　航天器

主要在地球大气层之外从事航行活动的飞行器称为航天器。航天的实现必须使航天器克服或摆脱地球的引力，如想飞出太阳系，还要摆脱太阳引力。从地球表面发射的飞行器，环绕地球、脱离地球和飞出太阳系所需要的最小速度分别称为第一、第二和第三宇宙速度，是航天所需的 3 个特征速度。

航天器可按照是否载人、任务和结构等进行分类，如图 1.11 所示。

- 航天器
  - 无人航天器
    - 人造地球卫星
      - 科学卫星
      - 应用卫星
      - 技术实验卫星
    - 空间探测器
      - 月球探测器
      - 行星和行星际探测器
  - 载人航天器
    - 载人飞船
      - 卫星式载人飞船
      - 登月载人飞船
    - 空间站
    - 航天飞机
    - 空天飞机

图 1.11　航天器分类

(1) 无人航天器

无人航天器包括人造地球卫星和空间探测器。

人造地球卫星是指环绕地球飞行并在空间轨道运行一圈以上的无人航天器,简称人造卫星(见图 1.12)。人造卫星是发射数量最多、用途最广、发展最快的航天器,主要用于科学探测和研究、天气预报、土地资源调查、土地利用、区域规划、通信、跟踪、导航等各个领域。按照用途不同,人造卫星又可分为科学卫星、应用卫星和技术实验卫星等。

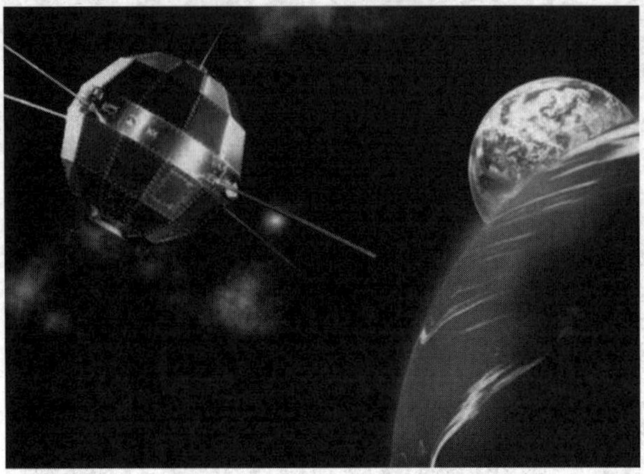

图 1.12 "东方红一号"卫星

空间探测器是指对月球和月球以远的天体和空间进行探测的无人航天器,又称深空探测器或宇宙探测器(见图 1.13)。空间探测器装载科学探测仪器,由运载火箭送入太空,飞近月球或行星进行近距离观测,成为其人造卫星进行长期观测,甚至着陆进行实地考察,或采集样品进行分析研究。

空间探测器按探测的对象划分为月球探测器和行星探测器等。

图 1.13 "嫦娥四号"月球着陆器

(2) 载人航天器

载人航天器是指能够搭载人员进入太空进行科学研究和空间探索的航天器。与无人航天器最大的区别在于载人航天器具有生命保障系统。载人航天器可分为载人飞船、空间站、航天飞机和空天飞机 4 大类。

载人飞船是能保障航天员在外层空间生活和工作以执行航天任务并返回地面的航天器，又称为宇宙飞船(见图1.14)。载人飞船可以独立进行航天活动，也可用作往返于地面和空间站之间的“渡船”，还能与空间站或其他航天器对接后进行联合飞行。载人飞船容积较小，受到所载消耗性物质数量的限制，不具备再补给的能力，而且不能重复使用。中国于2003年10月15日成功发射第一艘载人飞船——“神州五号”，10月16日，其返回舱于内蒙古主着陆场安全着陆，起降绕地球14圈，是中国航天事业在21世纪的一座新的里程碑。

图1.14　“神州五号”载人飞船

空间站是空间轨道长时间运行、可供多名航天员巡航、长期工作和生活的载人航天器，又称太空站、航天站(见图1.15)。多模块空间站则由航天运载器分批将各模块送入轨道，在太空中将各模块组装而成。空间站中要有人能够生活的一切设施，空间站不具备返回地球的能力。

图1.15　中国空间站

航天飞机是一种可重复使用的太空运输工具，可以在地球和太空之间往返运送人员和物资(见图1.16)。航天飞机的设计结合了飞机和火箭的特点，使其具有在大气层内外都能高效运行的能力。尽管航天飞机在太空探索领域取得了显著成就，但其高昂的运行成本和安全隐患使得美国政府在2011年正式结束了航天飞机计划。

空天飞机是航空航天飞机的简称，是既能航空又能航天的新型飞行器，是航空技术与航天技术高度结合的飞行器，其将把空间开发推向一个新的阶段。但实现空天飞机的技术难度比航天飞机更大，主要原因是需要3种动力装置的组合和切换，高强度、耐高温的材料(高速飞行时，其头锥温度可达 2 760 ℃，机翼前缘温度可达 1 930 ℃，机身下温度也可达 1 260 ℃）和具有人工智能的控制系统等。

图 1.16 “奋进号”航天飞机

1.2.3 火箭和导弹

火箭和导弹是一类较为特殊的飞行器，既能在大气层内飞行，也能在大气层外飞行，一般都是一次性使用的。

（1）火　箭

火箭是火箭发动机喷射工作介质产生的反作用力向前推进的飞行器（见图 1.17）。它自身携带全部推进剂，不依赖外界工作介质产生推力，可以在稠密大气层内飞行，也可以在稠密大气层外飞行。按照使用能源的不同可分为化学火箭、核火箭和电火箭等；按照用途可分为无控火箭、探空火箭和运载火箭等，运载火箭是实现航天飞行的运载工具。

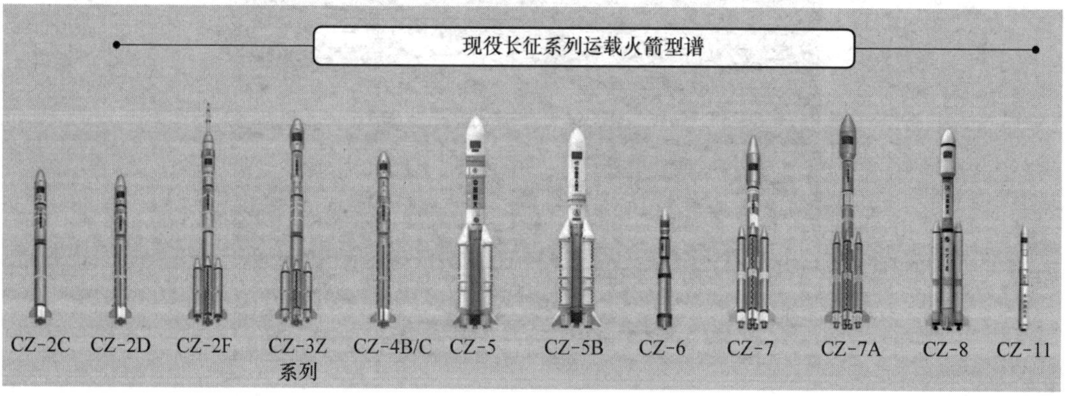

图 1.17 长征系列运载火箭

（2）导　弹

导弹是一种携带战斗部，依靠自身动力装置推进，由制导系统导引控制飞行航迹，导向目标并摧毁目标的飞行器（见图 1.18）。导弹种类繁多，按照作战使命，可分为战术导弹和战略导弹；按照发射点和目标的相对位置，可分为地地导弹、地空导弹、空空导弹、空地导弹等；按照弹道特性，可分为弹道导弹和巡航导弹等。

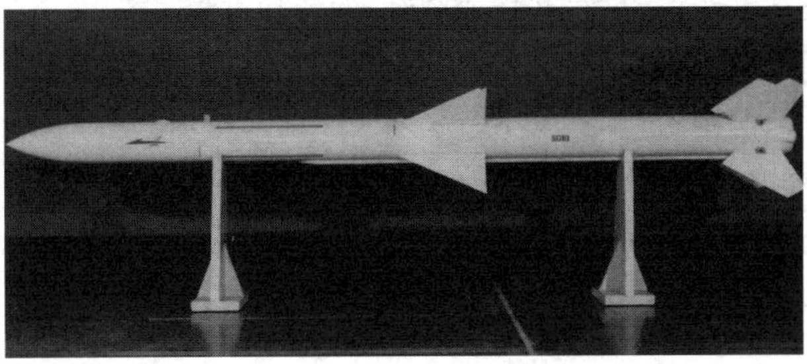

图1.18　"霹雳"-11空空导弹

1.3　航空系统工程

工程是将自然科学原理应用到工农业生产部门中而形成各学科的总称，比如建筑工程、绿化工程、水利工程、环境工程，以及学校的育人工程等。

"工程"科学的某种应用，通过这一应用，使自然界的物质和能源的特性能够通过各种结构、机器、产品、系统和过程，以最短的时间和精而少的人力做出高效、可靠且对人类有用的东西。

随着人类文明的发展，人们可以建造出比单一产品更大、更复杂的产品，这些产品不再是结构或功能单一的东西，而是各种各样的所谓"人造系统"(比如建筑物、轮船、铁路工程，海上工程，飞机等)，于是工程的概念就产生了，并且逐渐发展为一门独立的学科和技艺。

航空工程是将航空学的基本原理应用于航空器的研究、设计、试验、制造、使用和维修过程的一门工程技术。航空工程技术覆盖面广泛、涉及学科众多，往往需要具有旺盛的创新要求。

因此，航空工程是一个全面的、大型的、复杂的，包含各子项目的工程，称之为"航空系统工程"。

系统工程是一个跨多学科领域的工程，通常专注于如何设计和管理复杂的工程专案。当处理大型、复杂的专案时，所面临的相关问题(如物流、不同团队的协调和机器的自动控制等)更加困难。系统工程借由工作流程和工具来处理这一类型的专案，并且与技术和以人为本的学科相互重叠。

航空工程给人类提供了快捷、安全、舒适的交通工具，成为交通运输重要的分支，并且广泛应用于林业播种、农业除虫害、资源调查、环境保护等重要经济部门，为快速经济发展提供支持。作战飞机、导弹等为国防提供了现代的军事装备，是国防现代化不可缺少的工程领域。

1.3.1　航空器设计

在航空工程中，非常重要的部分就是设计。所谓设计，便是创制某一产品之前的构思和体现这一构思结果的过程。我们都知道，一架飞机的好坏主要取决于设计，设计水平的高低直接影响产品最终的水平、质量和成本。工人技术水平和加工工艺水平与过程是密切相关的，但设计的缺陷很难在后期弥补，也许无法弥补，也许需要很高的成本去弥补；而成本主要是由设计决定的。

工程设计是指设计人员应用自然规律，通过分析、综合和创造思维将设计要求(系统要求)

转化为一组能完整描述系统的参数(文档或图纸)的活动过程。

航空器设计是典型的工程设计,是指设计人员应用气动、结构、动力、材料、工艺等学科知识通过分析综合和创造思维,将设计要求转化为一组能完整描述航空器的参数的过程。

1.3.2 工程设计的特征

工程设计的特征可从以下4个方面进行论述。

(1) 认识反作用于客观的一种能动性的表现

从工程哲学来理解,设计是人类基于已有认识去创立的一种新的系统,是改造客观的一种新的试探(而不是仅仅基于已有的产品),是认识反作用于客观的一种能动性的表现。它既是一个认识发展的过程,也是一个行动过程。既然是试探,就不能保证每次都能成功,因此科研是允许失败的。为此,设计者要调动自己的各种能力,包括感知、分析、综合、推理、借鉴、移植、转换、变异、预见、直觉、多向思维、飞跃式思维、试探与修正等一切大脑功能的思维方法,以到达创造新产品的彼岸。设计构想并不一定是一次完成,可以在实现构想的过程中,经过试件的试验、计算、样件制造、试验来修正。随着计算机的发展,模拟(仿真)功能的加强,许多试验、计算可以通过计算机来完成,这大大缩短了设计周期、提高了设计质量。

(2) 设计者必须能够认识真实存在的需求

市场对一种新产品往往提出多种相互矛盾的要求,如产品性能的多目标要求,要求飞机飞得快、强度好,装载质量大,同时又要求空机重量轻,同时还兼有制造工艺性、质量保证、产品安全、可靠性、维修性、经济性、周期性等要求,这些要求必须综合考虑,分清主次。而且要注意这些要求中有些是约束,有些才是设计目标,切不可把约束当成目标(随着量的突变,二者又是会相互转换的)。如协和飞机飞得快,但最终由于噪声大,飞行、维护成本过高的原因被停飞了,因此切忌片面追求某一方面性能,如制造工艺最好或产品安全性最高的设计,这样就达不到目标,甚至变得毫无意义。

(3) 设计者必须构想多个设计方案

设计者必须构想多个设计方案,其中至少有一种能最终演变成一种成功的产品,能在给定的性能、经济、周期三坐标上满足需求。确定设计构想后,可以使用多种方法去评估设计的好坏、优劣,如数学分析、计算机模拟(仿真)、试验性原型机的试运行,以及从已有工程经验的外推等。

(4) 新产品、新系统的性能高低、竞争力的大小,主要取决于设计构想的优劣

工程设计的手段、操作方法随各行业规模、成熟度与复杂性的不同而异。较小企业仍采用手册法,或基于已有产品的改动不大的外延,或基于设计者个人的经验。而对于大型复杂产品的行业部门,如航空、航天、电子、汽车等行业,则越来越普遍使用计算机作为分析、模拟及优化的工具。计算机辅助设计(CAD)与计算机辅助制造(CAM)得到广泛应用,工业机器人、柔性自动生产线等先进方法极大改进了产品质量,提高了工作、生产效率,降低了产品成本。

设计制造一体化(并行工程)技术已在航空航天领域广泛应用,异地设计、异地制造、国际多元化的产品合作开发,仍然受着硬件、软件和管理体制的约束。设计本身仍有其本身的规律和价值,并不因“一体化”而丧失其在新产品开发中的主导作用。

1.3.3 设计学研究的内容

设计学包括两方面的内容:一是设计理论,二是设计方法。

设计理论是探讨将经验已经证实的设计原则作为系统的论述，提供发展一种方法学的基本思路。

设计方法学是将设计理论应用于实际设计时可以使用的一些程序、设计工具及技巧的汇集。

设计学主要涉及以下5方面的内容：

(1) 设计构想与创新

设计是个不断创新的过程。随着人们的生活质量提高，人们不断提出新的设想和要求，而随着掌握知识的不断增多，人们又通过不断创新使得一个个梦想成为现实。有人类之初，人们都是用双脚在地上行走的，但走长了路就会很累，随后就发明了马车；再后来又遇到了河流、湖泊无法穿越，就发明了船；再往后人们觉得光在地上走已经不能满足需求了，就发明了飞机、气球等；再后来人们觉得只在地球上也不足以满足自己的好奇心了，就发明了飞船、航天飞机等。

归纳起来，工程设计可分为5类：

① 发明性新产品，新系统。如飞机、直升机的发明。

② 革新性新产品，新系统。如综合、融合飞机、直升机技术创新发展的倾转旋翼机。

③ 已有产品或系统的精化、提炼。如随电子技术的进步，发展机载电子式的系统综合一体化，玻璃舱座等。

④ 已有产品或系统的功能用途上的改造。如一机多型，实现军、民用不同任务、使命的需求。

⑤ 已有产品或系统的更新换代。如用新型式发动机、新型旋翼系统代替原有系统，实现更新换代。

(2) 设计中的量化及系统化方法

随着科技水平的提高和对设计要求的提高，现代设计已经不再是最初的那种简单结构设计的随手画来，随心制作的时代了，要使用设计的量化及系统化方法。

首先要准确定义客观需求，并评估设计性能。通过分析、计算、模拟、试验、推理、论证，都要采用很多定量方法，比如飞机飞得快，有多快？

需要制定设计过程的规范化结构，制定评估设计需求的方法，总结系统综合可用方法；研究产生和评估不同备选方案的方法，设计的可实施程度的量化方法等。

设计中常常使用很多模型试验，需要研究各种设计模型，研究从设计模型转换到实际环境的相似性准则。

(3) 人工智能设计系统

现代飞机设计非常复杂，光靠一两个人的力量和智慧是远远不够的，设计者必须能够使用前人或他人的专业知识或经验，用部分描述模型或预计性模型就可以进行推理。进一步研究各种推理模型并做一体化综合，就必须研究人工智能设计模型与现有设计工具之间的界面，开发能使用过去设计经验的专家系统，编制基于设计知识的智能系统，开发能得到新的设计策略的计算机系统等。对于工程设计还应研究集体设计的特点及规律。

(4) 信息一体化及管理

工程设计需要大量信息，包括：各种数据、图形、历史及现有产品的资料及图册，设计及生产进行中的实时状态报告，模拟及优化的算法库，质量保证的统计数据，维修中的反馈信息等。设计者应能顺利地建立、存储、查询和调用这些信息。比如各个学科所设计的飞机是不一样的，但最终成型的飞机一定是各个学科都能接受的。这就要求各个学科的信息能够互通，共同利用。

信息的管理要研究设计中究竟需要使用多少信息？将其分类并归纳出每类信息的特点，开发工程数据模型，研究设计过程的动态特性，研究设计过程各阶段任务中信息的输入输出关系，开发工程数据库技术，并建立各类工程数据库，研究建立和表达有关信息的方法并研究产品全寿命期内设计信息的反馈。

(5) 设计工具与人的界面。

新产品开发设计过程中要使用很多设计工具，随着计算机的发展和应用，如绘制草图，计算机交互图形，以及物化过程的各种硬件、软件系统，包括现在比较先进的并行设计系统等，都有一个计算机与设计者进行交流的界面。首先设计者能方便有效地使用这些工具，并能与设计集体的成员有效交换信息，还能与产品使用者进行信息交换。

设计界面要研究人与计算机对话的视觉界面，增加语音及触觉输入，将多种视觉显示归入统一模型等。比如最简单的计算机绘图软件 AutoCAD，最初只有屏幕菜单(就是在屏幕边上排列的菜单)，到现在已成为包括图标菜单、下拉菜单和弹出菜单结合的一个更加人性化的界面了。

1.3.4 创新理论的哲学思维

既然工程设计过程就是一个技术创新的过程，就有必要对创新理论从哲学的角度进行思考，以期对创新理论有较全面的科学认识和理解。

第一，创新是以新思维、新发明和新描述为特征的一种概念化过程。

创新是时代的呼唤，是知识经济的基本特征。

另外，创新是民族之魂，一个没有创新精神的民族，是没有希望的民族；一个没有创新能力的企业，是没有前途的企业；一个没有创新思维的人，也只能是没有作为的庸才。

谈到创新，马上就可以联想到创造、发明、革新、改革等名词，也就说明创新具有这些概念的基本特性；同时，我们说科学技术是第一生产力，创新既然作为知识经济的基本特征，也就同时具备了生产力的基本特性。

可以说：创新是劳动者为获取最大长远利益，利用先进的科学技术手段，改造劳动对象(物化)的一种先进的生产力。

从社会学的概念来说，创新是指人们为了发展的需要，运用已知的信息，不断突破常规，发现或产生某种新颖、独特的有社会价值或个人价值的新事物、新思想的活动。创新的本质是突破，即突破旧的思维定式，旧的常规戒律。创新活动的核心是“新”，它或者是产品的结构、性能和外部特征的变革，或者是造型设计、内容的表现形式和手段的创造，或者是内容的丰富和完善。

从经济学的概念来说，创新就是利用已存在的自然资源或社会要素创造新的矛盾共同体的人类行为，或者可以认为是对旧有的一切所进行的替代、覆盖。

创新从哲学上说是人的实践行为，是人类对于发现的再创造，是对于物质世界的矛盾再创造。人类通过物质世界的再创造，制造新的矛盾关系，形成新的物质形态。

因此，马克思主义对创新的概念阐述为：马克思主义经济学的根本在于劳动概念，而创新是劳动的基本形式，是劳动实践的阶段性发展。基于科学的人类进化、自我创造的发展学说的经济学思想，是来自人类自我内在矛盾创造的实践思想。劳动价值论是马克思主义经济学的核心，其揭示出社会发展的本质变量。其在广义上是一切社会存在的基本决定要素。

总而言之：创新就是在原有资源（工序、流程、体系单元等）的基础上，通过资源的再配置，再整合（改进），进而提高（增加）现有价值的一种手段。

第二，创新作为一种作用力，同样要促进事物的加速发展。

近代以来人类文明进步所取得的丰硕成果，主要得益于科学发现、技术创新和工程技术的不断进步，得益于科学技术应用于生产实践中形成的先进生产力，得益于近代启蒙运动所带来的人们思想观念的巨大解放。可以这样说，人类社会从低级到高级、从简单到复杂、从原始到现代的进化历程，就是一个不断创新的过程。不同民族发展的速度有快有慢，发展的阶段有先有后，发展的水平有高有低，究其原因，民族创新能力的大小是一个主要因素。

创新是一个民族进步的灵魂，是一个国家兴旺发达的不竭动力。

第三，创新的本质很简单，就是实事求是这四个字。

创新既不是标新立异，也不完全等同于创造发明。创新是一种先进生产力，使人们能够对现实事物作本质的认识和科学的重构。

因此可以说，创新的本质就是实事求是。创新就是通过对具体事物的具体分析，来深刻地认识事物，在充分认识事物的基础上，综合构建符合事物发展规律的，能够更深刻反映事物本质的“新生事物”。具体说，创新应具有超前性、系统性、能动性。

第四，既然创新是一种作用力，从力的三要素（方向、大小、作用点）来讲，创新应遵循目标原则、力度原则和基点原则。古希腊科学家阿基米德曾说过，给我一个支点，我可以撬动地球，就是用的这三个要素。创新又是先进的生产力，不仅具有物理的机械特性，更具有社会的能动特性，所以创新更应遵循转化原则。

目标原则也可以称为最大最远利益原则（利益原则），指的是创新要有目的性，且其目的不仅是为了获取局部或眼前的利益，也是为了追求和获取全系统的长远最大利益。最终目标就是产品。

力度原则也可称为适度快速投入原则（投入原则），指的是创新需要一定的投入，而且这种投入的时机和大小是有阶段性的。当事物发展预示出巨大潜能时，则应适度快速投入，即要掌握好投入时机和大小的度。滞后或过低的投入会事倍功半或不足以达到创新的目标；相反，超前或过量的投入势必会影响系统总体的发展，甚至这种投入会转变成系统的负担。

基点原则也可称为基础重心切入原则（切入原则），指的是创新要找准切入点，而这个切入点必须是系统深层次基础部分的重心。表层的切入，徒劳费力；偏心的切入，更有摧垮整个系统的危险。所以必须实事求是地立足于系统存在的大环境，创新必须具体问题具体分析，着手于系统本身的关键环节。

转化原则，即人本社会杠杆效益原则（效益原则）。前面所说的利益原则、投入原则和切入原则是创新的必要条件，那么，效益原则就是创新的充分条件。它指的是创新要有自身的能动性，并且这种能动性是以人为本，可以产生杠杆效益的社会辩证属性。也就是说，人是创新的主体，评价一项创新成功与否，价值大小，就要看其在实践中产生的杠杆效应如何。科技创新的结果往往是以论文和奖励来评价的，但对于社会来说，只有变成了产品卖出去了（进行了成果转化）才能真正产生价值，所以创新的目的必须以能够转化为前提。

第五，创新的过程也就是一个以提高生产力和解放生产力为核心，不断地思维与实践的辩证运动过程。

第六，创新的方法，可以用四个词来说明：好奇、兴趣、质疑和探索。

好奇——创新意识的萌芽。黑格尔说过："要是没有热情，世界上任何伟大事业都不会成功。"所有个人行为的动力，都要通过他的头脑，转变为他的愿望，才能使之付诸行动。

兴趣——创新思维的营养。我国伟大的教育家孔子说："知之者不如好之者，好之者不如乐之者。"可见他特别强调兴趣的重要作用。兴趣是最好的老师，兴趣是感情的体现，是每个人学习的内在因素。事实上，只有感兴趣才能自觉地、主动地、竭尽全力地去观察它、思考它、探究它，才能最大限度地发挥自己的主观能动性，在学习中产生新的联想，或进行知识的移植，做出新的比较，综合出新的成果。

质疑——创新行为的举措。我国古代教育家早就提出"前辈谓学贵知疑，小疑则小进，大疑则大进""学从疑生，疑解则学成"。20 世纪中期布鲁纳认为发现式教学有利于激活学生的智慧潜能，有利于培养他们学习的内在动机和知识兴趣。

探索——创新学习的方法。探索指研究未知事物的精神，或指对事物进行搜查的行为，或指多方寻求答案的过程。只有通过不断探索，才能找到前行的道路。

最后，实践是创新的源泉。①对创新概念的认识过程，是一个对现实种种具体创新实践的理性思维过程，其本身也是一个由个别到一般，由具体到抽象，由感性到理性，由形式思维到辩证思维的思维实践过程。②创新的本质是实事求是，脱离客观事物的空想不是创新，对客观事物内在联系和运动规律认识不足必然导致创新的失败。③创新过程是一个以提高生产力和解放生产力为核心，不断地思维与实践的辩证运动过程。④创新的原则说到底就是一条实践的原则。⑤创新的意识来源于实践，可以说创新意识的产生来源于对客观世界的矛盾分析与综合。⑥创新方法是实践的方法。脱离客观实践的创新方法是空洞的，毫无意义的。实践是丰富多彩的，因此创新方法也就层出不穷，但创新方法的正确与否，最终要通过实践来检验。

因此，可以说实践是创新理论、创新意识和创新行为的源泉。

1.4 学习方法

西方航空教育一向以正规、严谨而著称。他们的一些教育方式和教学方法值得我们借鉴和学习。美、英、法、德等国的航空高等教育以培养基础扎实、知识面宽、能力强的高素质航空专业技术人才和工程师为目标。其主要特点有：

一、强调教育的基础性，着重基础知识和背景知识的教育，同时十分注意专业课程与基础课程的合理结合，不仅要知道怎么做，还要知道为什么这样做；

二、强调教育的实践性，注意培养学生的独立工作能力和创新能力，并强化必备的工作技能。大家可参加相关的科技社团、科技活动及竞赛等，通过实践更好地理解课内教学内容。

因此，我们的学习要注意以下 3 点：

一、讲授和自学结合，注重自己查找资料的训练。在老师讲授的同时，要尽早学会自己去查找资料的方法，这一点对后面的学习（如研究生阶段）非常重要，要适应大学的教学方法，特别是对老师所讲内容要提出质疑。

二、注重新知识，新进展的获取。当今航空技术的发展十分迅速，除传统的流体力学、热力学、空气动力学、动力学、结构设计、总体设计等课程外，新的学科、新的技术不断出现，如复合材料、隐身技术、智能材料与智能结构等。

三、注重毕业设计与前期课程的结合。毕业设计过程，是锻炼学生的独立工作能力和创造能力的一个重要过程，一般都在最后一个学期。在进行毕业设计的选题时，最好能结合今后工作方向进行选择，毕业设计一定要独立完成，从查阅文献入手，经过设计图纸、编制软件，上机计算或测量、试验等过程，重在掌握科学研究的一般方法。

思考题

1. 航空与航天的主要区别是什么？
2. 重于空气的航空器如何升空？
3. 何谓航空工程，为何航空工程是个系统工程？
4. 设计学主要包括哪些方面的内容？

第2章 航空航天发展历程

2.1 航空器发展概述

人类发展之路就是一条创新之路，有梦想才能有发展。但光有梦想是不够的，还要去实践，通过实践才能使梦想成为现实。航空航天发展之路就是这样一条路。

自古以来，人类就希望自己能像鸟一样在辽阔的天空中自由飞翔，并产生了很多神话传说。

中国古代西汉刘安的《淮南子览冥训》和晋朝的《搜神记》中都有嫦娥奔月的记述，在《山海经·海外西经》和《博物志·外国》中也有奇肱飞车的记载。另外中外都有很多关于飞行的美妙神话传说，至今仍在广泛流传，如嫦娥奔月、牛郎织女、阿拉伯飞毯等就是其中的典型代表。

早在农耕时代，就已产生了早期的航空技艺和初始发明，18世纪的产业革命推动了科学技术的发展，为人类实现飞行梦想奠定了基础。20世纪初期开始，航空航天进入了快速发展时期，取得了卓著的成就。

2.1.1 早期的航空活动

中华民族的祖先在航空航天方面对世界的贡献非常突出。风筝、竹蜻蜓、孔明灯、走马灯和古火箭都出自中国，是很多现代飞行器的雏形。

风筝，又称纸鸢，在中国已有2000多年的历史。相传最初出自楚汉相争时的韩信之手。大约在公元五世纪，风筝传入太平洋诸岛和阿拉伯，到中世纪末才传到欧洲，其飞行原理成为当代飞机空气动力学方面最有价值的机理之一。

风筝的飞行原理与滑翔飞机和后来的固定翼飞机的飞行原理是相同的，不同的是风筝靠拉绳提供拉力，而固定翼飞机多了推进系统。图2.1是风筝、滑翔机和现代固定翼飞机在飞行中的受力示意图。据资料记载，世界各国早期研究和创造飞机的人无一不是先研究滑翔机和风筝的。

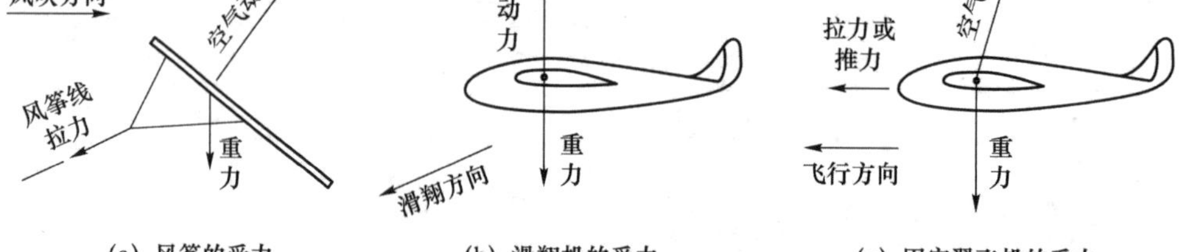

图2.1 风筝、滑翔机和固定翼飞机的受力示意图

竹蜻蜓是流传于我国民间古老的儿童玩具。在中国晋朝（公元265—420年）葛洪所著的

《抱朴子》一书有这样的记述："或用枣心木为飞车，以牛革结环剑，以引其机。或存念作五蛇六龙三牛、交罡而乘之，上升四十里，名为太清。"转动的竹蜻蜓叶片把空气向下推，当向上的反作用力大于竹蜻蜓的重量时，竹蜻蜓就飞起来了。竹蜻蜓在 18 世纪由我国传到欧洲，是现代直升机的雏形，也是螺旋桨飞机飞行的基本原理，如图 2.2 所示。

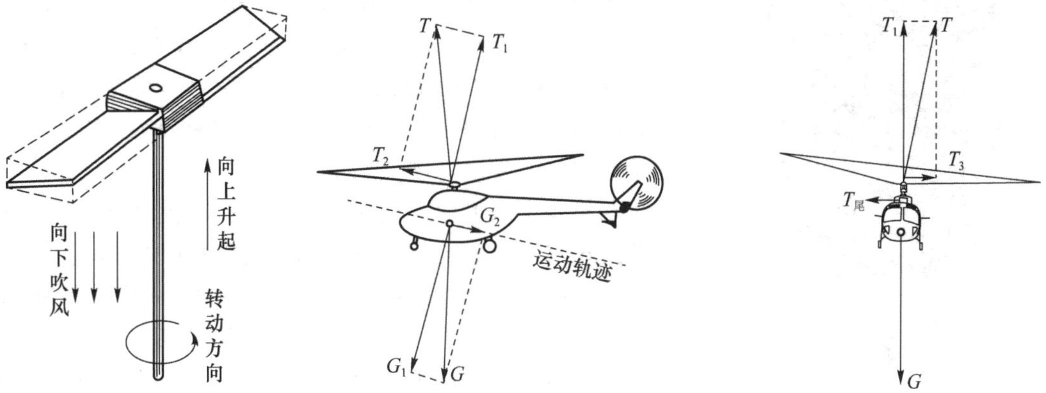

(a) 竹蜻蜓的飞行原理　　(b) 直升机的受力

图 2.2　竹蜻蜓与直升机

孔明灯，又称天灯、许愿灯，如图 2.3 所示。中国古代的"孔明灯"，被公认为是热气球的鼻祖，但它并不是孔明发明的。据说在五代时(公元 907—960 年)，有一个莘七娘随夫出征，用竹和纸做成一个方形灯笼，底盘用桦脂油点燃后，随着灯笼内空气变热，灯笼就可扶摇直上，用作联络信号，这种灯当时被称为"七娘灯"。由于这种灯的外形很像诸葛孔明的帽子，因此民间又称之为"孔明灯"。其实，早在公元前 179 年—公元前 122 年就有记载，在中国西汉年间编写的《淮南万毕术》中有"艾火令鸡子飞。注：取鸡子去其汁，燃艾火空卵内，疾风因举之飞。"的记载，这就是热气球升空原理最早的阐述。

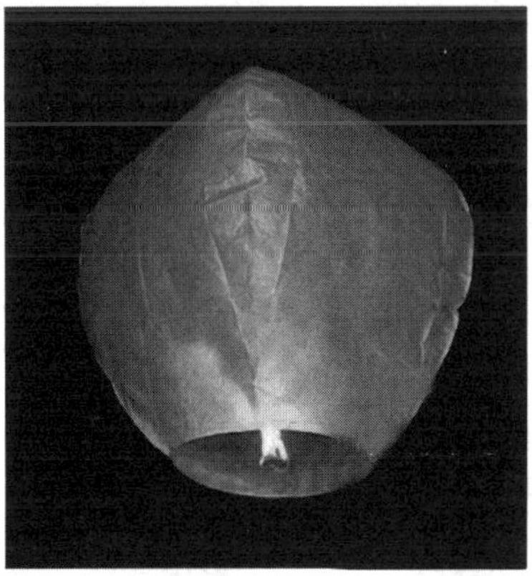

图 2.3　孔明灯

孔明灯"会飞"的原因是：火焰燃烧使周围空气温度升高，密度减小而上升，从而排出孔明灯中原有空气，使自身重力变小，空气对它的浮力把它托了起来。这正是热气球的飞行与升降控制原理。

走马灯，又称蟠螭灯、仙音烛等，是中国特色工艺品，也是传统节日玩具之一，常见于元宵、中秋等节日。走马灯是灯笼的一种，由毛竹编织成马头、马尾，在表面覆上颜色鲜艳的纸或丝绸，灯内点上蜡烛，蜡烛燃烧时产生的气流运动，令轮轴的剪纸转动，并通过烛光将剪纸的影像投射在屏上，影像便不断变化，如图 2.4 所示。走马灯的发明，至晚在宋代。宋代吴自牧的著作《梦粱录》述及南宋京城临安夜市时，已指出其中有买卖走马灯的。周密《武林旧事》在记述临安"灯品"时也说："若沙戏影灯，马骑人物，旋转如飞。"可见，走马灯在南宋时已极为盛行。这也是现代喷气发动机燃气涡轮的鼻祖。

图 2.4　走马灯

火箭也是中国人的发明之一。在 10 世纪，中国就有了应用火药的记载。大约到南宋末年，把火药筒绑到箭杆上，当火药燃烧向后喷射时，反力推着火箭向前射出，如图 2.5 所示。明朝还发明了火箭武器"火龙出水"，如图 2.6 所示。18 世纪，印度在对抗英国和法国军队的多次战争中，曾大量使用火箭武器，取得良好的战果。与现代火箭原理一样的是在 12 世纪出现的"地老鼠"和花筒，它们都是利用了喷气推进原理。

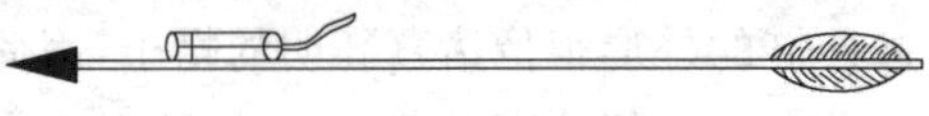

图 2.5　火　箭

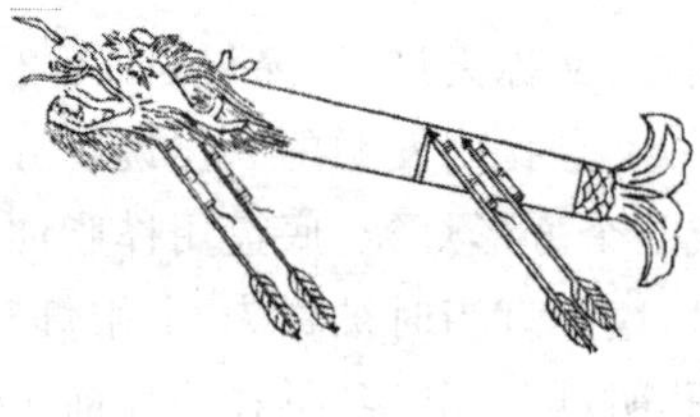

图 2.6　火龙出水

人类仿鸟飞行的梦想和时间也有近 2 000 年的历史了。中国关于木鸟的传说在公元前 500 年就有，最为著名的就是公输般（就是众所周知的鲁班）和墨子。关于人想飞的想法最早记载在《山海经》。在汉朝，人普遍有了借助于翅膀飞行的想法。汉代的铜镜和石刻上，有不少刻有两翼或四翼的神人，如图 2.7(a)所示。《墨子·鲁问篇》记载："公输子削竹木以为鹊，成而飞之，三日不下。"意思是说鲁班用竹子木头做了只木鸟，能在天上飞好几天，图 2.7(b)所示。

(a) 中国古代会飞的人　　(b) 仿鸟扑翼飞行器

图 2.7　飞人和仿鸟飞行器

大家都知道达·芬奇是意大利文艺复兴著名的画家,《蒙娜丽莎》《最后的晚餐》等都是他的巨作。达·芬奇还是一个工程师和飞行梦想家,西方国家最早研究仿鸟飞行的是达·芬奇,并于 1505 年完成了《论鸟的飞行》的科学论文。达·芬奇认为鸟是一架按数学原理工作的机器,人有能力仿制这种机器,包括它的全部运动。他研究了鸟类的骨骼结构,相信"一个带有足够大的翅膀并正确安装的人将会学到如何克服空气阻力,征服天空,成功地调节翅膀并飞入天空",如图 2.8(a)所示;此外,他还曾设计了人力直升机,第一次阐述了直升机的原理,如图 2.8(b)所示。可惜的是这些成果直到 19 世纪后期才被人们发现。

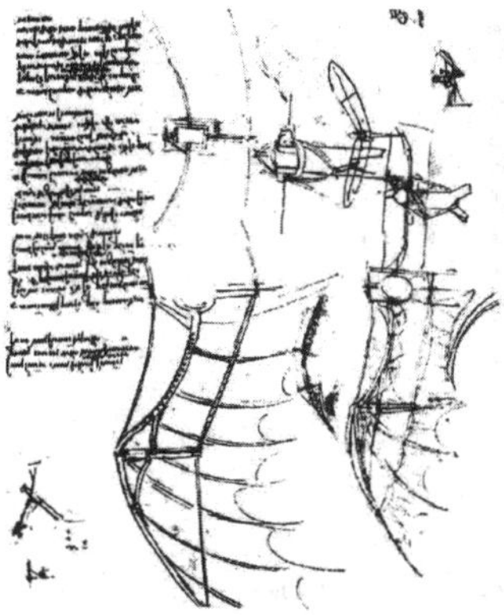

(a) 鸟类骨骼结构

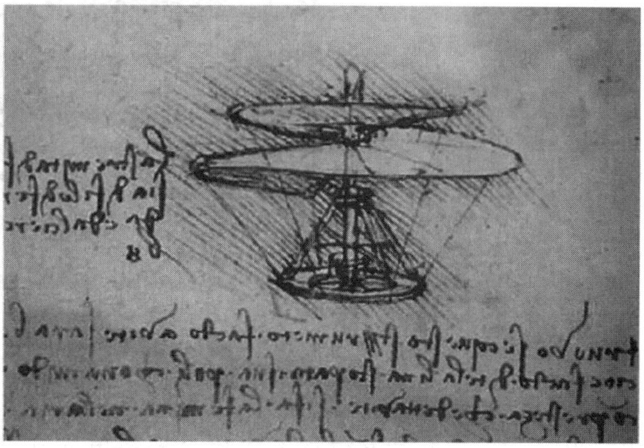

(b) 直升机草图

图 2.8　飞人和仿鸟飞行器

乔治·凯利(1773—1857)被公认为飞机的创始人,被后人誉为"航空之父"。他 1809 年的论文《论空中航行》被后人视为航空学说的起跑线,200 多年来,一直被翻印、转载,成为航空学说的经典,为重于空气的航空器创立了必要的飞行原理。

早期,为了使机械动力飞行获得成功,存在两个主要的问题需要解决:一是作为动力源的发动机问题;二是飞行器在空中飞行时的稳定和操纵问题。

按照两个问题解决的顺序,探索者分成了两派。一派由法国的阿代尔为代表,试图先解决前一问题,使飞行器升空,然后再解决后一问题;另一派由德国的奥图·李林达尔为代表,主张先通过无动力的滑翔机的飞行解决飞行控制问题,再在滑翔机上装上发动机,使之成为可控飞行的飞机。最终,以奥图·李林达尔为代表的一派通过各种试验飞行取得了显著的成绩,并为莱特兄弟成功研制"飞行者"1 号飞机奠定了基础。

2.1.2　热气球和飞艇

18 世纪初,"孔明灯"逐渐流传到西方。法国的蒙哥尔费兄弟对这种灯非常感兴趣,并进行了很多试验。1783 年 9 月 19 日,蒙哥尔费兄弟让一个直径 14 m、高 17 m 的大气球升到空中,气球下面还系着装有一只鸡、一只鸭子和一只山羊的吊篮。1783 年 11 月 15 日,他们第一次将载有两个人,直径 15 m、高 23 m 的热气球升上天空。

1783 年 11 月 21 日,两名法国人乘坐蒙哥尔费兄弟研制的热气球,在巴黎上空飘行了 25 min,平安降落于约 8.9 km 外的地方,这也是人类第一次升空航行,如图 2.9 所示。1783

年 8 月 27 日，法国人查理制成的世界上第一只氢气球飞行成功。

图 2.9　人类第一次乘坐热气球升空

但早期的气球由于没有操纵装置，只能任其随风飘行，无法满足人们飞行的要求。1852 年，法国工程师 H·吉法尔在气球上安装了一台仅 2.2 kW 的蒸汽发动机来驱动一副 3 叶螺旋桨，使其成为第一个可以操纵的气球，这就是最早的飞艇，如图 2.10 所示。橄榄形的飞艇长 44 m，直径 12 m，在软式气囊下有一个三角形风帆用来操纵飞行方向，在吊篮内装有发动机和螺旋桨。

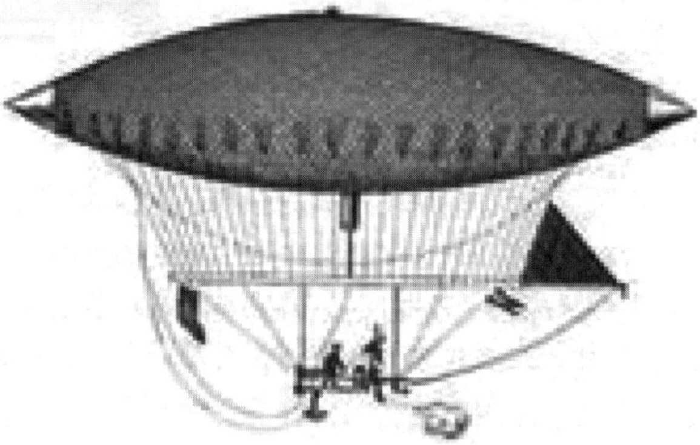

图 2.10　最早的飞艇

早期软式飞艇的气囊要靠充气的压力才能保持外形，飞得又慢又低。1891 年，德国陆军中将冯·齐伯林退役并开始研制新型飞艇。他使用铝材作飞艇的骨架，使气囊始终保持一定的形状，气囊内还有许多个分隔的小气囊，这使得飞艇的安全性得以提高。1900 年 7 月 2 日，第一艘齐伯林式飞艇 LZ-1 号进行了首次飞行。飞艇呈雪茄形，长 128 m，直径 11.7 m，装有 2 台 11.76 kW 的内燃发动机，还装有方向舵和升降舵，巡航速度可达 60 km/h。这是世界上第一艘硬式飞艇。同年，华侨谢缵泰在香港完成了电动飞艇的详细设计资料，并呈献给清政府，期望能批转试制。谁料，腐败、昏庸、黑暗、闭关锁国的清政府，对于当时世界上这一最新科学技术成果一无所知，竟然将谢缵泰苦心钻研的成果打入了“冷宫”。这无疑给勇于创新，不甘落于人后的飞艇设计家、制造家谢缵泰泼了一瓢冷水。最终，在英国友人墨克西鼎力资助下，谢缵泰采用了当时最新的科技成果，以铝合金为支架，电动机作动力，螺旋桨作推进器，顺利地制造出一艘硕大呈纺锤状橄榄球式且极为壮观的新型飞艇，并将它命名为“中国号”飞艇。飞艇上悬挂着中国黄龙国旗，以表达他对祖国无限热爱的赤子之心。

“齐柏林”2 号是世界上最大的硬式飞艇，艇长达 250 m，直径达 41 m，重约 230 t，容积 2×10^5 m^3，要几个足球场才能容得下。

第一次世界大战前后是飞艇发展较快的时期，英国和法国使用小型软式飞艇执行反潜巡逻任务。德国则建立了齐伯林飞艇队，用于海上巡逻、远程轰炸和空运等军事活动。飞艇体积大、速度低、不灵活、易受攻击，同时由于飞机性能的不断提高，因而军用飞艇逐渐被飞机取代。但飞艇的商业飞行仍有发展。1910 年德国用飞艇作为运输工具建立了第一条定期空中航线。

1936 年德国制成的大型飞艇“兴登堡”号，长 245 m，直径超过 41 m，总重 206 t，其内部相当豪华、舒适。在问世一年多的时间里，曾 10 次前往美国，7 次前往巴西，运送旅客 3 059 人次。英国和法国也先后参照齐伯林式飞艇制造了本国的大型飞艇 R－100 号和“阿克隆”号。这时的飞艇大都使用氢气作为浮升气体，易燃易爆，很不安全。1937 年，“兴隆堡”号在着陆时因静电火花引起氢气爆炸，只用不到半分钟就烧成一个框架，造成 36 人遇难(包括地面人员 1 人)。英、美也有多艘大型飞艇大都相继失事，此后飞艇的发展陷于停滞状态。

现代飞艇已采用氦气代替易燃的氢气，使得飞艇的安全性得到极大提高。由于飞艇属于轻于空气的浮空器，因此有无与伦比的滞空时间，消耗能量很少，与飞机相比，可降低 30%以上的能耗。另外，飞艇的尺寸和形状几乎不受限制，因此，内部容积可携带大型天线，在军民领域均有至关重要的作用。

2.1.3　飞　机

气球和飞艇的成功为人类发明飞机积累了丰富经验，乔治·凯利提出了利用机翼产生升力，并利用不同翼面控制并推进飞机的设计概念，李林达尔等对滑翔机等进行了大量的研究和试验，奠定了对飞机进行稳定控制的理论基础。

19 世纪末，莱特兄弟潜心研究了李林达尔的著作和他的试验经验，并亲自进行了许多试验，纠正了前人的一些错误。他们仅在 1903 年就制做了 200 多个不同形状的机翼模型，并进行了上千次的风洞试验。通过大量的试验，兄弟俩发现了增加升力的基本原理，认识到飞机的平衡、上升和转弯可通过舵面偏转来实现，还发现了保持飞机横侧向稳定的方法，从而基本解决了飞机的操纵稳定性问题，奠定了飞机飞行原理的理论基础。

1900—1903 年，莱特兄弟(见图 2.11)制造了 3 架滑翔机，并进行了近千次滑翔试验，其在第 3 架滑翔机的基础上安装了一台内燃机，带动两副两叶推进螺旋桨，将其命名为“飞行者”1 号，如图 2.12 所示。1903 年 12 月 17 日，在美国北卡罗来纳州小鹰镇基蒂霍克的一片沙丘上，“飞行者”1 号进行了 4 次试飞。第一次试飞由奥维尔·莱特驾驶，共飞行了 36 m，留空 12 s。第 4 次由威尔伯·莱特驾驶，共飞行了 260 m，留空 59 s。1906 年，他们的飞机在美国获得发明专利权。

图 2.11　莱特兄弟

图 2.12　“飞行者”1 号

由于莱特兄弟研制的“飞行者”1 号实现了人类的首次载人有动力的可控飞行，因此成为世界上第一架飞机，这在航空航天史上是一个重要的里程碑。

莱特兄弟的成功与他们勇于探索实践、循序渐进、坚持科学实验和善于总结经验是分不开的。

在此之后，航空取得了突飞猛进的发展。

1906 年，巴西人桑托斯·杜蒙设计的飞机在法国飞行成功，这也是欧洲第一次飞机飞行。

1909 年 7 月 25 日，法国人布莱里奥(Bleriot)驾驶自己设计的“布莱里奥”X1 号飞机，飞越英吉利海峡，距离 40 km，历时 37 min，是最早的国际飞行。

1910 年，法国人法布尔(Fabre)发明了浮筒式水上飞机，把飞机的应用范围从陆地扩大到水面。

1911 年 10 月 23 日，皮亚扎上尉驾驶“布莱里奥”X1 飞机，从利比亚沙漠边缘飞往的黎波里与阿齐齐亚之间的土耳其军队上空侦察了一个小时，拉开了飞机参战的序幕。当年 11 月 1 日，意大利的加沃蒂少尉驾驶“鸽”式飞机飞往土军阵地投下了 4 枚 2 kg 重的手雷，开创了用飞机进行轰炸杀伤敌军的历史。

1913 年 5 月 26 日，俄国人西科斯基成功研制了世界第一架 4 台发动机的大型飞机，并亲自驾驶飞上蓝天，飞行高度 122 m，时速 104 km，这架飞机也是第一架拥有封闭驾驶舱和客舱的飞机。在第一次世界大战中，西科斯基的飞机被俄国军队用作轰炸机，西科斯基被授予圣弗拉基米尔十字勋章。

到 1913 年，飞机的性能已得到很大的提高。飞行速度已达 200 km/h，飞行高度可达 6 500 m，续航时间超过 13 h。

第一次世界大战开始后，1914 年 10 月 5 日，法国和德国飞行员发生了有史以来第一次空战，法军飞行员用机枪将一架德军侦察机击落。不过这还不是真正意义上专用的作战飞机，由于在飞机头部装有高速旋转的拉力螺旋桨，为不伤及螺旋桨，一般都由后座人员操纵武器从两侧射击，后又发明高置机枪，使机枪在螺旋桨上方进行射击，这些极大限制了作战飞机的能力。也有一位法国飞机设计师在木制螺旋桨表面包敷上金属片，机枪射击时，虽有 10%左右的子弹打在螺旋桨叶的金属片上被弹偏，但仍由大量子弹射向敌机，保持了较强的战斗力，因此，这个设计使法国在与德国的空战中占据了优势。

直到 1915 年，德国人发明了射击协调器，这一装置可使子弹在旋转的螺旋桨叶片之间射击，而不打在叶片上，才真正解决了机载机枪向前扫射的问题。这一技术首先在德国福克 E-3 飞机上成功应用，并获得了很大成功。

随着射击协调器的发明，产生了专门用于空战的驱逐机，也就是现代歼击机的前身。随后又出现了专用的轰炸机和强击机。

第一次世界大战中，飞机作为一种新式武器系统得到了充分肯定和广泛应用，并奠定了现代立体作战的基础。一战极大地促进了飞机的发展，航空工业初具规模。这一时期的飞机结构一般为钢管焊接骨架加布或木制蒙皮，布局形式大多为双翼机。与战前比，飞机性能和发动机功率都有了较大提高。

第一次世界大战结束后，航空业方兴未艾，航空运输业（包括邮政、客运、货运）应运而生。一战后大量军用飞机闲置，大量飞行员一时无事可干，而当时美国的铁路运输已很发达，因此美国把航空运输的重点先放在开发邮政运输上。1919 年 2 月 5 日，德国开通了世界上第一条定期客运航线，同年，英国和法国相继建立了国际定期航线，早期航空运输网初步形成。1919 年 6 月 25 日，德国制成世界上第一种专用的旅客机容克 F-13，能载客 4 名和两名空勤人员。1919 年 12 月 4 日，英国利用双发轰炸机改型的旅客机 HP·W·8 首飞成功，可装载 12 名乘客。

一战期间，美国军用飞机的生产落后于欧洲，但战后在民用航空方面却后来居上，先后研制了一批具有影响力的飞机，如波音公司的波音-247，道格拉斯公司的 DC-1、DC-2、DC-3 和 DC-4 等。其中尤其以 1939 年出厂的 DC-3 飞机产量最大，影响力也最大。DC-3 可搭载乘客 36 名，航程可达 2 420 km，速度可达 290 km/h，如图 2.13 所示。波音-247 和 DC-3 的出现，基本奠定了现代民航客机双发、下单翼、起落架可收放的基本布局。

图 2.13 DC-3 飞机

一战后，人们进行了一系列的飞行尝试，创造了许多第一。著名的飞行活动包括：飞越大西洋、太平洋，飞跨北极、南极，飞越澳大利亚、莫斯科直飞纽约等。

一战后到二战前，军用飞机产量减少，民用飞机取得了较大发展。航空活塞发动机性能迅速改善，发动机功率和功重比成倍增加，油耗明显下降，寿命极大延长；空气螺旋桨技术有较大进步；飞机构型逐渐由双翼向单翼过渡；起落架由不可收放，改为可收放形式，极大降低了高速飞行的阻力。

到第二次世界大战前，飞行速度已达 500 km/h，飞行高度达 7 000 m，航程达到 3 000 km 以上。轰炸机的载弹量超过 2 000 kg。

第二次世界大战的空战是迄今最残酷、空战规模与频繁程度最甚的。飞机在夺取制空权、战略轰炸、战场攻击、侦察和空运方面发挥了巨大作用。仅在1941—1944年不到4年的时间里，主要参战国美、英、德、苏就分别为各自的军队采购了29.61万架、10.26万架、10.40万架和11.07万架新飞机。军用机在战争中的需求量可见一斑。

1931年9月1日，法西斯德国对波兰发动“闪电战”，主力飞机就是容克-87俯冲轰炸机。1941年保卫英伦三岛之战，参战的有英国著名战斗机“喷火”“飓风”、德国的Me-109等。珍珠港事件中，日本出动了300余架飞机参加偷袭，主力飞机是三菱“零”式战斗机。1942年4月18日，B-25中型轰炸机从“大黄蜂”号航空母舰起飞，开始首次轰炸东京，对日本不宣而战进行报复性轰炸。苏德战场上，苏联使用了优秀的战斗机，早期有雅克-1，米格-3、拉-3，后期有雅克- 9、拉-5和拉-7等。

为配合地面作战，二战中出现了专用于对地攻击的强击机，苏联伊留申设计局研制的伊尔-2型强击机，绰号“黑死神”，该机低空性能好，火力强大，本身为装甲结构，总产量超过40 000架。

世界上第一种正式使用和装备机载雷达的飞机，非美国的P-61“黑寡妇”(Black Widow)莫属，这种飞机于1943年正式参战，在太平洋及欧洲战场发挥了独特作用。

在对轴心国发动的战略轮番轰炸中，战略重型轰炸机发挥了重要的作用，美国有B-17，B-24及超级空中堡垒B-29(见图2.14)。B-29飞机是当时载弹量最大、航程最远的重型轰炸机，载弹量达4 000 kg，航程达5 300 km，最大速度为600 km/h，分别于1945年8月6日和9日，向日本的广岛和长崎投放了原子弹。英国有“兰开斯特”。中轻型轰炸机除美国的B-25外，还有英国的“蚊”DH98和苏联的图-2等。德国和日本著名的轰炸机有HeIII(德)、96式及99式(日)等。

二战期间，美国也出现了大批优秀的战斗机，如二战前期有P-38、P-39、P-40，二战后期有P-47和P-51(见图2.15)，后两种产量均逾万架。

像第一次世界大战一样，第二次世界大战也有力地刺激了飞机性能的提高。1939—1945年，人们对飞机的认识比战前更深刻了。

第二次世界大战后期，战斗机的飞行速度达到了780 km/h，已经接近活塞式飞机飞行速度的极限。若要进一步提高飞行速度，必须增加发动机推力，但是活塞式发动机已经不能满足需求。航空科学家们认识到，要向声速冲击，必须使用全新的航空发动机，也就是喷气式发动机。

图2.14 B-29轰炸机

图2.15 P-51“野马”战斗机

20 世纪 20 年代末，时任英国空军教官的弗兰克·惠特尔提出了喷气式发动机的设想，并于 1930 年申请了专利，但并未引起飞机制造商的兴趣。1939 年 8 月 27 日，第一架装有涡轮喷气发动机的 He-178 在德国试飞成功，如图 2.16 所示。直到 1941 年 5 月 15 日，英国的第一架喷气式飞机 E-28/39 才在一片喧闹声中首次起飞。

图 2.16　第一架喷气式飞机 He-178

1942 年 8 月，德国研制的 Me-163“彗星”定型生产，Me-163 装有 1 台液体燃料火箭发动机，速度为 933 km/h，成为当时最快的飞机，并且最早采用了后掠翼。次年 5 月，英国研制的格洛斯特流星首飞成功，1945 年曾创下 975 km/h 的平飞速度记录。但由于都出现于二战后期，因此这两种飞机并未发生直接对抗。

1944 年，美国的首款喷气式飞机 P-80 投入使用；1946 年，苏联的米格-9 和雅克-15 同日升空。这是第一批真正实用的喷气战斗机正式装备部队，但这时的喷气式飞机均采用的是平直机翼。

由于喷气飞机均出现在二战后期，因此，在二战中没有发挥明显的作用。

当垂直于机翼前缘的气流流速接近声速时，机翼上表面局部地区的气流受凸起的翼面影响，其速度将会超过声速，出现局部激波，从而使飞行阻力急剧增加。早在 1935 年，德国青年学者阿道夫·布兹曼就提出了关于后掠翼的设想，并由德国成功地将后掠翼技术应用到了世界上最早的喷气式战斗机 Me-262 和最早的实用火箭飞机 Me-163 上。二战后，美国和苏联吸收了前人的经验和数据，分别研发了 F-86“佩刀”和米格-15 后掠翼战斗机。这两种飞机在朝鲜战场上出现后引起了轰动，他们的飞行速度达到了 1 000 km/h 以上，成为世界上第一批参加实战的后掠翼飞机。

随着高速空气动力学理论和飞机设计技术的进步，1947 年 10 月 14 日，24 岁的美国空军试飞员查尔斯·耶格尔上尉驾驶美国 X-1 试验研究机，如图 2.17 所示，由 B-29 挂载升空后发射，在 12 800 m 高空达到 1 078 km/h 的速度（Ma 为 1.015），首次突破了声障。

随 X-1 飞机突破声障之后，1953 年和 1954 年，美国的 F-100“超佩刀”和苏联的米格-19 先后装备部队，成为最先服役的仅依靠本身喷气发动机即可在平飞中超过声速的战斗机。这标志着航空真正进入超声速时代。

图 2.17　第一架喷气式飞机 He-178

这一时期，喷气动力也开始在其他机型中应用，出现了一批高亚声速的喷气客机、运输机和轰炸机。典型的代表机型包括美国波音公司的波音-707 客机、B-47 和 B-52 轰炸机，以及苏联的图-104 客机、图-16 轰炸机等。

朝鲜战争结束后，空战理论与战斗机装备技术水平均有了长足的发展。这时主流的战斗机设计思想包括如下要点：认为飞机的大速度是决定空中优势的主要因素；主张研制多用途战术战斗机；主张以速度和远距离空战取胜；必须具有较大的航程；可以接受格斗性能的下降；忽视机炮的作用；不重视飞行员在空战中的作用。在此思想指导下，研制了第二代超声速喷气战斗机，包括美国的 F-4（见图 2.18）和苏联的米格-21（见图 2.19）等典型机型，其最大平飞速度超过声速的两倍。

图 2.18　F-4 战斗机

图 2.19　米格-21 战斗机

20 世纪 60 年代，美国的 SR-71 高空高速侦察机（见图 2.20）和苏联的米格-25 战斗机等飞机投入使用，最大平飞速度均超过声速 3 倍。但随着速度的提高，因飞机与空气摩擦产生的气动加热对飞机的结构形成了巨大的考验。SR-71 和米格-25 也分别成为突破热障的第一架侦察机和第一架战斗机。

这一时期，还出现了可变后掠翼布局的 F-111 战斗轰炸机（美）和可垂直起降的“鹞”式战斗机（英），如图 2.21 所示。苏联的雅克-38 垂直起降舰载战斗机也在这一时期研制成功。

图 2.20　SR-71 高空高速侦察机

图 2.21　“鹞”式垂直起降战斗机

20 世纪 70 年代，随着主动控制技术和大推重比涡扇发动机的应用，出现了全天候、高机动性的第三代战斗机，典型机型包括美国的 F-15、F-16、F-18 战斗机，苏联的米格-29、苏-27 等机型。F-15 鹰式飞机是美国麦·道公司研制的单座双发超声速重型喷气战斗机，是全天候、高机动性的战术战斗机，针对获得与维持空中优势而设计的它，是美国空军主力三代战机之一，如图 2.22 所示。

图 2.22　F-15 战斗机

与此同时，波音-747 等大型宽体民用客机投入运营服务，并逐步成为干线运输的主力机型之一，直到 2023 年 2 月 1 日，最后一架波音-747 飞机交付客户，该型号已经生产了半个多世纪。此外，在超声速民航客机方面也取得了重要进展，由英法联合研制的协和式超声速客机与苏联的图-144 超声速客机分别投入商业飞行，这是目前仅有的两种超声速民航客机，如图 2.23 所示。

隐身是为规避敌方雷达探测采用的一种技术手段，第一代隐形飞机诞生于美国，以 F-117A 隐形战斗轰炸机(见图 2.24)为代表。但其速度慢，机动能力差，已于 2007 年初提前退役。这主要是因为机身结构、布局为顾及隐身需要，而导致气动性能不佳，发动机推力减小，并且无加力。尽管如此，作为世界上第一种隐身战斗轰炸机，已经“名垂青史”。随着隐身技术的逐步成熟，B-2 轰炸机和 F-22 战斗机(见图 2.25)等新型隐身飞机不断被推出，且隐身要求已经成为四代战机的标配。

(a) 协和式飞机

(b) 图-144飞机

图 2.23 协和式飞机与图-144 飞机

图 2.24 F-117 隐形战斗轰炸机

图 2.25 F-22 战斗机

随着大推重比发动机和先进综合航电设备的应用，使得具有隐身能力、持续的超声速巡航能力、过失速机动能力和超视距打击能力成为四代机的典型配置。

喷气式战斗机的更新换代，体现了航空技术的发展和水平。第一代战斗机以 F-100 和米格-1 为代表，主要特征是：可以高亚声速和低超声速飞行，采用后掠翼并配置涡喷发动机，主要武器为机炮，后期有的加装了第一代空空导弹和机载雷达。第二代战斗机出现在 20 世纪 60 年代，以 F-4 和米格 21 为代表，主要特征是：采用小展弦比薄机翼和带加力的涡喷发动机，这一代飞机的速度和高度都有了很大的提高，最大速度普遍超过声速的两倍，最大高度达到了 20 000 m，主要武器除机炮外，配置了第二代空空导弹和晶体管雷达的火控系统。第三代战斗机出现在 20 世纪 70 年代中后期，以 F-15、F-16、米格-29、苏-27、幻影 2000 等为代表，主要特征是：保留了上一代高空高速的优势，更加强调机动性和低速性能；普遍装备了涡扇发动机，极大地提高了飞机的性能；大量采用新技术，如边条翼、翼身融合体、放宽静稳定度、电传操纵、主动控制技术、玻璃驾驶舱、脉冲多普勒雷达、合成孔径雷达、红外成像技术等，同时可靠性、维修性和战斗生存能力得到很大改善。以 F-22 为代表的第四代战机出现在 20 世纪末，它结合了 F-15、F-16、F117 的优势，综合使用了隐身、航电、材料、发动机和气动设计方面的最新技术成果，成为一种各方面指标全面先进的现代战斗机，美国的 F-35 和俄罗斯的 T-50 也属于第四代战斗机。

此外，还出现了一些特殊用途的飞机，如空中预警机、反潜机、电子干扰机、侦察机和空中加油机等。

2.1.4　直升机

东晋时期(316 年—420 年)中国人就发明了“竹蜻蜓”。15 世纪达·芬奇的画(见图 2.8(b))是世界上最早的直升机设计方案图。“航空之父”乔治·凯利在其成功发明、试验了滑翔机后，也设计了直升机方案，但最终因没有合适的动力装置没有成功。

1826 年法国人阿米柯特制造了一架直升机模型。它由一个活塞发动机驱动，但旋翼全速转动时，整个模型只做上下晃动，不能产生足够的升力，但对直升机的发展是一个较大的刺激。

1907 年 8 月，法国人科尔科尼制造了一架全尺寸直升机，有两个旋翼分别装在驾驶员前后，如图 2.26 所示。该直升机上升高度虽只有几米，但科尔科尼仍成为驾驶直升机升空第一人。

图 2.26　科尔科尼制造的直升机

1909 年，美国柏里勒父子先造了一架同轴式直升机，之后又造了一架双旋翼并列式直升机，如图 2.27 所示。他们造的直升机成功地解决了反扭矩问题，于 1923 年获得专利。

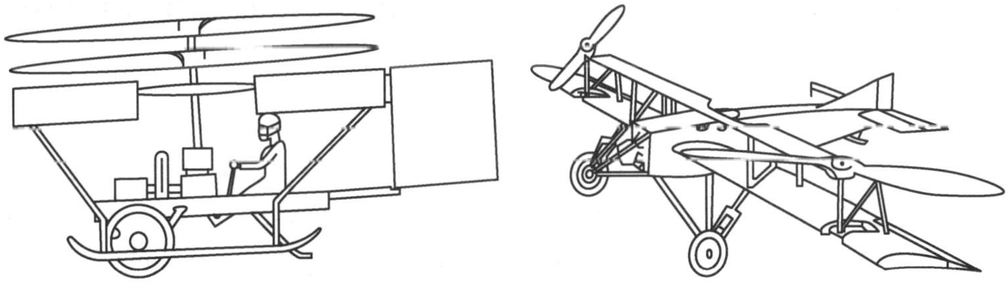

图 2.27　柏里勒父子制造的两种直升机

1937 年德国福克博士制造了一架并列式双旋翼直升机，其最大特点是在操纵上可完全改变旋翼的角度，可以做前后左右的飞行，可以说该机是具有现代直升机优点的雏形。福克式直升机试飞成功后，美国飞机设计师伊戈尔·西科斯基立即到德国参观了那架飞机，并于 1939 年设计出一架 VS-300 型直升机。VS-300 直升机由一副主旋翼和三副尾桨组成，后经优化改为一副尾桨，试飞也非常成功，飞行时间甚至超过了福克式直升机。这架实用的直升机成为现代直升机的鼻祖。

至此，直升机已经初具形态，发展也日趋成熟。

旋翼机与直升机看上去基本一样，但却与直升机有着本质的区别。旋翼机的出现源于一次飞行事故。在一次飞行中，一架飞机因为失去动力而坠毁。西班牙工程师西尔瓦就设想把类似竹蜻蜓的旋翼装在定翼机上，借它前进的速度与风的影响来转动旋翼，旋翼必可产生升力，即使飞机失去动力也可安全降落。当时，他的这个发明被新闻界称之为“风车飞机”。几经试验，证明他的设想是可行的。

1925 年，西尔瓦在汉普郡芳白露皇家空军基地首次正式试飞。三年后，西尔瓦亲自驾驶旋翼机用 1 小时时间成功横越英伦海峡。此后，英美的一些公司开始制造旋翼机，用于搜索和测量。

旋翼机虽然和直升机一样，都是依靠旋翼产生升力，但它不是直升机。旋翼机实际上是一种介于直升机和飞机之间的飞行器，旋翼机与直升机的最大区别是：旋翼机的旋翼不与发动机传动系统相连，发动机不是以驱动旋翼为飞机提供升力，而是在旋翼机飞行的过程中，由前方气流吹动旋翼旋转被动产生升力，像一只风车；而直升机的旋翼与发动机传动系统相连，既能主动产生升力，又能提供飞行的动力，像一台电风扇。由于旋翼为自转式，传递到机身上的扭矩很小，因此旋翼机无需单旋翼直升机那样的尾桨，但是一般装有尾翼，以控制飞行，如图 2.28 所示。

(a) 旋翼机　　(b) 直升机

图 2.28　旋翼机和直升机

直升机是人类研制的仿生机械中最成功的发明之一，以其突出的悬停、低空低速和良好的机动性能，在世界各国经济建设、人们日常生活及现代战争中发挥了不可替代的重要作用。但，由于常规的单旋翼带尾桨直升机受自身构型的影响，在大速度平飞时前行桨叶接近声速，后行桨叶出现反流区，带来旋翼升力降低、阻力及功率需求激增，因此，常规构型直升机的最大速度与航程等性能指标受到限制。目前，常规构型直升机的最大平飞速度只有 300 km/h 左右。为进一步提高直升机的速度，世界各国一直在探索突破直升机速度限制的新构型和新概念，研究提升直升机速度的不同方法和途径。

目前，根据其技术特征和构型特点，可将高速直升机分为复合式、倾转式和停转式三类。

复合式高速直升机是在常规旋翼和前行桨叶概念（ABC）旋翼的基础上，通过配置辅助推进或升力装置实现高速飞行，如图 2.29 所示。其最大特点是：旋翼在飞行包线内的功能变化相对较小，确保其低空低速性能和地面机动能力不低于常规构型直升机，同时实现了较高的平飞速度。但同时，其未从根本上解决前后行桨叶气流不对称的问题，直升机的振动问题仍然突出，最大平飞速度很难超过 500 km/h。

(a) 常规旋翼高速直升机X3

(b) ABC旋翼高速直升机S-97“掠食者”

图 2.29　常规旋翼高速直升机 X3 和 ABC 旋翼高速直升机 S-97“掠食者”

倾转式高速直升机通过转换旋翼功能实现高速飞行，即利用倾转机构实现其主要的气动部件在旋翼与螺旋桨之间转换，从而实现悬停、低速飞行和垂直飞行时以直升机模式飞行，高速时以螺旋桨飞机模式前飞，从而兼顾低速与高速飞行性能，具有“跨界”特征，如图 2.30 所示。倾转式高速直升机可实现更高的平飞速度（500～600 km/h），具有振动小、噪声低、经济性好的优点，但近地面机动能力比复合式要低，飞行控制系统和动力传动系统更为复杂。

图 2.30　倾转旋翼直升机 X22“鱼鹰”

停转式高速直升机是通过控制气动部件在低速和高速状态的运行方式，实现兼顾低高速飞行的目的。即低速状态旋翼旋转以提供气动升力，高速状态桨叶停转（S-72，X-50A）或者收缩（盘翼旋翼机），以定翼机方式提供气动升力，如图 2.31 所示。停转类是一种较新颖的高速直升机，兼顾了直升机的特点，并通过喷气发动机等可实现更高速度的飞行；缺点是旋翼系统要兼顾旋转和固定/收缩状态，气动效率较低，飞行控制系统更为复杂。

(a) 悬停状态

(b) 平飞状态

图 2.31　波音 X-50A 验证机悬停状态和平飞状态

2.1.5　无人机及其他航空器

无人机是指机内没有飞行员,用遥控设备或自带程序控制装置操纵,以及完全自主控制的航空器。无人机不仅包括无人飞机,也包括无人直升机和其他无人航空器。因为无人机只是一个搭载平台,需要根据具体任务搭载不同的任务载荷,所以一般又将无人机本身称为无人机平台。由于无人机需要在地面站、数据链等的支持下工作,因此,无人机也常被称作无人机系统,而机、站、链则被称为无人机系统的三要素。随着控制技术的发展与进步,特别是自主控制技术的广泛应用,无人机将获得实时感知和自主决策的能力,届时的无人机有望成为独立执行使命任务的智能化航空器。

无人机具备许多有人机无法具备的优势。由于机上没有飞行员,无需驾驶舱和生命保障系统,从而降低了重量和成本;更加适合执行危险性高的任务;可以进行更加剧烈的机动飞行,可以在更加恶劣的环境中使用,可以长时间滞留空中;有可能采用更加前沿的布局形式。还可根据任务进行综合优化,以转化为经济优势。

但无人机也有明显的弱点。由于对系统的高度依赖,系统指令与数据链路一旦受到干扰,其使用安全和综合生存性势必受到影响。在执行复杂或敏感任务时,导致无法实时做出自主决策,更无从进行道德判断,对其拓展应用存在一定障碍。

现在,无人机无论在军事领域还是民用领域都得到了广泛的应用。从现代战争的趋势看,无人机有可能会改变整个战争的作战方法和体系;民用无人机将在更多的行业和领域得到广泛应用,并也越来越多地进入百姓家中。

近年来,无人机独特的科研价值越来越受到重视,并将成为探索航空航天“新任务、新领域和新边界”的有力工具。

2.2　航天器发展概述

随着航空的发展,人类探索浩瀚宇宙的愿望越来越强烈。1957 年 10 月 4 日:世界上第一颗人造地球卫星由苏联发射成功之后,空间技术竞争进入快速发展期。

2.2.1 火　箭

火箭发明于中国宋理宗时期，曾经被当作武器来使用，后被改造并广泛应用于航天事业。早在宋理宗绍定 5 年(约公元 1232 年)宋军保卫汴京时，便已用来对抗元军，后来火箭技术经由阿拉伯人传至欧洲。早期的火箭以火药为燃烧剂，在密闭的火药筒中燃烧，通过一个小孔使高温高压的气体从后面喷出，将化学能转化为动能，把火药筒绑到箭杆上，反力推着火箭向前射出(见图 2.32)。明朝还发明了火箭武器“火龙出水”(见图 2.33)，也是最早的多级火箭。

图 2.32　早期的火箭

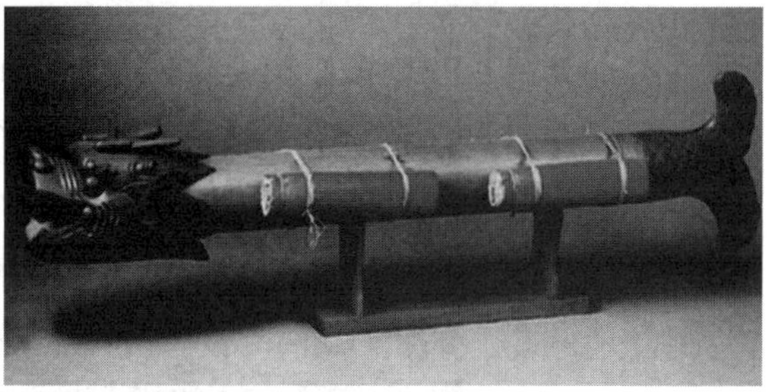

图 2.33　火龙出水

运载火箭是航天器发展的重要基础。19 世纪末到 20 世纪初，俄国的齐奥尔科夫斯基首次从理论上证明了可用多级火箭克服地球引力，并建立了火箭运动的基本数学方程，奠定了理论基础，并提出了使用液体推进剂火箭的倡议；美国的戈达德提出了火箭飞行的数学原理，并推导出火箭克服地球引力所需的第一宇宙速度为 7.9 km/s；罗马尼亚的奥伯特确立了火箭在宇宙空间工作的基本原理，并提出了脱离地球引力的方法。

二战期间德国的冯·布劳恩领导研制了大功率的液体推进剂 V-2 火箭，虽然 V-2 火箭在战争中的角色并不光彩，却是第一种超声速火箭，成为现代航天运载火箭的先驱，为航天技术的发展奠定了坚实的基础。

1946 年，苏联成立了火箭科学研究院。1954 年召开的地球物理学国际会议决定，1957 年下半年到 1958 年底为国际地球物理年，建议有关国家在此期间发射人造地球卫星。从此，美苏两国都开始着手实施各自的卫星发射计划。

1957 年 10 月 4 日，苏联用卫星号运载火箭发射了世界上第一颗人造地球卫星。1958 年 1 月 31 日美国使用“丘比特”C 火箭把美国的第一颗人造地球卫星“探险者 1 号”送入太空。

继苏美之后，法国、日本、中国、英国、欧洲空间局、印度、韩国以及朝鲜都先后用自己研制的火箭发射了各自的人造地球卫星。

苏联“东方号”系列是世界上第一个航天运载火箭系列，现代运载火箭一般为 2～4 级，包括美国的“宇宙神”系列、“德尔塔”系列，中国的“长征”系列，苏联的“联盟”系列(见图 2.34)，俄罗斯的“质子”系列，以及欧洲的“阿丽亚纳”系

图 2.34　联盟(R7)火箭

列等。

2.2.2 人造卫星

1957 年 10 月 4 日，苏联的“斯普特尼克”1 号人造地球卫星（见图 2.35）发射升空，成为世界上第一颗人造地球卫星。早期的人造地球卫星主要是一种象征意义，实用价值并不大。20 世纪 60 年代，苏联和美国发射了大量的科学实验卫星，技术实验卫星和各类应用卫星。20 世纪 70 年代，军、民用卫星全面进入应用阶段，向着侦察、通信、导航、预警、气象、测地、海洋和地球资源等专门化方向发展，各类卫星也向多用途、长寿命、高可靠性和低成本方向发展。广为人知并广泛应用的 GPS 导航系统就是导航卫星的成功应用。20 世纪 80 年代后期，单一功能的微小型化卫星成为卫星发展的新动向，这类重量轻、成本低、研制周期短、见效快的小型卫星将是未来卫星的一支生力军。

当前，全球的卫星总数为 4 528 颗，而美国拥有 2 944 颗，占据 65%。

图 2.35 “斯普特尼克”1 号人造地球卫星

2.2.3 外星探测

外星探测又称为空间探测。空间探测器实现了对月球和行星的逼近观测和直接取样探测，开创了人类探索太阳系内天体的新阶段。

1958 年至 1976 年 8 月，美国和苏联掀起了第一次探月高潮，在此期间，共发射了 83 个无人月球探测器，但成功的只有 47 个。苏联的探月步骤为拍摄、软着陆、钻孔取样、带回月球的土壤和岩石，并完成月球车在月球上的行驶。美国先后执行了“徘徊者”“勘探者”和“月球轨道环行器”，最终完成了“阿波罗”飞船载人登月的伟大壮举。

1990 年 1 月，日本发射了一个月球探测器，成为第三个向月球发射探测器的国家。

1994 年 1 月 25 日，美国发射了“克莱门汀”探测器，获得了当时最详细的月球表面图像，并发现月球南极可能存在大量水冰，这次任务也宣告了第二次探月高潮的到来。

1999 年 7 月 31 日，为了确认月球表面到底有没有冰，美国“月球勘探者”号携带着行星科学家尤金·舒梅克的部分骨灰，进行了飞行器撞击月球试验，但遗憾的是并未探测到水汽信号，但舒梅克却成为迄今唯一一位葬在月球的人。

由于在地面观测行星时中间隔着大气层，无法满足对行星的深入研究，行星和行星际探测器应运而生，为行星和行星际空间研究提供了新手段。

对太阳系行星的探测始于 20 世纪 60 年代。1960—1978 年，美、苏、德共发射了 63 个行星和行星际探测器，其中美国 23 个，苏联 38 个，德国 2 个。

行星和行星际探测的方式有：

① 在行星近旁飞过拍摄照片。测定其辐射和磁场，如水手 4 号拍摄了火星第一批火星照片。

② 在行星表面硬着陆。直接探测行星大气温度、气压等数据，如金星 4 号探测器。

③ 绕行星飞行。成为行星的人造卫星，从而对行星进行较长时间的探测，水手 9 号火星探测器，火星 2、3、5 号探测器，先驱者-金星 1 号探测器。

④ 在行星上软着陆。对行星表面进行细致地分析与探测，如“海盗”1、2 号火星探测器、“金星”7～16 号探测器。通过这些观测，加深了对行星的地质、地貌、磁场、辐射带、大气成分等的认识，证实了火星和金星上并无地球上生命形式的存在。

2.2.4 载人航天

载人航天在航天活动中占有重要地位，载人飞船和航天飞机是实现载人航天的主要工具。1961 年 4 月 12 日，苏联航天员加加林乘坐“东方”1 号载人飞船(见图 2.36)实现了第一次轨道飞行，开辟了人类航天的新篇章。1965 年 3 月 18 日，苏联“上升”2 号宇航员列昂诺夫第一次走出飞船，实现了太空行走。1969 年 7 月 20 日，“阿波罗”11 号飞船首次把两名航天员送上了月球表面。2019 年 12 月 5 日，美国太空探索技术公司(SpaceX)制造的货运“龙”飞船由“猎鹰 9”火箭升空，执行国际空间站补给任务。目前，“龙”飞船是唯一可以往返国际空间站，具有双向运输能力的飞船。

图 2.36　“东方”1 号载人飞船

1971 年 4 月 19 日，苏联发射了第一个空间站“礼炮”1 号(见图 2.37)，同年 10 月 11 日，“礼炮”1 号返回地球，并在太平洋上坠毁；1973 年 5 月 14 日，美国发射了实验性空间站“天空实验室”，1979 年 7 月 11 日返回大气层烧毁；1986 年 2 月 20 日，苏联发射了“和平号”空间站，2001 年 3 月 23 日，返回地球，并在南太平洋海域坠毁；1993 年，美国和俄罗斯同意将各自的空间站计划合并为一个单一的设备，整个各自的模块，并纳入欧洲航天局和日本提供的支持，

2000 年接收第一批驻站人员,2010 年完成建造任务,转入全面使用阶段。

图 2.37 “礼炮”1 号空间站

美国在发射实验性空间站的同时,开展可重复使用的航天飞机,第一架航天飞机“哥伦比亚”号于 1981 年 4 月 12 日试飞成功。美国随后又成功研制了“挑战者号”“发现号”“亚特兰蒂斯号”和“奋进号”航天飞机,“发现号”航天飞机如图 2.38 所示;1976 年,苏联开始了“暴风雪”航天飞机计划,1988 年 11 月 15 日,无人驾驶的“暴风雪号”发射成功,并顺利降落,但后期因缺乏资金,该项目被终止。2002 年 5 月 12 日,因连日大雨,厂房倒塌,唯一一架进入过太空的“暴风雪号”被摧毁在风雨之中。苏联先后研制了“暴风雪号”“小鸟号”和“贝加尔湖号”航天飞机,但“小鸟号”和“贝加尔湖号”均未完工。航天飞机外形和现代飞机有类似的地方,可以在跑道上滑跑着陆,但需要助推火箭将其带入空中。

图 2.38 “发现号”航天飞机

1986 年 1 月 28 日,“挑战者号”航天飞机在执行第 10 次太空飞行时,在发射升空 73 s 后爆炸;2003 年 2 月 1 日,“哥伦比亚号”返回着陆时,在得克萨斯州北部上空解体坠毁,两次任务共造成 14 名航天员不幸遇难。

航天飞机设计的初衷是为了重复使用,以降低成本,但事与愿违,由于过高的运营成本和过低的安全系数,美国于 2011 年终止了航天飞机项目。

2.3　中国航空航天发展

2.3.1　中国航空工业体系简介

(1) 新中国成立前的航空工业

中国的航空工业始于清末民初时期。1909 年,冯如在美国设计制造了“冯如 1 号”飞机,是中国人设计制造的第一架载人有动力飞机。1911 年,旅美华侨谭根在美国成功研制了一架水上飞机。1910 年,中国清政府也曾委派李宝焌、刘佐成试制了一架飞机,但在次年 6 月试飞中坠毁。

1911 年,冯如携带自制的两架飞机和部分机械回国,继续从事飞机研制工作,并于 1912 年 4 月制成一架和“冯如 2 号”相似的飞机,从此翻开了中国航空工业史上成功研制飞机的第一页。可惜的是,1912 年 8 月,在一次飞行表演中不幸失事,以身殉国,时年 29 岁。

孙中山先生不仅是中国民主革命家、政治家、理论家,对中国航空事业的发展也起到了至关重要的作用。辛亥革命前后,孙中山意识到航空的重要性,提出了“航空救国”的主张。冯如等航空先驱就是受此感召而回国的。孙中山“航空救国”思想对中国发展航空事业、建设空军产生很大影响。

1913 年 10 月 20 日,在南苑航空学校校长秦国镛等的领导下,潘世忠主持研制,并由他本人亲自驾驶自制飞机,在南苑机场起飞升空。这架标号为“1”的飞机,便成了中国人在本土自行设计、制造且完成飞行的第一架飞机。潘世忠也成为中国航空史上第一位在本土上用自制飞机飞行的飞行家。1914 年,中国第一架自行研制的武装飞机——“枪车”号问世,并试飞成功。这是中国制成的第一架武装飞机。

1918 年,在美国开办图强飞机公司的同盟会会员杨逸仙受孙中山电召回国,组建中国第一支空军队伍,同年,中国历史上第一个正规的飞机制造厂——福建马尾海军飞机工程处成立,由从美国留学归来的巴玉藻、王助等领导,先后设计、制造出了几种水上飞机;1923 年 6 月,由杨逸仙主持研制的一架双翼侦察/教练机试飞成功,孙中山以夫人宋庆龄的英文名将该飞机命名为“乐士文”1 号,并手书“航空救国”条幅,以示庆贺,如图 2.39 所示。

(a) “乐士文”1号　　(b) 航空救国题词

图 2.39　“乐士文”1 号与航空救国题词

20 世纪 20—30 年代,在广州、杭州、武汉、上海、南京等地兴建了飞机修理厂和与国外合资的飞机制造厂,并开始自办飞机和发动机制造厂。广州大沙头修理厂从 1928 年起,陆续制造了 60 多架“羊城”教练机、战斗机和轰炸机,还自制了“复兴”式教练机;中国第一家合资的中央杭州飞机制造厂主要仿制与组装军用飞机，1939 年迁至云南垒允，共组装维修飞机约 300 架。

1939 年，中华民国政府和意大利 4 家航空公司合办中央南昌飞机制造厂，后改为空军第二飞机制造厂，共先后仿制多种运输机、滑翔机，设计了中国第一架双发 11 座运输机。1942 年在成都成立空军第三飞机制造厂，仿制了多款教练机、滑翔机，并以苏联的 СБ-2М-103 轰炸机为原型机仿制和发展、制造了一种木质结构中型轰炸机。1941 年在贵州大定兴建大定航空发动机制造厂，该厂成为中国第一个航空发动机制造厂，共生产 32 台运输机用发动机。

1910—1949 年，中国航空工业在动荡中发展，90％为仿制外国飞机，并未形成自己的工业体系。1949 年，仅存的航空工业家底，一部分迁往台湾，一部分被人民政府接收。

(2) 新中国的航空工业

中国的航空起步并不晚，莱特兄弟 1903 年 12 月 17 日研制的第一架飞机“飞行者 1 号”升空，时隔不到 6 年，1909 年冯如就造出了中国人的第一架飞机，并于 9 月 21 日试飞成功，随后胸怀报国，从美国回到国内继续进行飞机研制，成为最早探索航空的先驱，可惜 1912 年在一次飞行表演中以身殉国。此外，还有谭根、潘世忠、王助等一系列中国航空界优秀人才。

但到新中国成立之前，我们国家的飞机可谓是万国牌，中国上空飞行的没有一架中国自己造的飞机。

新中国成立之后，中国的航空事业得到了翻天覆地的变化。大体上可将我国的航空工业发展划分为起步、完善和全面发展、改革开放和快速发展与全面振兴 4 个时期。

1951—1960 年，航空工业开展大规模的基础建设，大力加强队伍建设，完成了从修飞机到造飞机的专班，在积极引进苏联先进技术的基础上，开始自行设计飞机的尝试。1953 年，建设了南昌飞机厂、株洲发动机厂、沈阳飞机厂和沈阳发动机厂等一批航空主机厂，陆续建设了一批辅机厂。1954 年 7 月，参照苏联雅克-18 研制的初教 5 首飞；1956 年 7 月，参照苏联米格-17 研制的歼-5 首飞；1958 年 7 月和 8 月，自行设计的歼教-1 和初教-6 首飞；之后又先后研制了运-5、歼-6、直-5、轰-6 等机型，并具备了导弹生产能力。在此期间，中国航空工业共生产各种飞机 1 300 多架。

1961—1978 年，随着 1960 年 7 月苏联政府突然撕毁多个合同并立即撤出全部在华的苏联专家 1 390 人，带走了全部设计图纸和急需的设备，以及 1966—1976 年的政治局势，中国航空工业完全依靠自己的力量，克服了各种困难，独立自主、全面系统地推进航空工业体系建设，完善航空产业链、健全航空科研体系。直-5 和歼-6 定型并装备部队；全天候战斗机歼-5 甲、两倍声速的歼-7、轻型轰炸机轰-5 等陆续装备部队；自行研制的强-5 飞机设计定型并进入批产；自行研制的高空、高速战斗机歼-8 完成总装；“霹雳”-1 空空导弹、“红旗”-1 地空导弹、“上游”-1 反舰导弹相继研制成功。

1979—1999 年，随着 1978 年底十一届三中全会的召开，全党的工作重点转移到社会主义现代化建设上，航空工业跨入了一个新的发展时期。期间，航空工业进行了几次重大体制改革，以适应国民经济发展的需要；“科学技术是第一生产力”的观念得到强化，科研先行加快了航空产品的更新换代；为适应国防战略调整，大力发展民品，促进了“军转民”和民技军用；实行对外开放政策，实现多渠道、多样化的技术引进和技术合作，积极组织航空产品出口。K-8 教练机和 FC-1“枭龙”战斗机是这一时期的典型代表。

从 2000 年开始，中国航空工业进入了快速发展和全面振兴时期。国际政治多极化、世界经济全球化、国内社会经济持续高速增长、新军事变革的牵引、新技术革命的推动，以及军事斗争准备的需要等，为中国航空工业发展提供了发展的机遇。中国航空工业不辱使命、不负众望，坚持深化改革，坚持自主创新，实现了诸多关键技术领域的突破，研制出了歼-10、歼-15、歼-16、歼-20、歼-31、直-10、直-19、直-20、运-20、空警-2000 等，AC311、AC313、新洲-60、ARJ21、AG600"鲲龙"、C919 大型客机等一系列新机型相继面试。航空科学技术得到了举世瞩目的发展，完成了对世界航空强国从望尘莫及到望其项背的跨越，正努力实现着继续追赶、争取取得与世界航空强国"并驾齐驱"的目标，甚至有些技术实现齐跑领跑。中国航空发展阶段如图 2.40 所示。

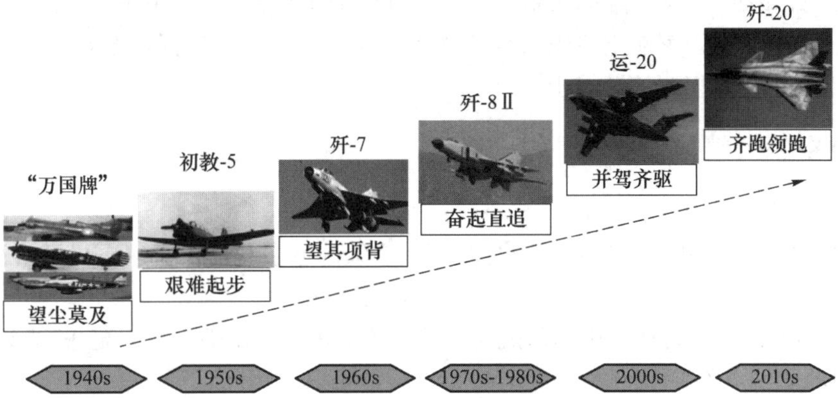

图 2.40　中国航空发展阶段

中国的航空发展之路是一条不断超越自我的发展之路，是一条充满坎坷的探索之路。这一切都是我们航空人不怕困难、不畏艰难、顽强拼搏、勇于创新干出来的。

2.3.2　中国的航天发展概述

中国发展航天事业的宗旨是：探索外太空，扩展对地球和宇宙的认识；和平利用外太空，促进人类文明和社会进步，造福全人类；满足经济建设、科技发展、国家安全和社会进步等方面的需求，提高全民科学素质，维护国家权益，增强综合国力。中国发展航天事业贯彻国家科技事业发展的指导方针，即自主创新、重点跨越、支撑发展、引领未来。

中国航大事业起步于 20 世纪 50 年代末，分为 4 个发展阶段：

① 试验性研究阶段（1956—1960 年）：1956 年，中国国防部第五研究院正式成立，钱学森任院长，这是中国航天事业的起点。1958 年，酒泉卫星发射中心正式组建，这是我国组建得最早、规模最大、技术最为先进的综合性航天发射中心，同时也是世界大型航天发射场之一。

② 创建阶段（1960—1970 年）：1960 年，中国成功发射第一枚试验性火箭"探索一号"，中国迈出了探空火箭技术的第一步；1964 年，中国第一颗原子弹爆炸成功；1967 年，我国第一颗氢弹空爆试验成功爆炸；1970 年，我国成功发射第一颗人造地球卫星"东方红一号"，成为第五个拥有卫星的国家，正式拉开了中华民族探索浩瀚宇宙的序幕。

③ 发展壮大阶段（1970—2000 年）：1975 年，我国成功发射第一颗返回式人造卫星，成为世界上第三个掌握卫星返回技术的国家；1981 年，中国独立掌握"一箭多星"发射技术，引起世界轰动；1984 年，中国第一颗通信卫星"东方红二号"升空，中国卫星通信业务由实验阶段进入

使用阶段；1992年，实施载人航天工程(航天员选拔、培训和发射)；1999年，中国第一艘无人试验飞船成功发射，标志着我国载人航天技术获得了新的重大突破；1999年，中国成立中国航天科技集团公司。

④ 进入世界航天强国阶段(2000年至今)：2003年，中国第一艘载人航天飞船“神舟五号”发射成功，标志着我国成为苏联和美国之后第三个将人类送上太空的国家；2007年，我国首颗绕月人造卫星“嫦娥一号”发射成功，标志着中国探月时代成功开启；2011年，中国第一个目标飞行器“天宫一号”发射成功；2013年，嫦娥三号成功在月球着陆，这是中国第一个月球软着陆的无人登月探测器；2016年，“天宫二号”发射成功，这是中国第一个真正意义上的空间实验室；2018年，“嫦娥四号”探测器进入地月转移轨道，月球车上搭载了中国以及荷兰、德国、瑞典、沙特阿拉伯等其他国家航空组织的科学仪器；2020年，火星探测器“天问一号”发射成功，自此，中国迈出了行星探测的第一步。

2.3.3 航空航天精神

(1) 航空报国精神

从航空救国到航空报国、航空强国，体现了航空人的追求和情操。航空报国精神可以用4句话来描述：

① 使命担当的忠诚精神。中国的航空工业从抗美援朝的硝烟中一路走来，忠诚始终是航空人最鲜明的政治本色。

没有党的坚强领导，没有祖国的坚强支撑，没有人民的充分信任，就没有航空工业。对党忠诚，听党指挥，为党尽责，是航空工业生存之“根”。一代又一代航空人，把对党、对祖国、对人民的无限热爱融入血脉、融于事业，以研制先进航空武器装备为己任，铸大国重器，挺民族脊梁，用汗水、智慧、热血，乃至生命，在蓝天上铸就一座又一座丰碑。一代人有一代人的使命，一代人有一代人的担当，忠诚永远是航空人奋进新时代的庄严承诺。

中国的航空事业，自1912年3月冯如制成一架与“冯如2号”相似的飞机，这也是中国国内制成的第一架飞机，揭开了中国航空工业史的第一页。这时，离1903年莱特兄弟第一架飞机升空(也就是航空元年)过去了不到十年。可是，中国航空工业的真正成长、壮大还是到了1949年中华人民共和国成立以后。是因为有了共产党的领导，才有了航空事业的蓬勃发展，前不久习近平在大型水陆两栖飞机AG600成功水上首飞贺电中作出了“继续弘扬航空报国精神，为实现建设航空强国目标而奋斗”的指示。

② 坚忍执着的奉献精神。

历尽千难成伟业，人间万事出艰辛。中国的航空工业历经了多少艰辛，几句话难以说清。老一辈航空人用成功的实践告诉我们，无论过去、现在还是将来，艰苦奋斗永远是我们战胜一切困难、夺取事业胜利的重要法宝。只有以艰苦奋斗精神作支撑，我们的民族才能自立自强，我们的国家才能发展进步，我们的各项事业才能永葆生机活力。

航空工业是国家科技实力、工业水平的重要标志，是综合国力的重要体现。航空武器装备研制周期长、技术难度大、复杂程度高。一代又一代航空人，坚忍执着，埋头苦干，淡泊名利，矢志不渝，把个人理想和祖国命运、个人志向与民族复兴紧密相连，创造了一个又一个奇迹。功成不必在我，功成必定有我。无论过去、现在还是将来，奉献永远是航空人不断从胜利走向胜利的崇高选择。

③ 敢于突破的创新精神。

作为现代高科技的集大成者，航空工业是最需要创新的尖端产业，核心技术要不来、买不来、讨不来。中国航空工业从修理仿制到跟踪发展，再到自主创新，一代又一代航空人自强不息、锐意探索、敢于突破，攻克了一道又一道技术难关，努力把创新发展的主动权牢牢掌握在自己手中。新时代，新征程，新挑战，航空人有志气、有信心、有能力，沿着中国特色自主创新之路，勇攀高峰、勇往直前。

④ 继续奋斗的逐梦精神。

敢于有梦、勇于追梦、勤于圆梦，就会汇聚起磅礴力量，逐梦蓝天始终是航空人最笃定的高远志向。

发展航空事业，建设航空强国，是我们不懈追求的航空梦。在中华民族从站起来、富起来到强起来的伟大历史进程中，在几代航空人从航空救国、航空强国到航空报国的奋进征程中，献了青春献终身，献了终身献子孙，才得以使得航空事业走到今天。航空人始终与时代同行，一棒接一棒，在奔跑中奋力逐梦。

“忠诚奉献、逐梦蓝天”是对航空报国精神内涵的完美诠释。

(2) 航天精神

中国航天史是从 1956 年 2 月开始的，当时著名科学家钱学森向中央提出《建立中国国防航空工业的意见》。1956 年 4 月，成立了中华人民共和国航空工业委员会，统一领导中国的航空和火箭事业。中国航天的发展史就是一本艰苦奋斗的发展史，特别是发展初期。中华人民共和国成立不久，百废待兴，各方面都面临着诸多困难，如技术力量薄弱，办公、科研场所匮乏、人才严重不足等，西方资本主义国家对中国严加封锁，企图将新中国扼杀在摇篮中，加之中苏关系恶化，苏联单方面撕毁协议，撤走专家，断绝一切原著，使得刚刚起步的中国航天面临严峻的考验。独立自主、自力更生为主，力争外援和利用资本主义国家已有科学成果成为当时环境下的唯一选择。

航天事业根据不同的发展阶段，产生了 3 大航天精神，在“北斗三号”全球卫星导航系统建成暨开通仪式上，习近平提出要传承好、弘扬好新时代北斗精神。由此形成了四大航天精神。

① 航天传统精神。

自力更生、艰苦奋斗、大力协同、无私奉献、严谨务实、勇于攀登。

② 两弹一星精神。

热爱祖国、无私奉献、自力更生、艰苦奋斗、大力协同、勇于攀登。

③ 载人航天精神。

特别能吃苦、特别能战斗、特别能攻关、特别能奉献。

④ 北斗精神。

自主创新、开放融合、万众一心、追求卓越。

由此，可以看出，无论是航空报国精神，还是 4 大航天精神，都是围绕在担当、奉献(也包括相互协作)、创新等行动周围。

作为航空专业的一员，我们更要把航空航天精神牢记在心，落实于行，不忘初心，立志为祖国的航空航天事业，努力学习、勤于实践，争做有底气和勇气的接班人。

思考题

1. 中国发明的风筝、竹蜻蜓、孔明灯、走马灯和古火箭对航空航天发展有什么贡献。

2. 早期，为了使机械动力飞行获得成功，哪两个主要的问题需要解决？围绕解决这两个问题的顺序，分成了哪两派，主要观点分别是什么？

3. 为什么 1903 年 12 月 17 日莱特兄弟研制的“飞行者 1 号”升空显得尤为重要？

4. 为何在第一次世界大战后，航空产业才真正得到发展？

5. 第一架由中国人设计制造的载人有动力飞机的设计者是谁？

6. 为什么说“新中国的航空发展之路是一条不断超越自我的发展之路，是一条充满坎坷的探索之路。这一切都是我们航空人不怕困难、不畏艰难、顽强拼搏、勇于创新干出来的。”

7. 什么是航空精神，其内涵是什么？

8. 如何理解航天精神？

第3章　飞行原理

真正理解航空器的飞行的原理，需要掌握空气动力学、飞行力学和结构力学及强度理论多方面的知识。本章主要从最简单的基本原理出发，介绍航空器的飞行原理。

3.1　飞行环境

飞行环境一般分为大气飞行环境和空间飞行环境两类，大气飞行环境是航空器唯一的飞行环境，也是航天器及火箭和导弹必经的飞行环境。

3.1.1　大气飞行环境

从宇宙空间看到的，包围在地球外部的一层美丽而又千变万化的气体，总称为大气或大气层。大气层以地球的水陆表面为下界，称为大气层的下垫面。而在 2 000 km 高度以上，大气极其稀薄，并逐渐向行星际空间过渡。

大气层无明显的上限，但它的各种特性在铅垂方向上的差异非常明显。大气在地球引力的作用下，聚集在地球周围，大气层总质量的 90％集中在距地球表面 15 km 以内，总质量的 99.9％集中在距地球表面 50 km 以内；空气密度和压强随高度的增加而快速减小。在 10 km 高度，空气密度约为海平面的 1/3，压强约为海平面的 1/4；在 100 km 高度，空气密度只有海平面的 0.000 04％，压强只有海平面的 0.000 03％。

根据大气中参数随高度的分布情况，可将大气层划分为对流层、平流层、中间层、热层和散逸层 5 个层次（见图 3.1）。航空器的飞行环境是对流层和平流层。大气层对飞行有很大影响，恶劣的天气条件会危及飞行安全，大气属性（温度、压力、湿度、风向、风速等）对飞机飞行性能和飞行航迹也会产生不同程度的影响。

（1）对流层

对流层是紧贴地面的一层，受地面的影响最大。因地面附近的空气受热上升，而位于上面的冷空气下沉，这样就发生了对流运动，所以把这层叫作对流层。其下界与地面相接；上界高度随地理纬度和季节而变化，它的高度因纬度而不同，在低纬度地区平均高度为 17～18 km，在中纬度地区平均为 10～12 km，极地平均为 8～9 km。就季节而言，中国绝大部分地区一般都是夏季对流层厚，冬季对流层薄。

对流层集中了全部大气约四分之三的质量和几乎全部的水汽，是天气变化最复杂的层次，也是对飞行影响最大的层次。飞行中所遇到的各种重要天气现象几乎都出现在这一层中，如雷暴、浓雾、低云幕、雨、雪、大气湍流、风切变等。

因此，可将对流层总结为 4 个特点：①气温随高度增加而逐渐降低；②风向、风速经常变化；③空气上下对流激烈；④有云、雨、雾、雪等天气现象。

（2）平流层

平流层位于对流层之上，顶界为 50～55 km。大气运动相当平衡，主要以水平运动为主，故称为平流层。在平流层内,随着高度的增加,气温最初保持不变或微有上升,到 25～30 km 以上气温升高较快,到了平流层顶气温升至 270～290 K(0～15 ℃)。平流层的这种气温分布特征同它受地面影响小和存在大量臭氧(臭氧能直接吸收太阳辐射)有关。这一层过去常被称为同温层,实际上指的是平流层的下部。

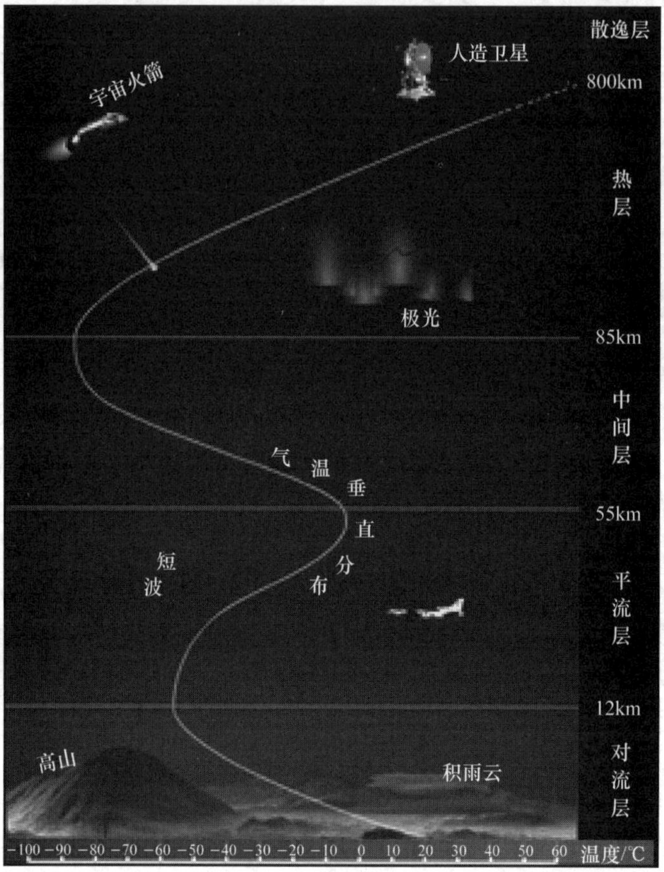

图 3.1　大气层分布

在平流层中,空气的垂直运动远比对流层弱,水汽和尘粒含量也较少,因而气流比较平缓,能见度较佳。

航空器的飞行环境主要在对流层和平流层下部。

(3) 中间层

中间层从平流层顶延伸到 80～85 km 高度。这一层的特点是:气温随高度增加而下降,空气有相当强烈的垂直运动。在这一层的顶部气温可低至 160～190 K(约－83 ℃)。中间层又称为上对流层。

(4) 热　层

热层的范围是从中间层顶延伸到约 800 km 高度。这一层的空气密度很小,声波也难以传播。热层的一个特征是气温随高度增加而上升,另一个重要特征是空气处于高度电离状态。有时,在极区常可见到光彩夺目的极光。电离层的变化会影响飞行器的无线电通信。

(5) 散逸层

散逸层又称逃逸层、外大气层，是地球大气的最外层，位于热层之上。那里的空气极其稀薄，同时又远离地面，受地球的引力作用较小，因而大气分子不断地向星际空间逃逸。航天器脱离这一层后便进入太空飞行。

3.1.2　空间飞行环境

航天器在外层空间飞行时所处的环境条件称为空间飞行环境。它可分为自然环境和诱导环境。

自然环境包括失重和各种空间环境。空间环境是空间飞行的基本环境条件，对航天器的运动和各系统的工作有显著影响。空间环境包括真空、电磁辐射、高能粒子辐射、等离子体、微流星体、行星大气、磁场和引力场等。根据空间存在的物质、辐射和力场的时空分布特性，太阳系内的空间环境大致可分为行星际空间环境、地球空间环境和(其他)行星空间环境。

诱导环境是指航天器某些系统工作时或在空间环境作用下产生的环境。例如，轨道控制推力器点火和太阳电池翼伸展引起的振动、冲击环境，航天器上的磁性材料和电流回路在空间磁场中运动产生的感应磁场，航天器上有机材料逸出物沉积在其他部位造成的分子污染等。

3.1.3　大气的物理性质

(1) 大气的状态参数和状态方程

由大气飞行环境可知，大气的密度、温度、压强等参数随着地理位置、离地面的高度和季节等的变化而变化，因而使飞机上的空气动力和飞行性能随之变化。

大气的状态参数主要是指大气的密度 ρ、温度 T 和压强 P。在一定条件下，大气的密度、温度和压强三者之间存在联系，可以用气体状态方程来表示，即 $P=\rho RT$，其中 R 为大气常数，其值为 287.05 J/(kg·K)，T 为热力学温度(单位为 K)。

(2) 连续性

航空器是在大气中运动的，为了便于描述流动气体的物理属性和流动状态，更好地为理论研究提供采用强大数学工具的可能性，我们常将空气假设成连续的，也就是常说的连续性假设。

(3) 黏　性

黏性是空气在流动中表现出的一种物理性质。大气的黏性力是相邻大气层之间相互运动产生的牵扯作用力，也叫大气的内摩擦力。航空器在飞行中产生的摩擦阻力和大气的黏性有很大关系。当物体在空气中的运动速度较低时，黏性的影响不明显，为便于理论分析，此时，通常可以不考虑黏性的影响，我们称之为无黏气体或理想气体。

(4) 可压缩性

流体的压强发生变化时，其密度和体积也会发生改变，密度越大，可压缩性越小。一般我们认为液体是不可压缩的，而空气是可压缩的。航空器在大气中飞行，当飞行速度较低时，大气压强变化较小，其密度的变化也很小，因此在研究大气低速流动时，可不考虑大气可压缩性的影响。但当流动速度较大时，则不能忽略大气可压缩性的影响。

(5) 声　速

声波是一个振动声源在介质中传播时产生的疏密波。声速的大小和传播介质有关，声速与传播介质的可压缩性有关。试验表明，水中的声速为 1 440 m/s，而在标准状态下，空气中的声速为 340 m/s，随着高度的增加，大气密度减小，声速降低，如 11 000 m 高度上，声速约为 296 m/s。

（6）国际标准大气

同一架飞机在不同的地点、高度、季节飞行，所显示的飞行性能是不一样的，这就给比较飞机的飞行性能带来困难。为了适应飞行器设计、试验和分析的需要，国际权威性机构或组织颁布了一种“模式大气”，它依据实测资料，用简化方式近似地表示大气温度、压力和密度等参数的平均值，这就是国际标准大气。国际标准大气的主要数据如表 3.1 所列。

表 3.1　国际标准大气简表

高度 H/m	温度 T/K	压力 p/Pa	密度 ρ/(kg·m^{-3})	声速 a/(m·s^{-1})	动力黏度 μ/(Pa·s)
0	288.150	101 325	1.225 0	340.29	1.789 4×10^{5}
1000	281.651	89 876	1.111 7	336.43	1.757 9×10^{5}
2 000	275.154	79 501	1.006 6	332.53	1.726 0×10^{5}
3 000	268.659	70 121	0.909 25	328.58	1.693 8×10^{5}
4 000	262.166	61 660	0.819 35	324.59	1.661 2×10^{5}
5 000	255.676	54 048	0.736 43	320.55	1.628 2×10^{5}
6 000	249.187	47 217	0.660 11	316.45	1.594 9×10^{5}
7 000	242.700	41 105	0.590 02	312.31	1.561 2×10^{5}
8 000	236.215	35 651	0.525 79	308.11	1.527 1×10^{5}
9 000	229.733	30 800	0.467 06	303.85	1.492 6×10^{5}
10 000	223.252	26 499	0.413 51	299.53	1.457 7×10^{5}
11 000	216.774	22 699	0.364 80	295.15	1.422 3×10^{5}
12 000	216.650	19 399	0.311 94	295.07	1.421 6×10^{5}
13 000	216.650	16 579	0.266 60	295.07	1.421 6×10^{5}
14 000	216.650	14 170	0.227 86	295.07	1.421 6×10^{5}
15 000	216.650	12 111	0.194 76	295.07	1.421 6×10^{5}
16 000	216.650	10 352	0.166 47	295.07	1.421 6×10^{5}
17 000	216.650	8 849.7	0.142 30	295.07	1.421 6×10^{5}
18 000	216.650	7 565.2	0.121 65	295.07	1.421 6×10^{5}
19 000	216.650	6 467.4	0.104 00	295.07	1.421 6×10^{5}
20 000	216.650	5 529.3	0.088 910	295.07	1.421 6×10^{5}
21 000	217.581	4 728.9	0.075 715	295.70	1.426 7×10^{5}
22 000	218.574	4 047.5	0.064 510	296.38	1.432 2×10^{5}
23 000	219.567	3 466.8	0.055 006	297.05	1.437 6×10^{5}
24 000	220.560	2 971.7	0.046 938	297.72	1.443 0×10^{5}
25 000	221.552	2 549.2	0.040 084	298.39	1.448 4×10^{5}
26 000	222.544	2 188.3	0.034 257	299.06	1.453 8×10^{5}

续表 3.1

高度 H/m	温度 T/K	压力 p/Pa	密度 ρ/(kg·m^{-3})	声速 a/(m·s^{-1})	动力黏度 μ/(Pa·s)
27 000	223.536	1 879.9	0.029 298	299.72	$1.459\,2\times10^{5}$
28 000	224.527	1 616.1	0.025 076	300.39	$1.464\,6\times10^{5}$
29 000	225.518	1 390.4	0.021 478	301.05	$1.469\,9\times10^{5}$
30 000	226.509	1 197.0	0.018 410	301.71	$1.475\,3\times10^{5}$

对国际标准大气作如下规定：①基本假设：大气是静止的，空气是干燥洁净的理想气体，在规定温度随高度的变化规律，海平面的温度、压力和密度初始值后，通过对大气静力方程和气体状态方程的积分，获得压力和密度的数据。②海平面大气物理属性等主要参数：海平面温度 $T=15$ ℃或海平面绝对温度 $T_0=288.15$ K；海平面空气密度 $\rho=1.225$ kg/m^3；海平面空气压力 $P=101\,325$ Pa(10 330 kg/m^2，标准大气压)；海平面声速 $a=340$ m/s；标准重力加速度 $g_0=9.8$ m/s^2；干燥空气的气体常数 $R=287.05$ J/(kg·K)。③大气温度随高度变化的计算公式。④大气压力随高度变化的计算公式。⑤空气密度随高度变化的计算公式。此外，还有黏性系数、分子碰撞频率、分子量等。根据这些公式计算出来的数据排列成表即为国际标准大气。

3.2　气体流动的基本规律

大气和其他流体一样，在流动状态变化过程中必须遵循基本的物理定律，如质量守恒、能量守恒、牛顿第二定律和第三定律等。对于气体来说，气流流过物体时，其物理量的变化规律与作用在物体上的空气动力有密切的关系。了解气体流动的基本规律有利于解释空气动力产生的机理，进而说明航空器上产生的空气动力。

3.2.1　运动的转换

在空气动力学中，为了简化理论和实验研究，广泛采用运动的转换原理。

运动的转换原理是根据伽利略所确定的运动的相对原理而建立的，即如果在一个运动的物体系上附加一个任意的等速直线运动，则此附加的等速直线运动并不破坏原来运动的物体系中各物体之间的相对运动，也不改变各物体所受的力。

利用运动的转换原理，使问题的研究大为简化。设飞机以速度 v_∞ 在静止空气中运动(见图 3.2)，根据相对原理，可以给该体系(飞机与周围空气)加上一个与速度 v_∞ 大小相等方向相反的速度。这样得到的运动是：飞机静止不动，无穷远处气流以速度 v_∞ 流向飞机。这两种情况下，空气作用在飞机上的力是完全相同的。也就是说，空气作用在飞机上的力并不取决于空气或物体的绝对速度，而取决于二者之间的相对运动。进行风洞试验时，为了模拟飞行器在天空中的飞行情况，可以让模型固定不动，让气流吹过，这样就极大简化了试验技术。

3.2.2　气体流动的基本规律

低速流动时，可以近似认为空气是不可压缩的，即密度保持不变。下面介绍低速流动时，流体的压强、密度、速度以及流管面积之间相互变化的关系。

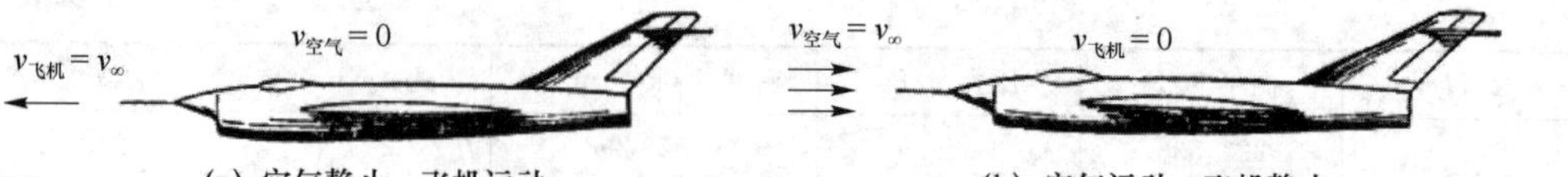

(a) 空气静止，飞机运动　　(b) 空气运动，飞机静止

图 3.2　运动的转换

(1) 连续性定理

为了说明连续性定理,可以先从一些生活经验谈起。例如,在河道宽而深的地方,河水流得比较慢;而在河道窄而浅的地方,河水却流得比较快。夏天乘凉时,人们总喜欢坐在两座房屋之间的过道中,因为那里常有"穿堂风"。山区山谷中的风经常比平原开阔的地方大。这些现象都是流体"连续性定理"在自然界中的表现。

质量守恒定律是自然界基本的定律之一,它说明物质既不会消失,也不会凭空增加。如果把这个定律应用在流体的流动上,就可以得出这样的结论:当流体稳定、连续不断地流动时,流管里的任一部分流体都不能中断或积聚,在同一时间内,流进任何一个截面的流体质量和从另一个截面流出的流体质量应当相等。

如图 3.3 所示,在流场中任取一流管,在其上任取两个截面Ⅰ和Ⅱ。设其截面Ⅰ的面积为 S_1,气流速度为 v_1,空气密度为 ρ_1,压强为 p_1;截面Ⅱ的面积为 S_2,气流速度为 v_2,空气密度为 ρ_2,压强为 p_2。则单位时间内流进Ⅰ截面的流体质量为 $m_1=\rho_1 v_1 S_1$,单位时间内流出Ⅱ截面的流体质量为 $m_2=\rho_2 v_2 S_2$。

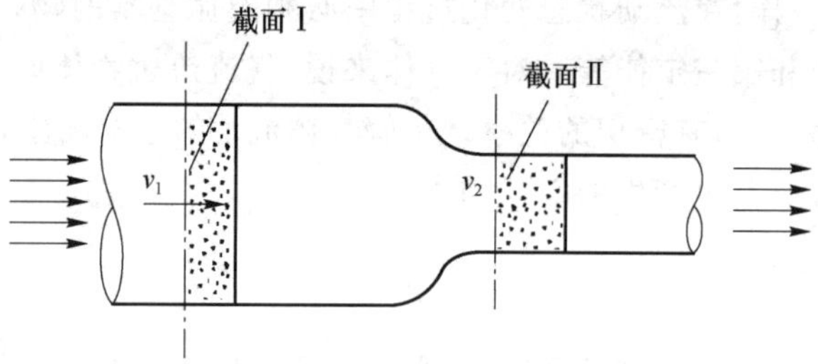

图 3.3　流体在变截面管道中的流动情况

根据质量守恒定律,定常流动时,$m_1=m_2$,即

$$\rho_1 v_1 S_1=\rho_2 v_2 S_2$$

式中,ρ 为大气密度(kg/m^3);v 为流体的流动速度(m/s);S 为管道截面积(m^2)。

由此可推导出流体流过变截面管道任一截面处的 $\rho v S$ 均相等,即

$$\rho_1 v_1 S_1=\rho_2 v_2 S_2=\rho_3 v_3 S_3=\cdots\cdots= 常数 \tag{3-1}$$

式(3-1)称为流体流动的连续方程。

由于截面Ⅰ和截面Ⅱ的任意性,式(3-1)说明,定常流动时,单位时间内流过任何截面的流体质量(称为质量流量)都是相等的。连续方程适用于任何速度情况下的定常流动,包括可压缩流动和不可压缩流动。

当流动速度较低时,可认为气体是不可压缩的,即密度 ρ 不变,则式(3-1)可改写为

$$v_1 S_1= v_2 S_2 \tag{3-2}$$

变为不可压缩流体沿管道流动的连续性方程。

由式(3-2)可知,不可压定常流动时,流体流速的大小与流管的截面积成反比。即截面积小的地方流速快,而截面积大的地方则流速慢。

日常生活中,类似的情景经常可以见到。例如同一河流,河道宽而深的地方流速慢,河道窄而浅的地方流速慢;人站在两栋高楼之间比站在平坦开阔的地方感觉风更大等。

(2) 伯努利定理

日常生活中,经常会出现一些在流体的速度发生变化时,压力也跟着变化的情况。例如,向相距很近的平行的两张纸片中间吹气,两张纸不是分开,而是相互靠近;两条相距很近的船在水中并行,也会互相靠拢;当台风吹过房屋时,往往会把屋顶向上掀掉等。

能量守恒定律是自然界另一个基本定律。它描述的是:能量不会自行消灭,也不会凭空产生,而只能从一种形式转化为另一种形式。

伯努利定理便是能量守恒定律在空气动力学中的具体应用。伯努利定理描述了流体在流动过程中压强和速度之间的关系和规律。伯努利定理实验装置如图 3.4 所示。

图 3.4　伯努利定理实验装置

由图 3.4 可见,在不同截面处分别设置了三根一样粗细的玻璃管,上口与大气连通,当上下两阀门均关闭时,管道中流动速度为零,此时三根玻璃管中的水面与左侧容器中的液面持平,表明各处压力是一致的。当上下两阀门均打开,并保证左侧容器的水面保持不变时,说明管道中形成稳定的流动,此时,三根玻璃管中的液面出现不同程度的下降,说明产生流动时玻璃管中的压强发生了变化。进一步观察会发现,截面越小的管道处,液面下降最多,说明管道中流体流动速度越大,管道压强越小。反之,管道中流体流动速度越小,管道压强越大。这就是伯努利定理的基本内容。

将流体流动时其本身实际具有的压强称为静压,而流体在流动时由流速产生的附加压力称为动压,流体流动速度等于 0 时的静压称为总压。根据能量守恒定理即可得到:

$$静压+动压=总压$$

如果用 p 代表静压,用$\frac{1}{2}\rho v^2$ 代表动压,则上式可表示为

$$p+\frac{1}{2}\rho v^2=常数 \tag{3-3}$$

式中,ρ 为流体密度;v 为流体流动速度。于是,在管道的不同截面 S_1、S_2 和 S_3 处,有

$$p_1+\frac{1}{2}\rho v_1^2=p_2+\frac{1}{2}\rho v_2^2=p^3+\frac{1}{2}\rho v_3^2=\cdots\cdots=\text{常数} \tag{3-4}$$

这就是伯努利定理公式。由伯努利定理可知，不可压定常流动时，流速小的地方压强大，而流速大的地方压强小。这与前面举的例子是一致的。

同连续性定理一样，伯努利定理的应用也是有条件的，它只适应于：①理想流体；②不可压缩流；③定常流动；④在所考虑的范围内，没有能量的交换；⑤在同一条流线上或同一根流管上。

连续性定理和伯努利定理是空气动力学中两个最基本的定理，它们说明了流管截面积、气流速度和压力这三者之间的关系。综合这两个定理，可以得出如下结论：低速定常流动的气体（不可压定常流动），流过的截面积大的地方，速度小、压强大；而流过的截面积小的地方，流速大、压强小。这一结论是解释低速飞机机翼上空气动力产生的根据。

需要再次强调的是，气体的连续性定理和伯努利定理只适用于低速，即气流不可压缩、密度不变的流动情况，不能推广到高速流动的气体。

(3) 低速气流的流动特点

低速气流在流动过程中，其密度变化不大，可近似看作不可压缩气体。由此，可以根据流体连续性定理和伯努利定理，得到以下结论：流体在变截面管道（见图 3.5）中流动时，当管道收缩（$S_1>S_2$）时，流速加大（$v_1<v_2$），静压减小（$p_1>p_2$）；反之，当管道扩张（$S_1<S_2$）时，流速减小（$v_1>v_2$），静压加大（$p_1<p_2$）。即凡是管道剖面大的地方，流体的流速就小，流体的静压就大；而管道剖面小的地方，流速就大，静压就小。

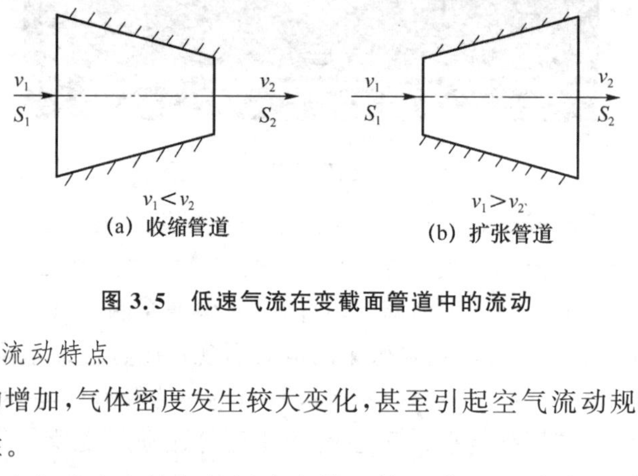

(a) 收缩管道　　(b) 扩张管道

图 3.5　低速气流在变截面管道中的流动

(4) 高速气流的流动特点

随着气流速度的增加，气体密度发生较大变化，甚至引起空气流动规律的改变，因此必须考虑空气的可压缩性。

空气的压缩性与空气密度和施加的压力有关。前面讲过，空气的密度与声速存在对应关系，密度越大，声速越大，因此，空气密度可以用声速来衡量；而施加于空气的压力与空气中运动物体的速度有关，运动速度越大，则压力越大。

因此，在衡量空气的被压缩程度时，可以用物体的运动速度和声速的比值来表示，这个比值称为马赫数，通常用 Ma 来表示，即

$$Ma=v/a \tag{3-5}$$

式中，v 为物体运动速度；a 为当地的声速。

显然，飞行器的飞行速度越大，Ma 就越大，飞行器前面的空气压缩就越严重。因此，Ma

的大小可作为判断空气压缩程度的指标。

根据 Ma 的大小，可将流动速度，即飞行器的飞行速度划分为 5 个区域，即

① $Ma \leqslant 0.3$ 为流动为低速流动；

② $0.3 < Ma \leqslant 0.85$ 为亚声速流动；

③ $0.85 < Ma \leqslant 1.3$ 为跨声速流动；

④ $1.3 < Ma \leqslant 5$ 为超声速流动；

⑤ $Ma > 5$ 为高超声速流动。

随着气流速度的增加，压缩程度逐步增大。当流速接近声速时，气流受到强烈的压缩，压力、密度和温度都发生显著变化，气流流动特性会出现一些与低速气流完全相反的特性，这也是气流特性与低速气流特性不同的根本所在。不同速度下气流特性如表 3.2 所列。

表 3.2　p、ρ、T、v 与 A 相互变化关系

流管形状	低速气流（不可压缩）	亚声速气流（$Ma<1$）	超声速气流（$Ma>1$）
收缩流管	流速增大	流速增大	流速减小
	压力减小	压力减小	压力增大
	密度不变	密度减小	密度增大
	温度不变	温度降低	温度升高
扩张流管	流速减小	流速减小	流速增大
	压力增大	压力增大	流速增大
	密度不变	密度增大	密度减小
	温度不变	温度升高	温度降低

总之，在亚声速气流中，随着流速增大，管道截面积必然减小；而在超声速气流中，随着流速增大，管道截面积必然增大。因此，要使气流由亚声速加速到超声速，除了沿气流流动方向有一定的压力差以外，还应发生管道形状的变化，根据前面的规律，必须先收缩再扩张。拉瓦尔喷管（见图 3.6）正是如此。拉瓦尔喷管最小直径处称为喉道，喉道左侧为收缩管，将亚声速（$Ma<1$）气流加速，当到达喉道时正好达到声速（$Ma=1$），通过喉道后变为扩张管，使气流进一步加速，即可得到超声速（$Ma>1$）气流。

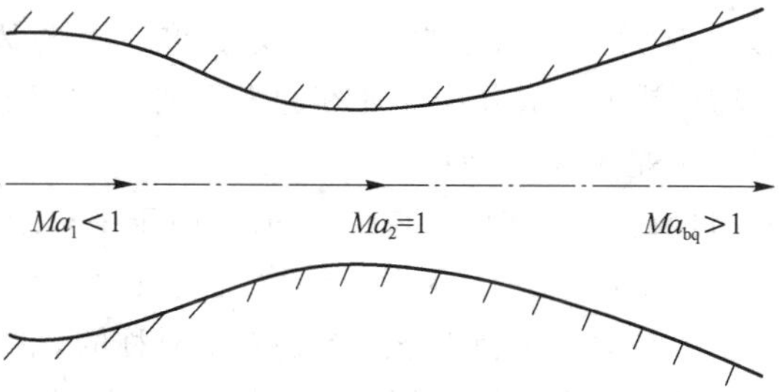

图 3.6　拉瓦尔喷管

3.3 升力和阻力

航空器之所以能在空气中飞行,首先要能产生克服航空器自身重量的并将其托举在空中的升力;当航空器前飞时,就会受到空气的阻力,因此,还需要有克服阻力并推动其前进的动力,作用在飞机上的力如图 3.7 所示。本节主要以飞机为对象,说明作用在飞机上的升力和阻力。

图 3.7 作用在飞机上的力

3.3.1 平板上的空气动力

风筝是中国人发明得最早的航空器。当牵着风筝拉线迎风奔跑时,风筝就会在风力的作用下飞上蓝天,这时,风就对风筝产生了空气动力(见图 3.8)。

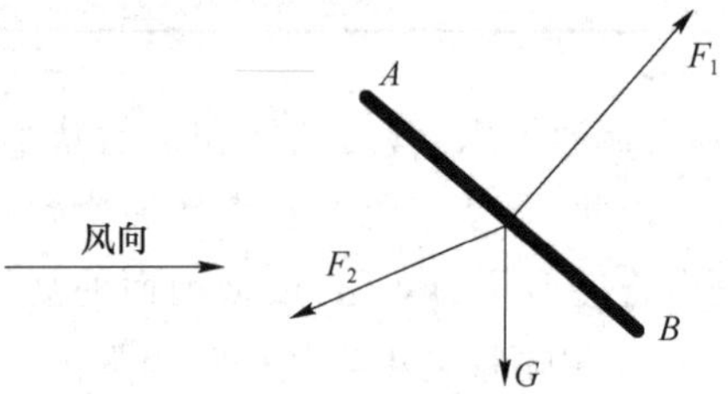

图 3.8 作用在风筝上的力

图 3.8 中,G 为风筝自身重量产生的重力;F_2 为拉线的拉力;F_1 为风对风筝产生的空气动力,这个空气动力可以分解为一个铅垂方向的升力 L 和一个与风筝运动方向相反的阻力 D。如果取风筝的一个截面,就可以看作一个平板进行研究。当平板与相对速度方向形成不同角度时,所受到的空气动力是不同的,如图 3.9 所示。

当平板剖面与相对速度夹角为 0 时(见图 3.9(a)),由于平板上下气流是对称的,平板所受气动力 R 主要是平板与空气的摩擦力,因此气动力就是阻力,而升力为 0;当平板剖面与相对速度夹角为 90°时(见图 3.9(b)),平板上下气流仍然是对称的,平板所受气动力 R 主要是平板前后压差所造成的阻力,该阻力称为压差阻力,此时气动力就是阻力,而升力为 0;当平板剖面与相对速度夹角为一般角时(见图 3.9(c)),平板上下的对称气流被破坏,形成非对称气流,平板所受气动力 R 偏离了气流方向,如将该气动力分解成一个铅垂方向的力 L 和一个与运动方向相反的力 D,则 L 就是平板重力的升力,而 D 就是平板运动的阻力。

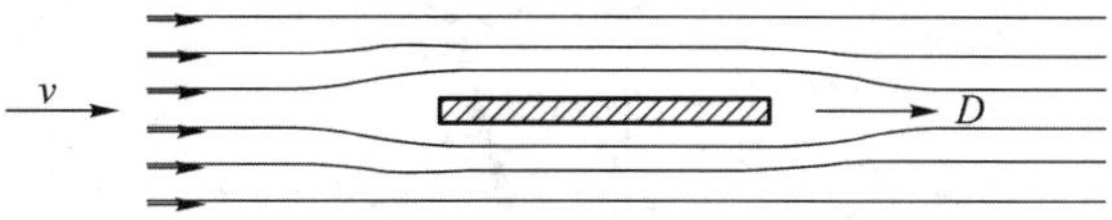

(a) 平板剖面与相对速度夹角为0

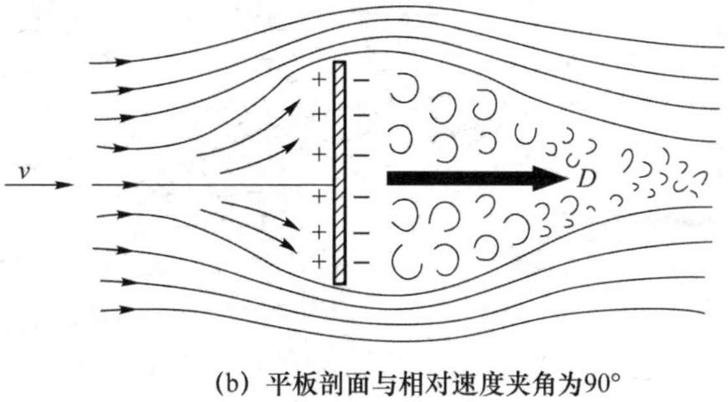

(b) 平板剖面与相对速度夹角为90°

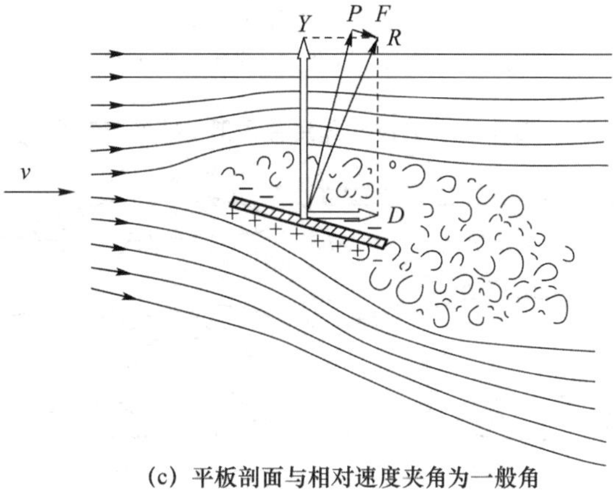

(c) 平板剖面与相对速度夹角为一般角

图 3.9　作用在风筝上的力

3.3.2　机翼的升力和增升装置

(1) 机翼升力的产生

机翼产生的气动力与平板类似，不同的是机翼的“翼剖面”并非平板，而带有一定的流线型。机翼的“翼剖面”是指平行于飞机对称平面的切平面切割机翼所获得的剖面，又称为“翼型”，如图 3.10 所示。

图中前缘点 2 和后缘点 3 的连线称为翼弦，翼弦 4 与气流方向的夹角 α 称为迎角。

飞机产生升力的最主要的部件是机翼，机翼可以看作无数翼型的叠加。机翼的升力也就是翼型升力的叠加。机翼产生升力的大小和翼型的形状与迎角有很大关系。翼型的几何形状有很多(见图 3.11)，不同的翼型产生的空气动力效果也存在很大区别。

由图 3.10 可见，当气流流过翼型时，气流在翼型前缘分为上下两股，翼型上表面较为凸起，上部的流线变密，可以看成流道变窄，流速将加快；相反，翼型的下表面平坦些，这里的流线变化不大(与远前方流线相比)。根据连续性定理和伯努利定理可知，在翼型的上表面，气流速度增大，故压强减小；而翼型的下表面，由于流管变化不大，因此压强基本不变。这样，翼型上下表面产生了压强差，形成了总空气动力 R。根据它们实际所起的作用，可把 R 分成两个分

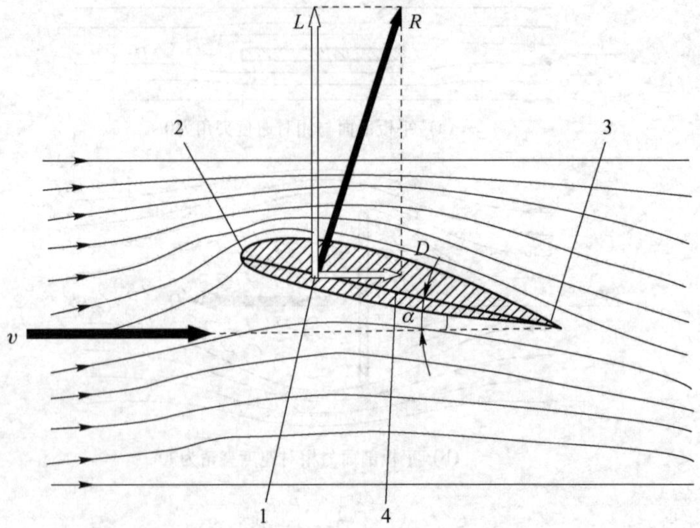

1—空气动力合力作用点；2—前缘；3—后缘；4—翼弦

图 3.10　翼型和作用在翼型上的空气动力

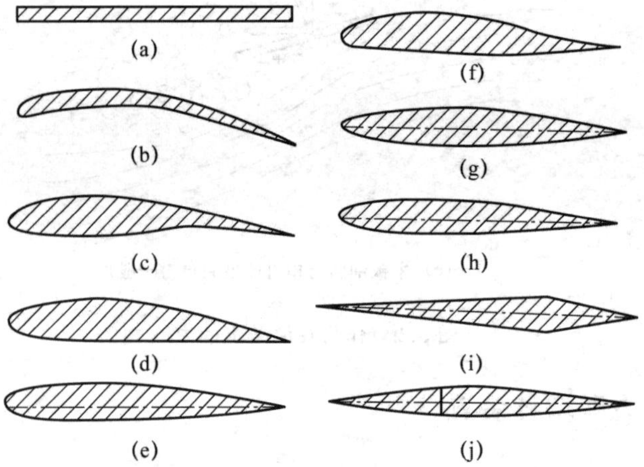

图 3.11　不同形式的翼型

力：一个与气流速度 v 垂直，起支托飞机重量的作用，就是升力 L；另一个与流速 v 平行，起阻碍飞机前进的作用，就是阻力 D。此时产生的阻力除了摩擦阻力外，还有一部分是由于翼型前后压强不等引起的，称之为压差阻力。总空气动力 R 与翼弦的交点叫作压力中心。

利用伯努利定理解释升力的成因又有不足之处，大家学习了空气动力学等知识以后会有更好的解释方法（如库塔-茹科夫斯基环量定理等）。

根据翼型上下表面各处的压强，可以绘制出翼型的压强分布图（压力分布图），如图 3.12 所示。图中，自表面向外指的箭头，代表吸力；指向表面的箭头，代表压力。箭头都与表面垂直，其长短表示负压（与吸力对应）或正压（与压力对应）的大小。由图可看出，上表面的吸力占升力的大部分。靠近前缘处稀薄度最大，即这里的吸力最大。

翼型的压力分布情况不仅与翼型形状有关，还与迎角有着很大的关系，如图 3.13 所示。迎角不同，产生的升力和阻力也不同。一般来说，迎角为 0 时，不对称的流线翼型仍可产生一

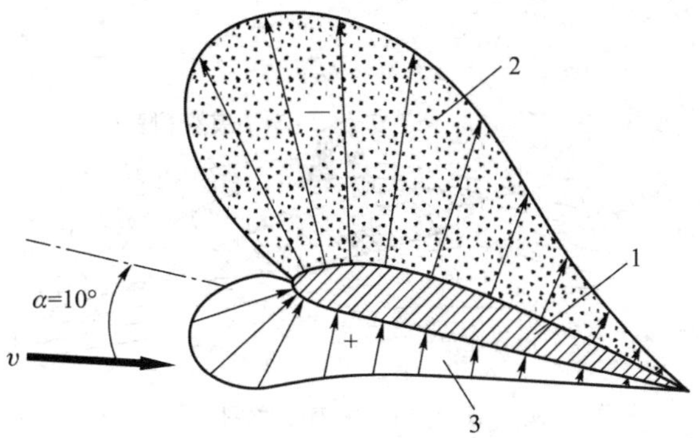

1—翼型；2—上表面压力分布；3—下表面压力分布

图 3.12　翼型压力分布

定的升力，而对称翼型和平板翼型产生的升力为 0。

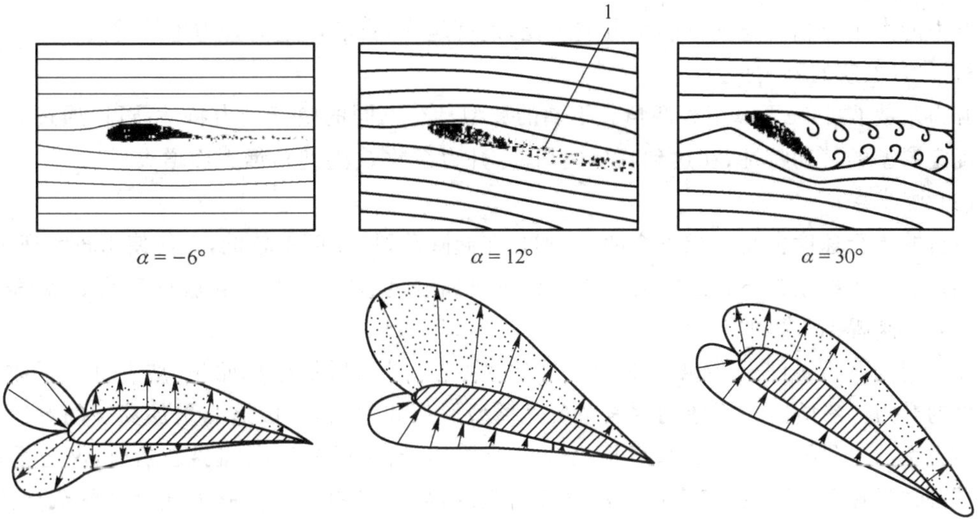

图 3.13　不同迎角下翼型烟气模型与压力分布

随着迎角的增大，升力也会增大，但当迎角增大到一定程度时，气流就会从机翼后缘开始分离，尾部会出现很大的涡流区，也称为气流分离，这时升力会突然下降，而阻力却迅速增大，这种现象被称为“失速”，如图 3.14 所示。刚刚出现“失速”时对应的迎角称为“临界迎角”。飞机不应在接近或超过临界迎角的状态下飞行，否则，可能会因为“失速”而造成飞行事故。

(2) 影响飞机升力的因素

人们进行飞机设计时，希望飞机能够具有尽可能大的升力和尽可能小的阻力，即较大的升阻比，以获得更好的飞行性能。

升力的计算公式为

$$L=\frac{1}{2}\rho v^2 C_l S \tag{3-6}$$

由式(3-6)可以看出，升力 L(N)的大小与空气密度 ρ(kg/m^3)、速度 v(m/s)、升力系数 C_l 以及机翼面积 S(m^2)有关。因此，影响升力的因素可以从以上 4 个方面进行分析。

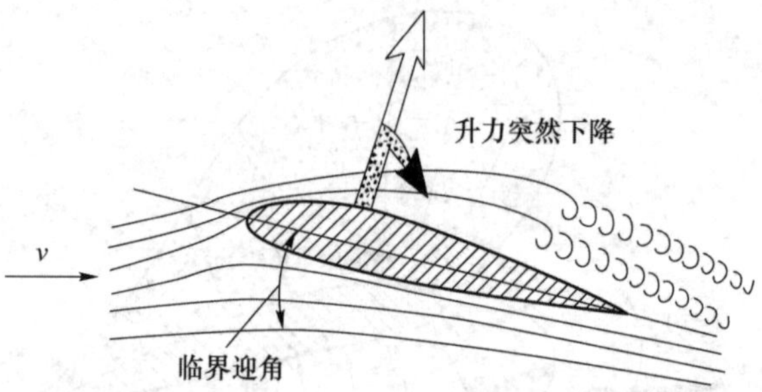

图 3.14 失速示意图

1）空气密度的影响

升力的大小与空气密度 ρ 成正比，密度越大，升力越大。因此，随着飞行高度的增加，升力会逐步下降。

2）相对速度的影响

升力的大小与相对速度 v 的平方成正比，速度越大，自然产生的升力也就越大。

3）升力系数的影响

升力系数 C_l 取决于翼型和迎角。不同的翼型具有不同的空气动力特性，可以通过查表和实验确定翼型的气动特性；在达到临界迎角前，升力系数 C_l 随迎角增大而增大。

（3）增升装置

飞机的飞行速度不是一成不变的，特别是在起降阶段，速度都较低，即使使用较大迎角，升力也难以满足飞机正常飞行的需要。为保证飞机拥有足够的升力，以克服自身重量，就需要通过增升装置来提高飞机的升力。

在一定的飞行条件下，密度和速度是无法改变的，可以增加机翼面积，加大升力系数来提高飞机的升力。影响升力系数的因素主要是翼型形状和迎角，一般适当增加翼型的弯度可以加大升力系数。另外，迎角加大，可提高升力系数，但当接近或达到临界迎角时，又容易引起“失速”，而“失速”主要是机翼表面气流分离引起的，如果采用气流控制方式延缓气流分离，从而加大迎角，就可以使升力系数继续加大。因此，增升装置主要通过加大翼面积，增大翼型弯度和控制机翼表面气流（附面层）3 种方式来实现升力的增加。

飞机的增升装置通常通过安装在机翼前缘或后缘的襟翼实现。常见襟翼示意图如图 3.15 所示。

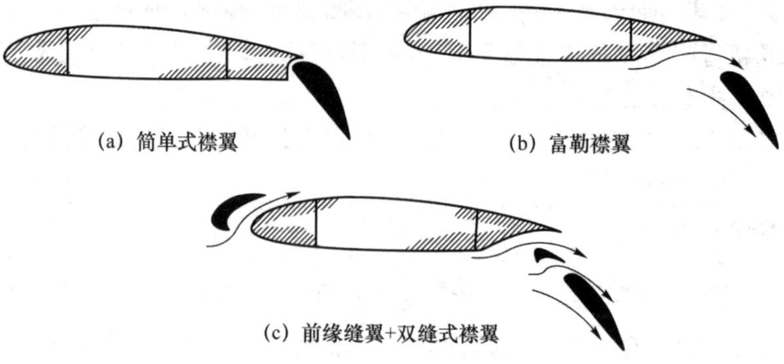

(a) 简单式襟翼　　(b) 富勒襟翼

(c) 前缘缝翼+双缝式襟翼

图 3.15 常见襟翼示意图

襟翼增升采用了包括增加面积、加大弯度和附面层控制中的一种或多种方式，采用不同的增升方式，其结果自然也就不同。一般采用的增升方式越多，增升效果越好。

附面层控制也可通过专门的吹气和吸气机构来实现，其基本原理就是通过吹气和吸气方式，加快上表面流动速度，增加气流能量，防止附面层分离，如图 3.16 所示。吹气使用的高压一般由喷气发动机压气机提供，吸气泵一般通过喷气发动机的涡轮带动。这两种附面层控制的增升装置的增升效果都很好。

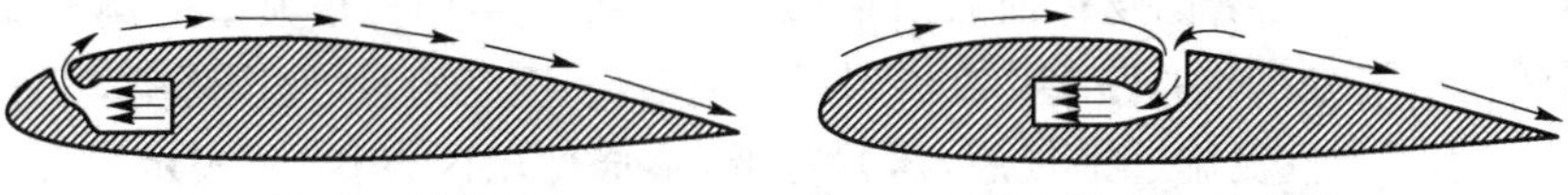

(a) 附面层吹气装置　　(b) 附面层吸气装置

图 3.16　附面层控制装置

3.3.3　飞机的阻力

如图 3.10 所示，飞机在飞行时不仅会产生升力，也会产生阻力。飞机阻力不仅有机翼的阻力，也包括机身、起落架及其他外露部分的阻力。按照阻力产生的原因，分为：摩擦阻力、压差阻力、诱导阻力和干扰阻力。

(1) 附面层与摩擦阻力

由于空气是有黏性的，因此当它流过翼型时，就会有一层很薄的气流被“黏”在机翼表面上。这个流速受到阻滞的空气流动层就是前面提到的“附面层”。通常取流速达到 $0.99v_\infty$ 处为附面层边界，由翼型表面到该处的距离被认为是附面层的厚度。受阻滞的空气必然会给翼型一个与飞行方向相反的作用力，这个作用力就是摩擦阻力。

附面层中气流的流动情况是不同的(见图 3.17)。一般翼型大约在最大厚度以前，附面层的气流保持层状流动，而且底层的速度梯度较小，这部分叫作层流附面层。之后，气流的流动转变成杂乱无章，并且出现了旋涡和横向流动，而且贴近翼面的速度梯度也较大，这部分叫作紊流附面层。层流转变为紊流的那一个点称为转捩点。在紊流之后，由于分离，附面层脱离了翼面而形成大量的旋涡，即尾迹。

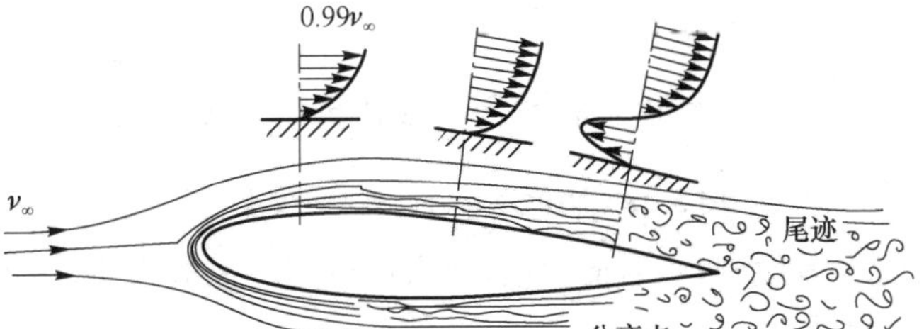

图 3.17　附面层

摩擦阻力的大小取决于空气的黏性、飞机的表面状况以及同空气接触的飞机表面面积等。空气的黏性越大，飞机的表面状况越差，同空气接触的飞机表面面积越大，摩擦阻力也就越大。

为了减小摩擦阻力，可尽量延长层流段，因为附面层内的摩擦阻力同流动情况关系密切，层流的摩擦阻力小，紊流的摩擦阻力大。选用最大厚度位置靠后的层流翼型，就有可能使转捩点位置后移。但是转捩点的位置不是固定不变的，随着气流速度、翼型制造误差及表面粗糙度等的增大，都将使转捩点前移而导致摩擦阻力的增加。

经过分析可知，摩擦阻力的大小取决于空气黏度、飞机表面形状（光滑程度）、同气流接触的飞机表面积的大小（浸润面积）和附面层中气流的流动情况。

(2) 压差阻力

压差阻力是由于运动着的物体前后所形成的压强差产生的。最典型的例子如图 3.9(b)所示的垂直竖立在气流中的平板。气流流到平板的前面，受到阻拦，速度降低，压强增加，形成高压区（用“+”表示）；气流流过平板后，压强降低，形成低压区（用“—”表示），并形成许多漩涡，这就是气流分离。由于板的前面压强大大增加，后面压强减小。前后形成了很大的压强差，因此产生很大的阻力，这种阻力称为压差阻力。

压差阻力的大小同物体的迎风面积、形状以及在气流中的位置有关。

所谓迎风面积，就是物体垂直与迎面气流的剖面积，其中最大值就是最大迎风面积。物体的最大迎风面积越大，压差阻力也越大。

物体的形状对压差阻力也有很大的影响。把一块圆形的平板垂直放在气流中，其前后会形成很大的压差阻力。如果在圆形平板前面加上一个近似于圆锥体的旋成体，如图 3.18(a)所示，其迎风面积并没有改变，但形状变了。平板前面的高压区被旋成体填充，气流可以平滑地流过，压强不会急剧升高。虽然此时平板后面仍有气流分离和低压区的存在，但前面的压强却大为减小，因而压差阻力会极大降低，其压差阻力约为原平板压差阻力的 1/5。

如果在平板后面再加上一个细长的近似于圆锥体的旋成体，如图 3.18(b)所示，把充满漩涡的低压区也填满，使得物体后面只出现很少的漩涡，其阻力将会进一步降低，其压差阻力仅为原平板压差阻力的 1/20 左右。

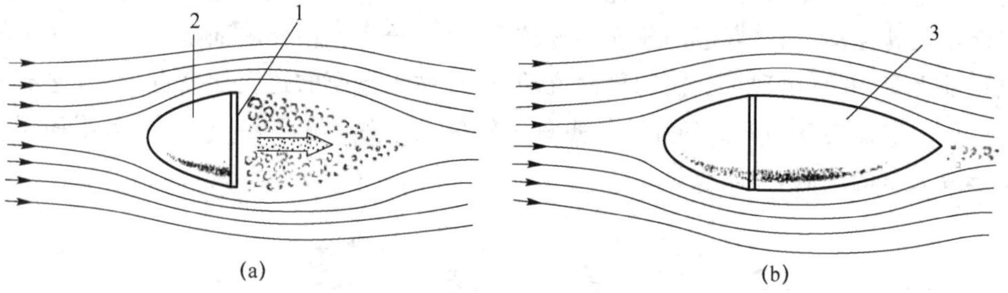

1—圆形平板剖面；2—前部近圆锥体；3—后部近圆锥体

图 3.18　物体形状对压差阻力的影响

像图 3.18 所示这种前端圆钝，后面尖细，像水滴或雨滴似的物体，称为流线型物体，简称流线体。在迎风面积相同的条件下，其压差阻力最小。

为了降低压差阻力，除尽量减小飞机的最大迎风面积以外，还应对飞机的各部件进行整形，使其尽量成为流线型，活塞发动机等部件应使用整流罩对其进行整流。

(3) 诱导阻力

诱导阻力是翼面所独有的一种阻力，它是伴随着升力的产生而产生的，因此，可以说它是为了产生升力而付出的一种“代价”。

前面，均把机翼看成是无限长的而取其中的一个剖面(翼型)来讨论其升力、阻力的产生。但实际飞机机翼的翼展是有限的。绕有限翼展和无限翼展的气流作用效果是有差别的。

在产生正升力的情况下，下翼面的压力总要比上翼面的大。因此，有限翼展机翼下表面的高压气流会绕过翼尖而流向上翼面低压区，形成绕翼尖的漩涡，如图 3.19 所示。这种流动的直接后果是缓和了上、下翼面的压强差。因此，在同样的迎角下，有限机翼的升力系数就比无限翼展机翼的升力系数小。

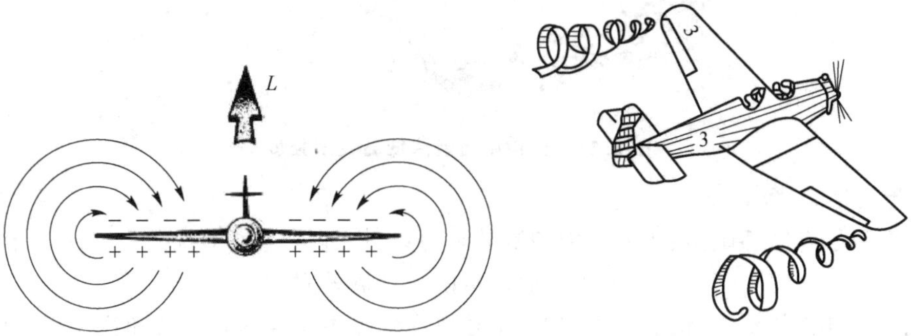

(a) 翼尖气流的展向流动　　(b) 翼尖气流展向流动引起的漩涡

图 3.19　翼尖气流的展向流动及漩涡

如图 3.19 所示，当气流以速度 v_∞、迎角 α 流向机翼时，由于尾涡的影响使得在该剖面处的气流附加了一个下洗速度 w，如图 3.20 所示。这样，该切面处气流的有效速度(合速度)为 $v_e = v_\infty + w$，迎角则变为 α_e，$\alpha_e = \alpha_e - \varepsilon$。$\varepsilon$ 为合速度与来流速度的夹角，称为下洗角。下洗速度和下洗角使有效迎角减小。机翼上的升力因与有效速度方向垂直，即与不考虑尾涡引起下洗的情况相比，升力方向向后倾斜了一个下洗角 ε，因而在来流方向上产生一个分力 D_i，这就是诱导阻力。

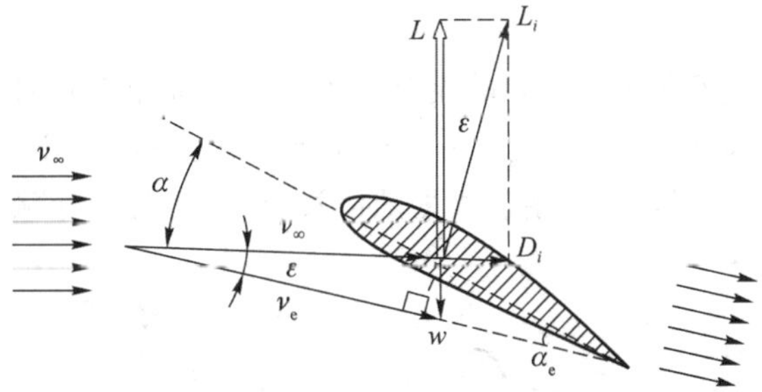

图 3.20　下洗速度与诱导阻力

诱导阻力的大小与机翼的平面形状、翼型、展弦比，特别是同升力有关。

从平面形状来看，在采用同样 C_l 的翼型情况下，椭圆形机翼比其他平面形状机翼的诱导阻力系数要小一些。一般说来，机翼展弦比增加，诱导阻力减小，因此，增大展弦比可适当减小诱导阻力。

对于飞机设计来说，改变平面形状和无限增大展弦比是不现实的，还可通过增加翼尖小翼的方式，通过削减翼尖涡的作用来减小诱导阻力，如图 3.21 所示。

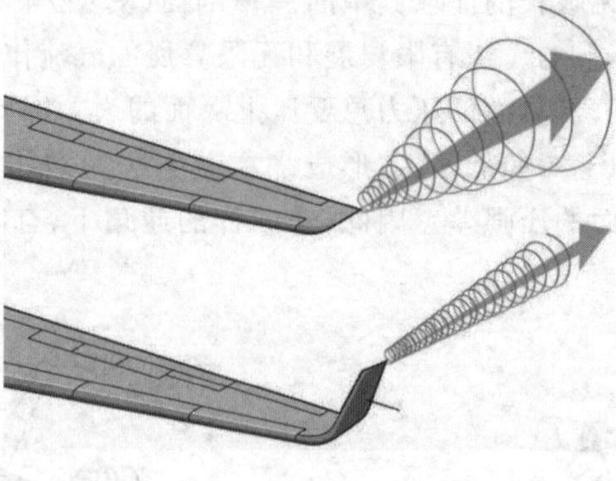

图 3.21　翼梢小翼能降低翼尖涡强度

(4) 干扰阻力

飞机上除了有摩擦阻力、压差阻力和诱导阻力以外，还有一种干扰阻力。所谓干扰阻力，就是飞机各部分之间由于气流相互干扰而产生的一种额外阻力。

飞机的各部件如机翼、机身和尾翼等，单独放在气流中产生的阻力总和往往小于把它们组合成一架飞机时所产生的阻力。这是因为存在干扰阻力的缘故。

如图 3.22(a)所示，气流流过机翼和机身的连接处，在这里形成了一个气流通道。在 A 处气流通道的截面积最大，到 C 处气流通道收缩到最小，随后向 B 又逐渐扩大。由连续性定理和伯努利定理可知，C 处气流的速度大而压强小，B 处气流的速度小而压强大，所以在 CB 段通道中，气流有从高压区 B 流向低压区 C 的趋势。这就形成了一股逆流。但飞机前进时不断有气流沿通道向后流动，遇到后面这股逆流就形成了气流的阻塞现象，使得气流分离而产生许多漩涡。这些漩涡表明气流的动能有了损失，也就是产生了一种阻力，这一阻力是由于气流相互干扰而产生的，所以称为干扰阻力。

不但在机翼和机身之间会产生干扰阻力，而且在机身和尾翼连接处、机翼和发动机短舱连接处等都会产生。

干扰阻力显然与飞机不同部件之间的相对位置有关。如果在设计飞机时，仔细考虑它们之间的相对位置，使得它们压强增加不大也不急剧，干扰阻力就可以减小。另外还可以在不同部件的连接处加装流线型的整流片，使连接处圆滑过渡，尽可能减小漩涡的产生，也可以减小干扰阻力，如图 3.22(b)所示。

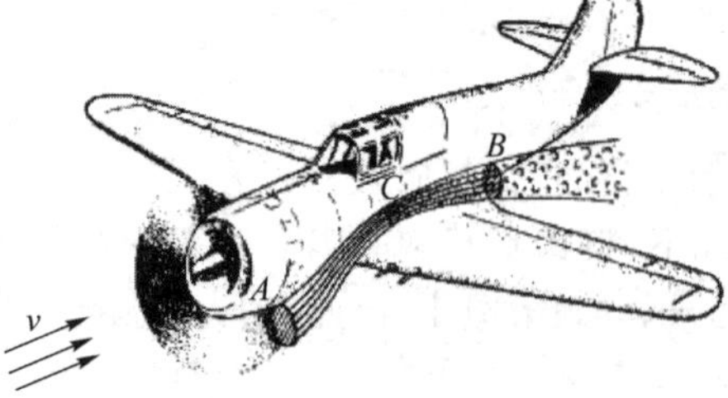

(a) 机翼和机身之间形成的气流通道

(b) 机翼与机身之间的整流片1

图 3.22　机翼与机身之间的干扰阻力

需要说明的是，飞机上不但机翼会产生升力，还有平尾和机身都可以产生升力，其他暴露在气流中的部分也都可能产生少许的升力。不过除了机翼以外，其他部分产生的升力都是很小的，而且平尾的升力又经常改变方向。因此通常用机翼的升力来代替整个飞机的升力。换句话说，一般认为机翼的升力就是整架飞机的升力。

机翼的升力即为整架飞机的升力，但飞机的阻力却不然。不但机翼会产生阻力，飞机暴露在气流中的其他部分如起落架、机身、尾翼等同样会产生阻力。现代飞机在巡航飞行时，机翼的阻力大约占全机阻力的 25%～35%，因此，不能以机翼的阻力来代替全机的阻力。

低速飞机的 4 种阻力，即摩擦阻力、压差阻力、诱导阻力和干扰阻力中，只有诱导阻力与升力有关，也称为升致阻力，是产生升力必须付出的代价；而摩擦阻力、压差阻力和干扰阻力都与升力的大小无关，通常称为零升阻力或废阻力。不论何种阻力，都应该千方百计地减小(特殊情况如着陆减速滑跑等除外)。

对于高速飞机来说，超声速飞行时还会产生激波阻力。

3.4　飞机的气动布局与几何参数

3.4.1　飞机的气动布局

飞机在空气中飞行，依靠与空气相对运动产生的空气动力。因此，与空气发生相互作用的机体外形称为飞机气动布局，也称为飞机气动构型，是飞机设计的关键。

飞机的气动布局与飞机的动态特性及所受到的空气动力密切相关，关系到飞机的飞行特征及性能。飞机外部总体形态布局与位置安排称为飞机的气动布局。简单地说，气动布局就是指飞机的机翼、尾翼、机身、进气道等与空气直接相关的部件的形状和位置。至于发动机、座舱以及武器等放在哪里的问题，则笼统地称为飞机的总体布局。

气动布局形式各异，主要取决于飞机的使命任务，又取决于设计师的擅长，以及科学技术进步和创新带来的成果。从形式上看，飞机的气动布局可按照多种形式划分。

按机翼的前后位置划分：常规布局、鸭翼布局；

按照机翼与机身的位置关系划分：上单翼、中单翼和下单翼布局；

按机翼前缘的角划分：平直翼布局、后掠翼布局、前掠翼布局；

按照垂尾形式划分：单垂尾、双垂尾、V 尾和无垂尾；

按照水平翼面数量划分：单翼面无尾布局、双翼面布局和三翼面布局；

按机翼形状划分：矩形翼、梯形翼、三角翼和边条翼布局等；

按进气道形式划分：头部进气、腹部进气、背部进气、两侧进气和肋下进气布局；

气动布局没有严格的划分标准，但基本上按主要空气动力部件——翼面来划分，一般分为 5 类，即常规布局、鸭式布局、无尾布局、三翼面布局和飞翼布局，如图 3.23 所示。而进气道形式作为二级描述，如常规布局腹部进气。

常规布局是水平尾翼在机翼之后的布局形式，是民用飞机和多数战斗机采用的布局形式。目前对常规布局的理论研究已经非常充分，生产技术成熟而又稳定，与其他气动布局相比各项性能比较均衡。

鸭翼布局是水平前翼在机翼的前面的布局形式。根据鸭翼参与操纵的程度可分为升力鸭翼、半操纵鸭翼和操纵鸭翼。鸭翼除提供升力外,还可提高飞机的机动性,以及大迎角特性。因此,在战斗机中使用较多。

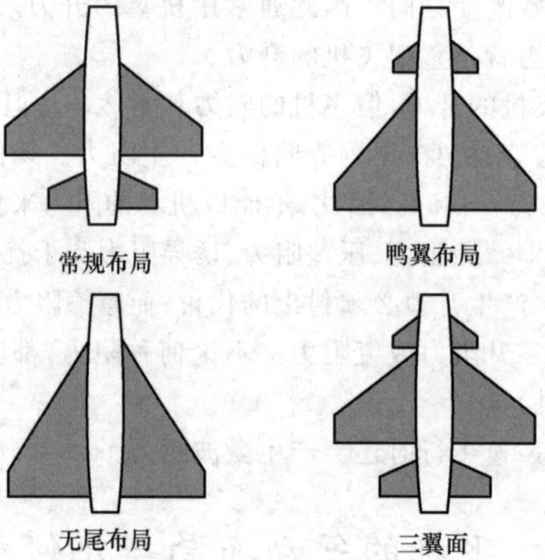

图 3.23 常见气动布局形式

无尾或“飞翼”,飞机只有一对机翼。其基本优点是超声速阻力小和飞机重量轻,但其起降性能和其他性能可能会一定程度上受到影响。一般人们把无平尾的飞机称为无尾布局,在此基础上,再取消垂尾的飞机称为“飞翼”布局。由于重量轻、阻力小,一般主要用于战斗机,而“飞翼”布局主要用于对机动性要求不太高的轰炸机等。

三翼面布局,机翼前面有水平前翼,机翼后面有水平尾翼。三翼面布局飞机兼顾了常规布局和鸭翼布局的优点,但由于翼面间的气动干扰,在设计中,前翼相对机翼的位置以及前翼的面积的选取一定要进行周密的分析和详尽的试验。

3.4.2 飞机的外形几何参数

从外形上看,飞机主要是由机身、机翼、尾翼等主要部件共同组成的。而影响飞机气动特性的也自然是这些外露部件,其中机翼对飞机性能的影响显得尤为重要。

有人说,机翼是产生升力的,其他部件都是产生阻力的。这句话虽然不够全面,但也显示了机翼对于固定翼飞机的重要性。机翼是产生升力的主要部件,它的几何外形可以从平面形状和剖面形状两方面来描述。典型的机翼平面形状可通过翼展、弦长和前缘后掠角等参数来描述,如图 3.24 所示。

具体影响飞机特性的主要参数还有:前缘后掠角、展弦比、根梢比和异性的相对厚度等。其中,展弦比是指机翼展长与平均几何弦长之比。

对于图 3.24 所示的直边型梯形机翼来说,平均几何弦长 $c_{av}=(c_t+c_r)/2$;S 为整个机翼平面形状的面积。由此,展弦比可表示为

$$A=\frac{l}{c_{av}}=\frac{b^2}{c_{av}b}=\frac{b^2}{S}$$

对于大多数机翼来说并非都是直边型机翼,因此以展长的平方与机翼面积之比来定义展弦比更为准确。

梢根比是指翼梢弦长与翼根弦长之比,即

$$\lambda=c_r/c_t$$

梢根比又称尖削比，也有人习惯用根梢比，而根梢比正好是梢根比的倒数。

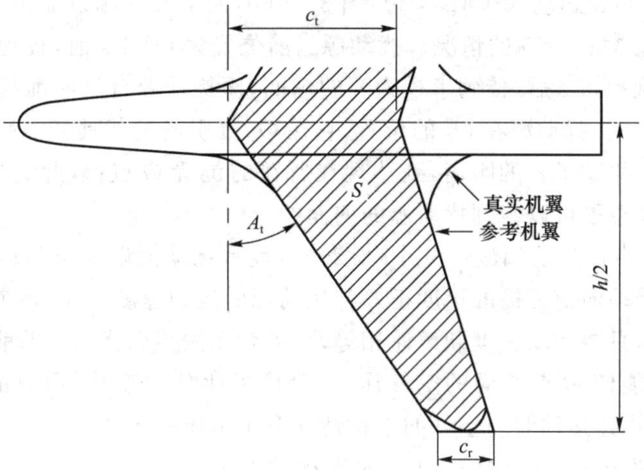

图 3.24　机翼几何参数示意图

翼型的相对厚度是指翼型最大厚度 t 和弦长 c 之比，即

$$t/c$$

Λ_0 为机翼的前缘后掠角。根据空气动力学理论和试验结果可知，在低速飞行环境下，配置大展弦比平直机翼有利于获得较大的升力系数，同时减小诱导阻力。在亚声速飞行环境下，采用后掠机翼可延缓激波的产生，并降低激波强度，从而减小激波阻力。在超声速飞行环境下，激波已不可避免，采用大后掠角、小展弦比的机翼、三角机翼、边条翼等配置，对降低激波强度有利。

此外，影响飞机气动性能的主要外形几何参数还包括机身长度、长细比、尾翼参数以及机翼、机身、尾翼等各部分的相对位置参数等。

3.5　高速飞行中的空气动力

前面已经提到，对于高速飞机来说，超声速飞行时还会产生激波阻力。

20 世纪 40 年代，装有活塞发动机的飞机平飞速度达到 700 km/h 以上，但在其俯冲时，速度可接近声速。此时，飞机会发生剧烈的抖振，变得很不稳定，甚至造成飞机结构破坏，造成飞机失事，这种现象就是"声障"。后面经过研究才发现，"声障"是由于飞机飞行速度接近声速时产生的激波和激波阻力造成的。

3.5.1　激波和激波阻力

(1) 弱扰动波的传播特点

弱扰动以声速向四面八方传播。按照扰动波源的运动速度，可分为 4 种情况：扰动源静止不动：$Ma=0$；扰动源以亚声速运动：$0<Ma<1$；扰动源以等声速运动：$Ma=1$；扰动源以超声速运动：$Ma>1$。

① 扰动源静止($Ma=0$)：如图 3.25(a)所示，扰动源 O 点引起的扰动，1 s 后，波面达到半

径为 a 的球面 1；2 s 后，波面达到半径为 $2a$ 的球面 2；依次类推。经过的时间越长，扰动传得越远。

② 扰动源以亚声速运动（$0<Ma<1$）：图 3.25(b)表示扰动源以亚声速运动时，扰动的传播。为研究方便，取 $Ma=0.5$ 的情况。扰动源当前位置为 O。1 s 前，扰动源在 O_1 的位置上，它在 O_1 处引起的扰动，1 s 后，传到半径为 a 的球面，而扰动源自己向前移动了 $0.5a$ 的距离，到达 O 处；同样，2 s 前，扰动源在 O_2 的位置，它在 O_2 处引起的扰动，2 s 后，传到半径为 $2a$ 的球面，而扰动源向前移动了 a 的距离，到达现在所在的位置 O 点；以此类推。可见，只要运动速度小于声速，扰动总是可以传到扰动源的前面的。

③ 扰动源以等声速运动（$Ma=1$）：图 3.25(c)表示扰动源以等声速运动时，扰动的传播。由该图可以看出，扰动向前传播的速度正好与扰动源的运动速度一样，各个受扰动球面都在 O 点相切。由此可见，只要运动速度和声速相等，扰动就无法传到扰动源的前面，也就是说，扰动源引起的扰动不可能使 O 点前面的空气压力、密度发生任何变化，而只能影响后面的空气。这就与扰动源以亚声速运动时对空气的干扰情况有了本质的区别。

④ 扰动源以超声速运动（$Ma>1$）：如果扰动源的速度大于声速，为简单起见，我们取 $Ma=2$。扰动传播的情况如图 3.25(d)所示。扰动虽然以球面的形式传播，但其传播的范围，仅仅局限在以 O 点为顶点的圆锥内，所有的受扰动球面均相切于该圆锥。这个圆锥通常称为马赫锥或扰动锥。扰动源以超声速运动时，它只能影响马赫锥内的空气，使其压力、密度有所变化。扰动源运动的速度越大，扰动影响的区域越小。

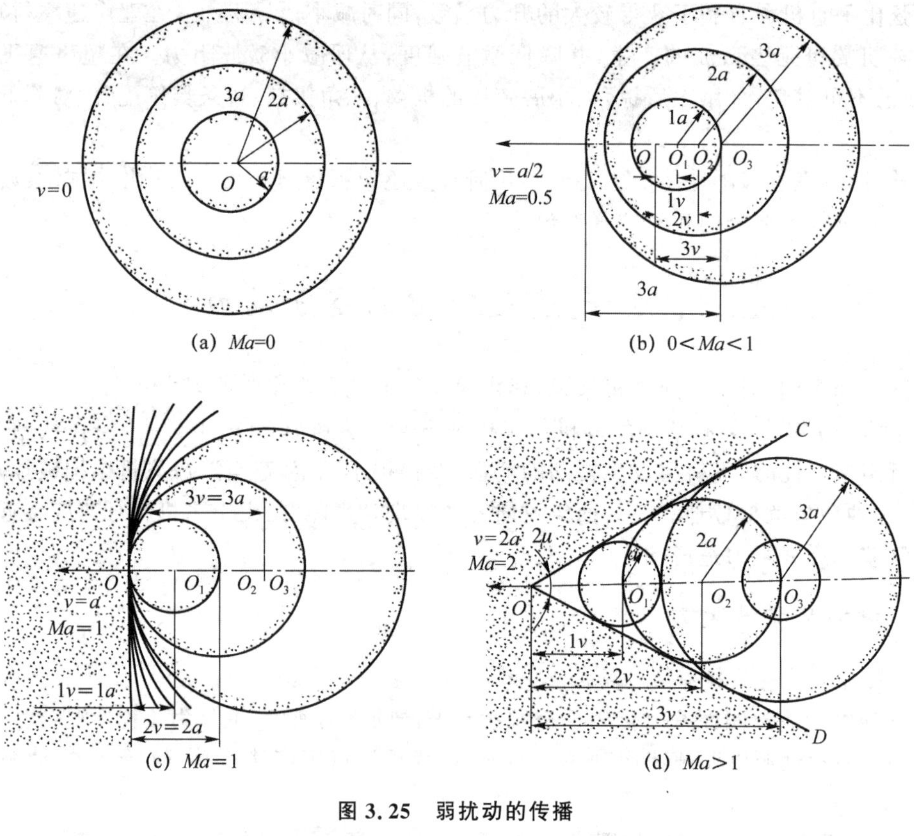

图 3.25　弱扰动的传播

同理，飞行器与气流接触的每一个点，都是一个扰动源。因此，如果飞行器的飞行速度小于声速，它所引起的扰动可以传到飞行器的前面去；如果飞行速度等于或大于声速，则扰动就不能传到飞行器的前面，而只能在飞行器后面的一定范围内传播。飞行速度比声速大得越多，这个范围就越狭小。低速飞机还没有飞到我们头顶，就早已听到了它的轰鸣声，而超声速飞机，以超声速飞行时，飞过我们头顶很远，才听到它的啸叫声。

(2) 激　波

与弱扰动波的传播类似，当飞机以等声速或超声速飞行时，在其前面也会出现由无数较强的波叠聚而成的波面。在波面处空气受到强烈的压缩，波面的前后空气的物理特性发生突变，波面之后的空气压强突然增大，密度和温度也随之升高。当气流通过波面时，气流微团受到很强的阻滞，速度锐减，使其速度极大降低。这种由较强压缩波组成的界面波就称为激波。

激波有两个特性：一、其是一层受到强烈压缩的空气层；二、气流通过激波时，压强、密度、温度突然增加，而速度却大大降低。

根据激波面和气流方向的夹角，可将激波分为两类：正激波和斜激波。

正激波是指波面与气流方向接近垂直的激波。气流通过正激波时，压力、密度增大，温度升高，流速由原来的超声速降至亚声速，但流动方向不发生变化。同一马赫数下，正激波是最强的激波。

斜激波是指波面与气流方向不垂直的激波。与气流通过正激波类似，压力、密度增大，温度突然升高，流速降低，但不一定为亚声速，这取决于斜激波的强度，也就是激波倾斜的程度，流动方向发生变化。

马赫数的大小和物体的头部对激波的形式都有影响。一般比较圆钝的头部总是生成正激波，而比较尖锐的头部产生斜激波，如图3.26所示。但当马赫数等于1或略大于1时，无论是圆钝头还是尖头，都形成正激波。

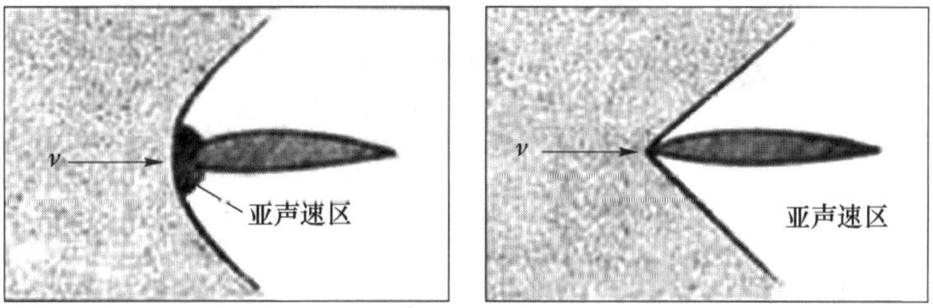

图3.26　不同头部形状产生的激波

(3) 激波阻力

由于空气在通过激波时，受到阻滞，流速急骤降低，由阻滞产生的热量使空气加热。加热所需的能量来自动能的消耗，动能的消耗表示产生了阻力。因为这一阻力是由于形成激波而产生的，所以叫作激波阻力，简称波阻。

波阻的大小与激波的强度有关，即激波强度越大，波阻就越大。正激波的强度总是大于斜激波的强度；且激波面越倾斜，激波强度就越小。

由此可知，影响激波阻力的因素包括物体形状，尤其是头部形状和物体运动速度，即 Ma。

(4) 局部激波和临界马赫数

一般认为 $Ma \geqslant 1$ 才会出现激波，但当飞机的飞行速度(即来流速度)接近声速，但还未达到声速时，飞机上某些部位的局部流速却已达到或超过了声速。于是，在这些局部超声速区首先开始形成激波。这种在飞机的飞行速度尚未达到声速，而在机体表面局部产生的激波称为局部激波。由于机翼、机身等飞机部件表面都是凸起的(见图 3.27)，根据连续性定理，这里的气流速度将大于来流速度，而在来流速度未达到声速时，其先达到声速，当某一点首先产生激波时对应的飞行马赫数称为临界马赫数，用 $Ma_{临界}$ 表示。

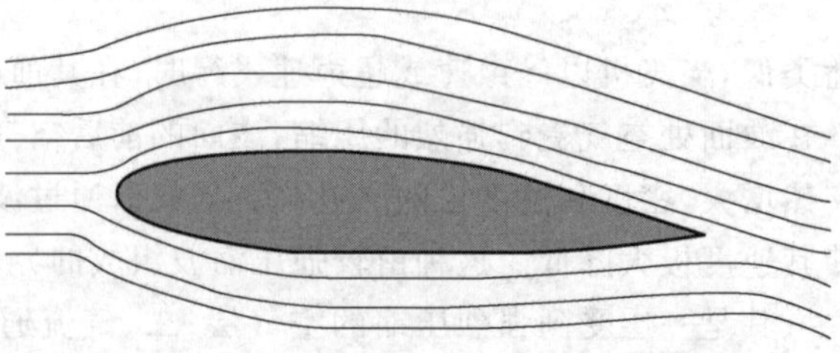

图 3.27 临界马赫数

$Ma_{临界}$ 是亚声速飞行和跨声速飞行的分界点。当飞行马赫数小于 $Ma_{临界}$ 时，飞机表面各点的速度都低于声速，气流特性不会发生质的变化；当飞行速度超过 $Ma_{临界}$ 时，飞机表面就会出现一个局部超声速区，并在此产生一个正激波，这个正激波是由于局部产生的，因此，被称为局部激波，如图 3.28 所示。

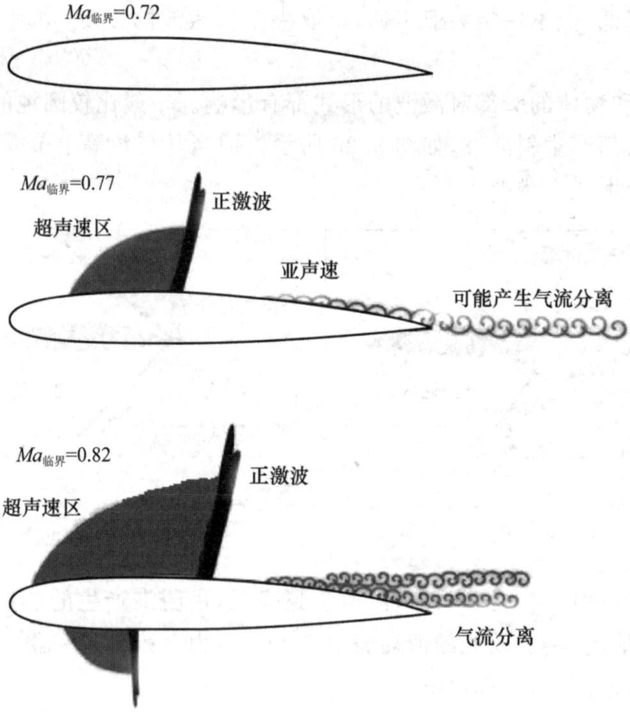

图 3.28 局部激波

$Ma_{临界}$ 高，说明飞机在不产生激波阻力的情况下飞得更快。为提高 $Ma_{临界}$，现代飞机采用了一种超临界翼型。超临界翼型的特点就是前缘较普通翼型圆钝，上表面较为平坦，下表面接近后缘处上凹，后缘较薄，而且向下弯曲，目的是减小上表面气流的加速作用，延缓局部激波的产生或减小激波强度，同时下表面后缘上凹可弥补翼型弯度减小带来的升力下降，如图 3.29 所示。

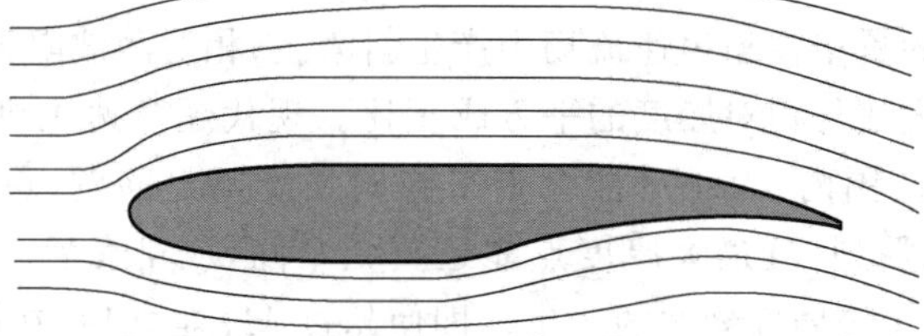

图 3.29　临界翼型及其流场

提高飞机的 $Ma_{临界}$，目的在于推迟局部激波的出现，使飞机不至于过早地产生波阻。提高飞机的 $Ma_{临界}$ 可以从以下两个方面采取措施：一是优化机翼剖面形状，如采用超临界翼型；二是改变机翼平面形状，这一点后续进行介绍。

3.5.2　超声速飞行的机翼升力

由于超声速气流和亚声速气流的特性不同，因此，产生升力的原理不同。

图 3.30 所示为菱形对称翼型激波产生及压力分布。

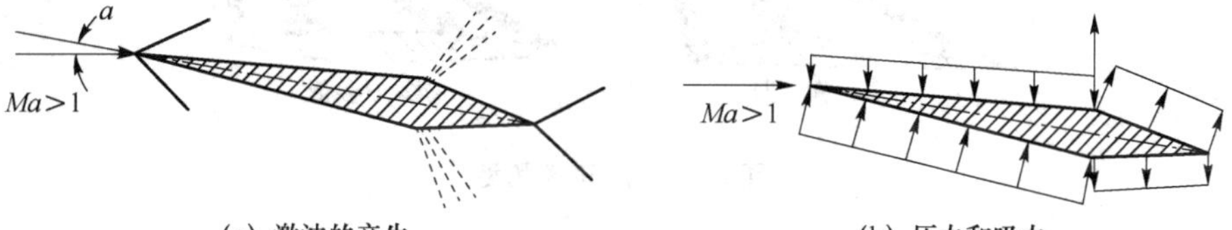

(a) 激波的产生　　(b) 压力和吸力

图 3.30　菱形对称翼型激波产生及压力分布

如图 3.30 所示，超声速翼型在飞行状态下具有一个不大的迎角 α，当超声速气流到达翼型前缘时，由于翼型前缘较为尖锐，会产生斜激波，由于迎角的存在，造成气流与上下表面的激波形成不同的夹角，上表面夹角较小，因此相对激波强度稍弱，而下表面夹角稍大，因此激波强度也会大一些（见图 3.30(a)）。因此，流过上表面的气流较流过下表面的气流减速少一些，即上表面气流较下表面气流流速要大。根据 3.2.2 节的分析可知，在翼型的前半部分，上表面较下表面气流流速较大，压力较小；而对于翼型的后半部分，由于气流流动通道面积扩大，气流得到进一步加速，压力进一步减小，甚至形成负压力（吸力），见图 3.30(b)。由此，上下表面形成压强差，从而产生升力。

3.5.3　超声速飞机的气动外形特点

由于亚声速和超声速的气动特性存在很大差异，因此，跨声速和超声速等需要在超声速环境中飞行的飞机与低速飞机相比，气动特性也会存在很大差异。为提高飞机的飞行速度，除需要提供更大的发动机推力和减轻结构重量之外，还需要在飞机的气动外形方面进行改进，已得到更加有利的气动特性。超声速飞机的气动外形要着重解决减小波阻和提高飞行速度之间的矛盾，同时要尽可能提高 $Ma_{临界}$，推迟局部激波的产生。

(1) 超声速飞机的翼型特点

超声速翼型设计的重点任务就是减小阻力。一般采用前缘较为尖锐、相对厚度较小的对称翼型。

首先,前缘较尖锐的翼型在超声速流场中产生斜激波,相对激波阻力较小;其次,相对厚度较小。实验表明,波阻大致与相对厚度的平方成正比。现代超声速飞机翼型的相对厚度都比较小,一般在3%～8%范围内,太小可能会带来结构强度不足问题;翼型的相对弯度一般很小,甚至为零,即为对称翼型,且最大厚度点靠近翼弦中间,或略靠后。翼型表面轮廓较为平缓,有利于提高$Ma_{临界}$,延缓局部激波的产生。即使超过$Ma_{临界}$之后,在较大的超声速气流中,也可使阻力系数的增长较为平缓。

在超声速飞机中,一般采用双弧形、菱形、楔形和双菱形等相对厚度较小的对称翼型,如图3.31所示。

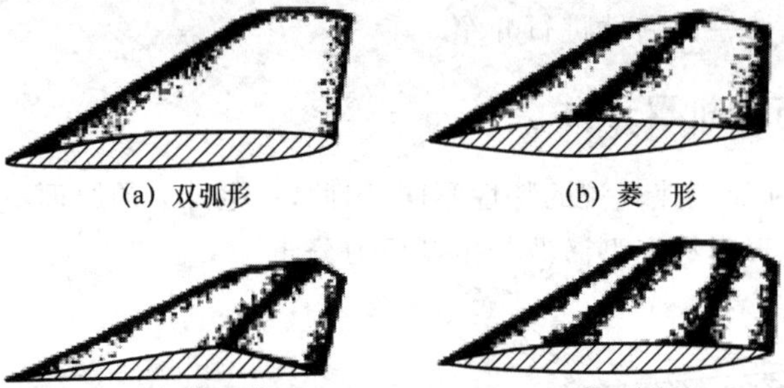

(a) 双弧形　(b) 菱　形　(c) 楔　形　(d) 双菱形

图3.31　超声速翼型

(2) 超声速飞机机翼的平面形状特点

为提高$Ma_{临界}$和减小超声速飞行时产生的激波阻力,现代亚声速和超声速飞机普遍采用后掠机翼(见图3.32),随着速度的提高,一般后掠角也会适当加大。

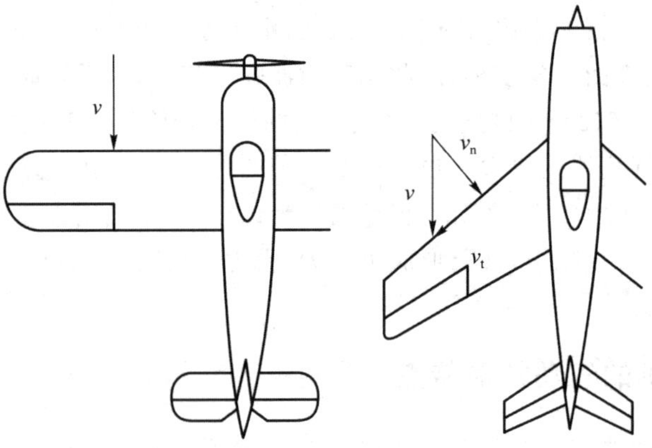

(a) 平直机翼　(b) 后掠机翼

图3.32　平直机翼和后掠机翼

后掠机翼在设计之初主要是为了提高$Ma_{临界}$,但在超过$Ma_{临界}$飞行时,也有利于减小激波阻力。与平直机翼相比,主要是因为降低了机翼上的有效速度,所以使得$Ma_{临界}$得到提高。

当气流以速度 v 流过机翼时，由于后掠角的存在，只有垂直于机翼前缘的气流速度分量 v_n 是产生升力的有效速度，另一速度分量 v_t 对产生升力不起作用，只会产生摩擦力。由于 v_n 小于 v，因此，提高了 $Ma_{临界}$，并推迟了局部激波的产生。现代超声速飞机机翼后掠角一般在 30°～60°范围内，后掠角加大，有效速度减小，当后掠角为 30°时，$Ma_{临界}$ 约可提高 8%，当后掠角为 60°时，$Ma_{临界}$ 约可提高 41%。

当飞行速度超过 $Ma_{临界}$ 后，后掠机翼的阻力随着 Ma 的增大，变化也相对平缓。后掠角对阻力的影响关系如图 3.33 所示。

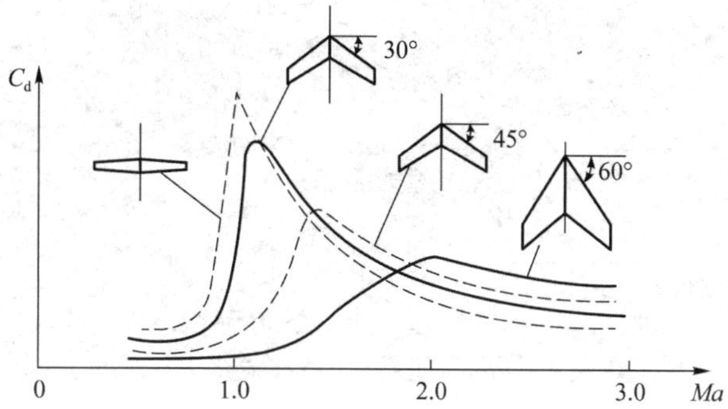

图 3.33　后掠角和阻力系数 C_d 的关系

随着后掠角的加大，气流 v 延展向的分量 v_t 使得附面层从翼根到翼尖逐渐变厚，在翼尖处首先造成气流分离，当迎角加大到一定程度时，翼尖处首先出现失速。翼尖失速后，逐步从翼尖向翼根扩展，造成大面积失速，使得飞机变得不稳定，甚至出现危险。为防止这一现象的出现，常采用在机翼上表面上增加翼刀（见图 3.34）或在机翼前缘设计锯齿和缺口的方法，使气流形成涡流或气动翼刀，从而阻止气流沿翼展方向的流动。

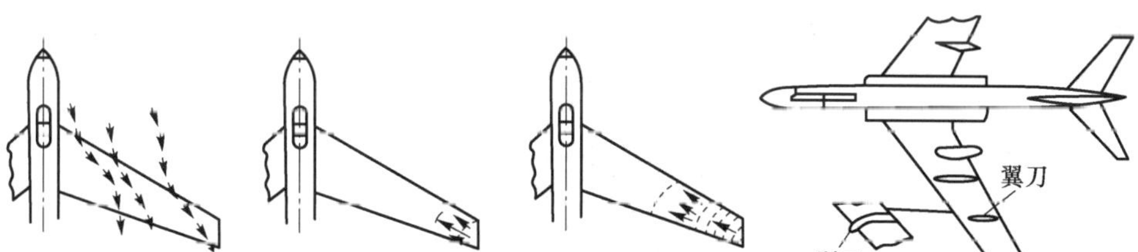

(a) 机翼上的气流　(b) 翼尖失速　(c) 失速向机翼中部扩展　(d) 机翼上的翼刀

图 3.34　后掠机翼翼尖失速与翼刀

当 $Ma \geqslant 2$ 时，要使机翼上的有效速度满足 $Ma<1$，就必须使前缘后掠角大于 60°。但随着后掠角的加大，为满足机翼的结构强度要求，就要加大结构尺寸，导致重量增加，同时，低速时的气动动力特性也将下降，飞机的升力下降，阻力增加。因此，过大的后掠角对飞机设计非常不利。这种情况下，采用三角形机翼是较好的解决办法。

三角翼的减阻效果和大后掠机翼基本相当。由于翼根部弦长较大，因此在相对厚度不变的情况下，有助于增加翼根部的绝对厚度，从而机翼结构受力，减轻结构重量；反之，如保持结构高度不变，可减小机翼的相对厚度，从而降低激波阻力。实验表明，三角翼的空气动力特性很好，有助于保证飞机的纵向稳定性。但三角翼飞机在以亚声速飞行时，升阻比较低，巡航特性也不是太好。另外由于三角翼的展弦比较小，需要适当加大迎角来保证升力系数。因此飞机着陆时，为不至阻挡驾驶员向下的视野，迎角不能太大。故三角翼飞机的着陆性能欠佳。

对超声速飞机来说，激波阻力所占比例较大，通常需要采用后掠角、小展弦比的机翼平面布局，由于激波主要沿机翼的前、后缘产生，因此大后掠、小展弦比的机翼可有效缩短翼展宽度，从而减小机翼上的激波阻力。现代超声速飞机的展弦比一般在 2.5 以下，如图 3.35 所示。

图 3.35 采用三角翼、小展弦比机翼的歼 8II

但由于小展弦比机翼的襟翼面积较小，因此起降性能较差，且诱导阻力也较大，一般采用翼尖挂弹或副油箱的方式，通过减小翼尖涡，以降低诱导阻力。

为改善后掠机翼飞机低速、性能差的问题，人们就希望在低速飞行时使用较小的机翼后掠角，而高速飞行时采用较大的后掠角，由此，可变后掠机翼（见图 3.36）应运而生。一般可变后掠机翼飞机主要用于多用途战斗机、歼击轰炸机和轰炸机等。如苏联的米格-23、美国的 F-14 和 B-1 轰炸机等。

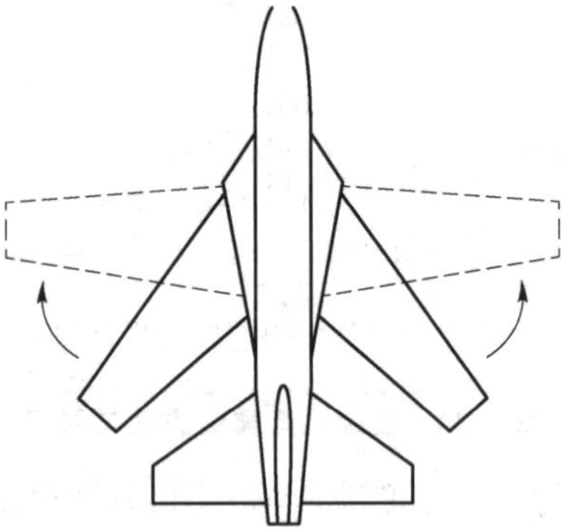

图 3.36 可变后掠机翼飞机

解决超声速飞机高速飞行和低速飞行矛盾的另一途径就是采用中等后掠角（后掠角 30°～50°），并在此机翼前部加装一个大后掠角（后掠角≥70°）的细长翼，称之为“边条”，如图 3.37 所示。大后掠的边条，使整个机翼的有效后掠角增大、相对厚度减小，从而减小激波阻力；同时，基本翼的中等后掠角，使得其展弦比相对较大，从而减小低亚声速以及跨声速飞行时的诱导阻力。

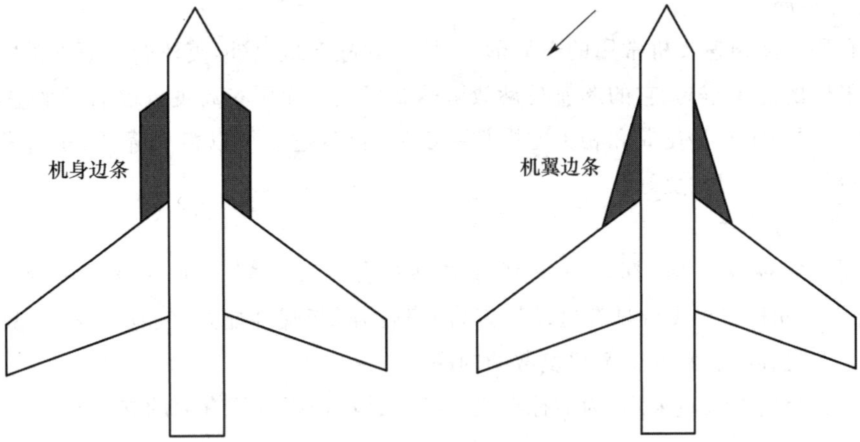

图 3.37 边条翼示意图

理论和实验表明,边条翼可产生较大的升阻比,内翼是前缘涡流型,外翼是附着流流型,因此,边条翼也称为“混合流型机翼”或“混合机翼”。边条翼的这种流动特点,提高了机翼的临界迎角和抖振边界,保证飞机具有良好的亚、跨声速气动特性。

但在低速和亚、跨声速小迎角情况下,它的升力和阻力特性不如相同面积的无边条翼好,且俯仰力矩随迎角变化不呈线性等。后者可以应用随控布局技术加以解决。

(3) 超声速飞机采用的气动布局

超声速飞机采用的气动布局形式除常规布局以外,常用的还有“鸭”式布局、无尾布局和前掠翼布局等。

1) “鸭”式布局

对于一架静稳定的飞机来说,要使飞机以一个小的正迎角飞行时,常规布局飞机由于尾翼在后,需要升降舵上偏,使尾翼产生一个负升力,使得全机总升力减小;而“鸭”式布局飞机由“鸭”翼替代尾翼,此时,“鸭”翼需要产生一个正升力,以保持飞机平衡,因此,“鸭”翼对全机升力增加,起到积极的作用,如图 3.38 所示。

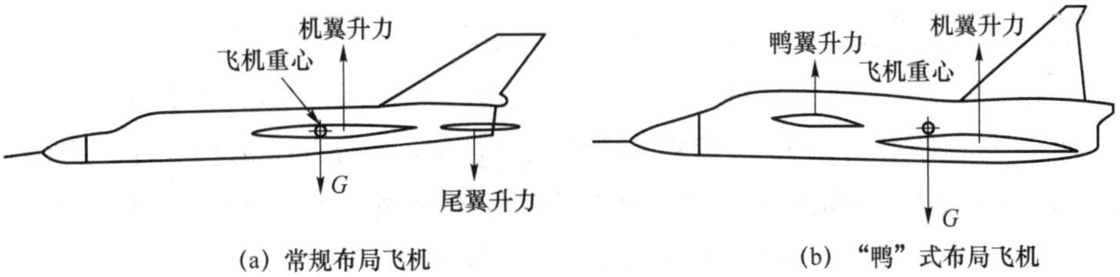

图 3.38 常规布局和“鸭”式布局飞机的平衡

此外,“鸭”式布局飞机以大迎角飞行时,鸭翼产生的脱体涡,在沿机翼上表面向后流动时,会产生类似边条翼飞机的有利干扰,使机翼升力增大,这对改善飞机的起降性能和大迎角性能有利。如瑞典的 SAAB37 超声速战斗机由于采用了鸭式布局,起飞距离和着陆距离分别只有

400 m 和 500 m，仅为同类型飞机的一半。

2）无尾布局

无尾布局是超声速飞机常用的布局形式之一，除战斗机以外，英法合作研发的“协和”超声速客机也采用的无尾布局，它的巡航马赫数可达 2 以上。无尾布局飞机取消了平尾，简化了机身结构，并且去掉了水平尾翼和相关的操控系统后，机身重量可以极大降低；相对常规布局飞机，无尾布局飞机隐身性更好。

3）前掠翼布局

前掠翼和后掠翼一样，都可以提高临界马赫数。前掠翼飞机一般采用鸭式布局，如图 3.39 所示。此种布局飞机具有机动性好，隐身性强，起降性能好，气动效率高，翼尖不易失速等优势。但也存在容易发生弯扭发散的问题。

随着复合材料的大量采用，为前掠翼飞机的设计应用提供了有力的支持。

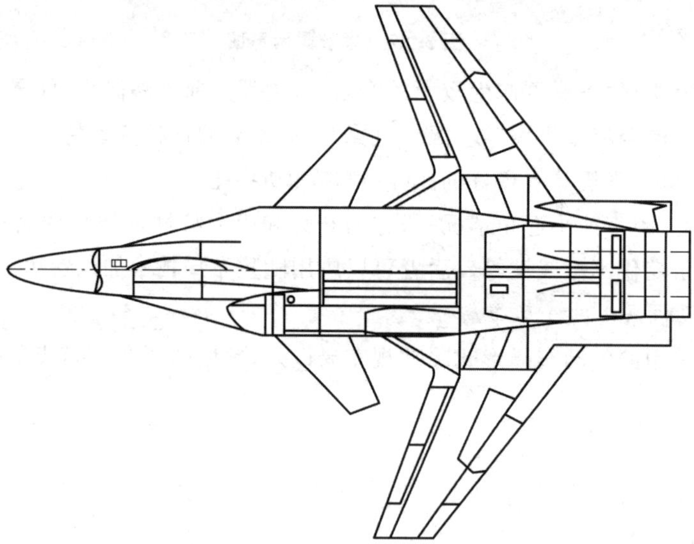

图 3.39　苏霍伊的 S-22 前掠翼方案

(4) 超声速飞机的机身外形特点

机身的主要功能是装载成员、装备、货物及发动机等，同时，把机翼、尾翼、起落架等相关部件连接在一起。除少量飞机机身可产生部分升力以外，主要的空气动力是阻力。

对于超声速飞机，机身的阻力，特别是激波阻力是不可忽略的。机身阻力不仅取决于它的最大截面积，还取决于机身的形状。为减小机身产生的激波阻力，一般都采用头部很尖、比较细长的圆形截面机身，机身长细比(机身长度与最大剖面直径之比)一般都在 10 以上。另外根据 3.3.3 小节可知，机身应尽可能呈前后小，中间大的类似枣核的形状，即沿机身纵轴的截面积分布与阻力最小的某一旋成体的剖面分布规律相当，我们称之为“面积律”分布。按照“面积律”分布，可减小激波阻力，提高飞行速度。

但当机身按照面积律分布设计后，由于还有机翼等部件的存在，有机翼部分的面积率就会出现峰值，破坏“面积律”，因此将机身与机翼连接处的截面积减小，使整个飞机的截面积分布接近理想的分布曲线，以降低激波阻力，如图 3.40 所示。

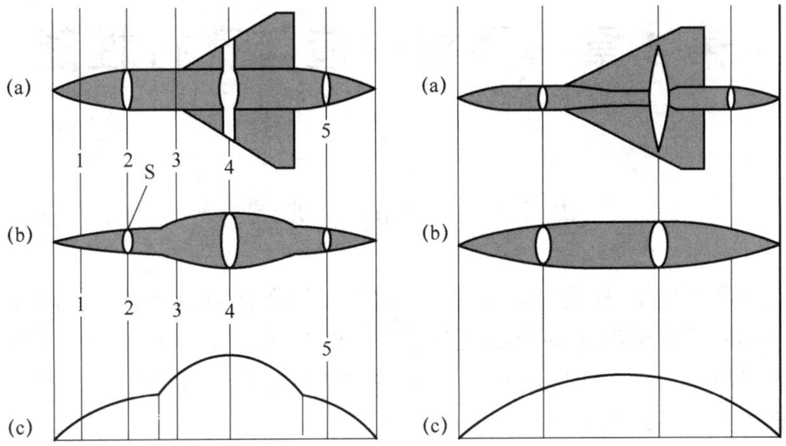

(a) 未采用面积律　　(b) 采用面积律

图 3.40　面积律

思 考 题

1. 飞行环境分为哪两类，各种飞行器使用的飞行环境是怎样的？
2. 大气层划分为哪几层，各有什么特点？
3. 为什么要统一国际标准大气？
4. 如何理解连续性定理和伯努利定理？
5. 为何要引入马赫数的概念，根据不同马赫数，可将流动速度划分为哪几个区域。
6. 低速气流、亚声速气流和超声速气流的主要特性有何异同？
7. 固定翼机翼产生升力的基本原理是什么？
8. 影响机翼升力的因素主要有哪些？
9. 增加机翼升力的方式主要有哪 3 种？
10. 按照阻力产生的原因，机翼的阻力分为哪四种？
11. 飞机的气动布局有哪些？
12. 简述理解激波、局部激波和临界马赫数的概念。
13. 如何理解后掠角的作用？
14. 什么使“面积律”。

第 4 章　飞机构造与飞行性能

4.1　飞机的基本构造

飞机是航空器中数量、种类最多的一类。常规飞机通常由机身、机翼、尾翼、起落架、动力装置等组成，此外，还有机载设备、操纵控制系统、航空电子系统、燃油系统、人机环境控制系统等。具体的飞机根据其布局和特点不尽相同，如滑翔机就没有动力装置。图 4.1 所示是一架典型喷气式客机的主要组成部分。

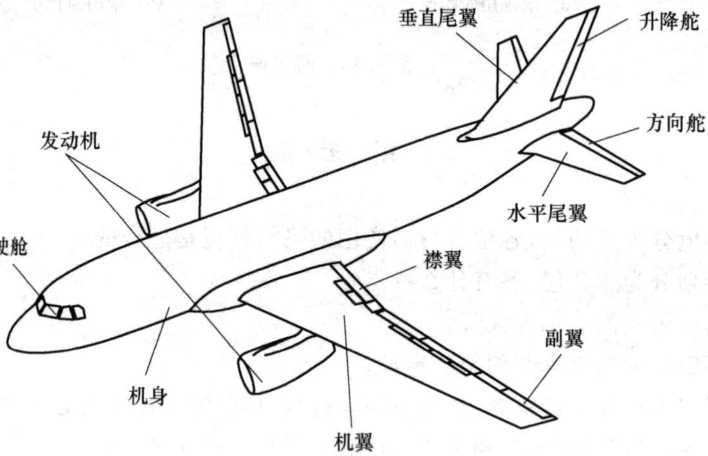

图 4.1　飞机的主要组成部分

本节重点介绍机翼、尾翼、机身和起落架，其他内容在后续章节中分别介绍。

4.1.1　机翼和尾翼的基本结构

机翼是产生升力的主要部件。进行横向操纵的副翼和用于增加升力的襟翼等也都安装在机翼上，机翼上还可安装发动机、起落架和油箱等。

(1) 机翼所受外载荷

可将机翼看成支撑在机身上的悬臂梁或双支点外伸梁，其主要外载有 3 类：空气动力载荷、其他部件或装载传来的集中载荷以及机翼结构的质量力，如图 4.2 所示。

图 4.2 中，q_a代表空气动力分布载荷；q_c代表机翼质量力分布载荷；P 代表发动机或其他部件传来的集中载荷；R 代表机身支反力。

空气动力载荷 q_a是分布载荷，它可以是吸力或压力，直接作用在机翼表面，形成机翼的升力和阻力。其中升力是机翼最主要的外载荷。

机翼结构的质量力 q_c为分布载荷，其大小与分布情况取决于机翼结构质量的大小和分布规律。它的数值比气动载荷要小得多。

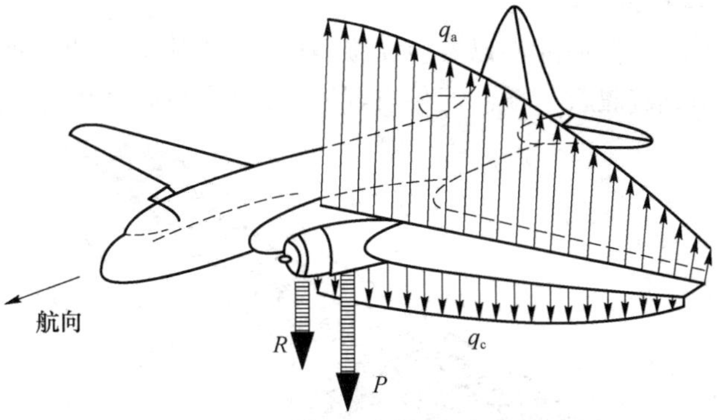

图 4.2　机翼的外载荷

发动机或其他部件、装载传来的载荷 P 为集中载荷。机翼上连接有其他部件(如起落架、发动机)、副翼、襟翼等各类附翼和布置在机翼内、外的各种装载(如油箱、炸弹)。除了在以翼盒作为整体油箱情况下燃油产生的是分布载荷外,由于这些部件、装载一般都是以有限的连接点与机翼主体结构相连,因此,不论是起落架传来的地面撞击力或副翼等翼面上的气动载荷,以及其上各部件、装载本身的质量力(包括重力和惯性力),都是通过接头,以集中载荷的形式传给机翼。其中有些力的数值可能很大。

各种质量力的大小和方向与飞机过载系数有关,其方向与升力相反,对机翼有卸载作用。

若以载荷形式分,机翼的外载有两种类型。一种是分布载荷,以气动载荷为主,还包括机翼本身结构的质量力,这是机翼的主要载荷形式;另一种是由各接头传来的集中载荷(力或力矩)。

机翼的各种外载,总要在机翼、机身连接处,由机身提供支持力来平衡。因此在上述载荷作用下,可把机翼看作固定在机身上的一个"梁"。当机翼分成两半,与机身在其左右两侧相连时,可把每半个机翼看作支持在机身上的悬臂梁;若左右机翼连成一个整体时,则可把它看作支持在机身上的双支点外伸梁。这两种情况虽然在支持形式上有所不同,但对外翼结构来说,都可以看作悬臂梁。

前述各种外载在机翼结构中将引起相应的内力:剪力 Q、弯矩 M 和扭矩 T,统称为机翼的总体受力,如图 4.3 所示。

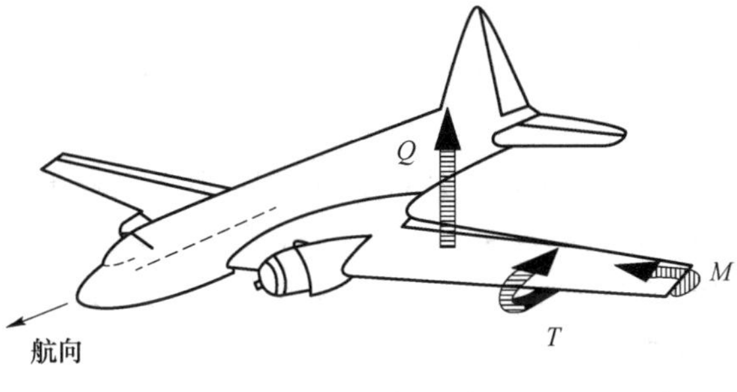

图 4.3　机翼上所受的弯矩、扭矩和剪力

因为机翼的升力很大,且作用在机翼刚度最小的方向上;而阻力相对于升力要小得多,且作用在机翼刚度最大的弦平面内。因此在进行结构受力分析时,常将弦平面内的弯矩忽略。

(2) 机翼的典型结构元件

机翼一般由纵向元件、横向元件以及包在纵、横元件构成的骨架外面的蒙皮组成。其中，纵向元件有翼梁、长桁、墙(腹板)，横向元件有翼肋(普通肋和加强肋)，如图 4.4 所示。

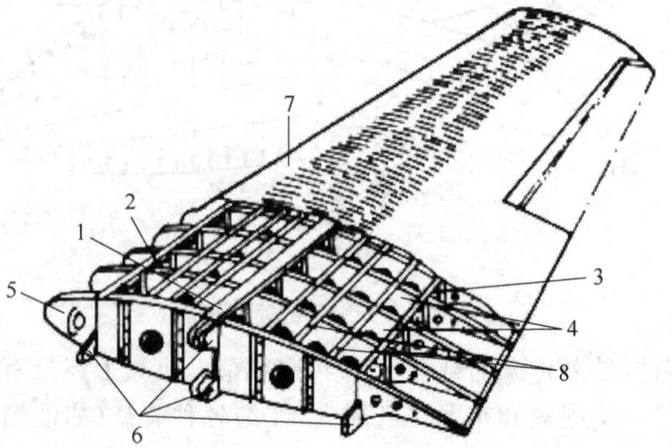

1—翼梁；2—前纵墙；3—后纵墙；4—普通翼肋；
5—加强翼肋；6—对接接头；7—硬铝蒙皮；8—长桁

图 4.4　机翼的基本结构

① 翼梁。翼梁由梁的腹板和缘条(或称凸缘)组成(见图 4.5)。翼梁主要承受剪力 Q 和弯矩 M。在有的结构形式中，翼梁是机翼主要的纵向受力件，承受机翼的全部或大部分弯矩。翼梁大多在根部与机身固接(既能传递力，也能传递力距)。

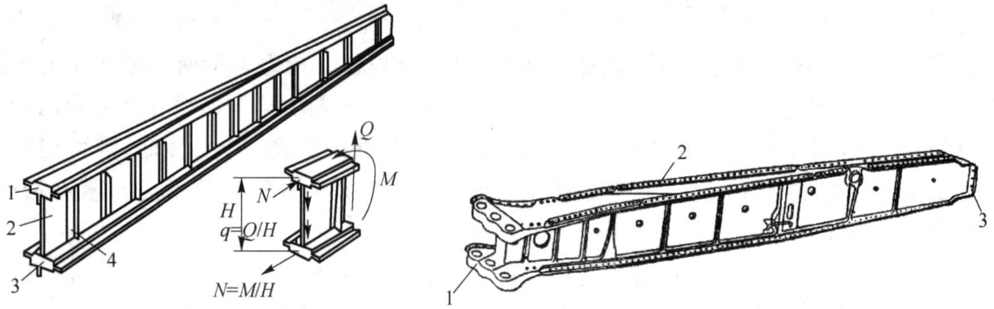

1—上缘条；2—腹板；
3—下缘条；4—支柱
(a) 组合式翼梁

1—机翼与机身的对接接头；
2—垫板；3—与前墙腹板连接处
(b) 整体锻造式翼梁

图 4.5　翼梁结构

② 纵墙(包含腹板)。纵墙的缘条比梁缘条弱得多，但大多强于一般长桁，纵墙与机身的连接被看作铰接(只能传递力，不能传递力距)。腹板或没有缘条或缘条与长桁一样强。墙和腹板一般都不能承受弯矩，但与蒙皮组成封闭盒段以承受机翼的扭矩。后墙则还有封闭机翼内部容积的作用，如图 4.6 所示。

③ 长桁(桁条)。长桁是与蒙皮和翼肋相连的元件，如图 4.7 所示。长桁上作用有气动载荷。在现代机翼中，长桁一般都参与机翼的总体受力——承受机翼弯矩引起的部分轴向力，是纵向骨架中的重要受力元件之一。除上述承力作用外，长桁和翼肋一起对蒙皮起一定的支持作用。

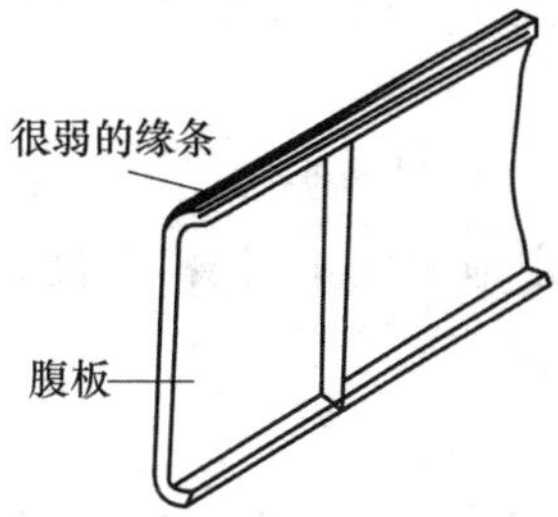

图 4.6　纵　墙

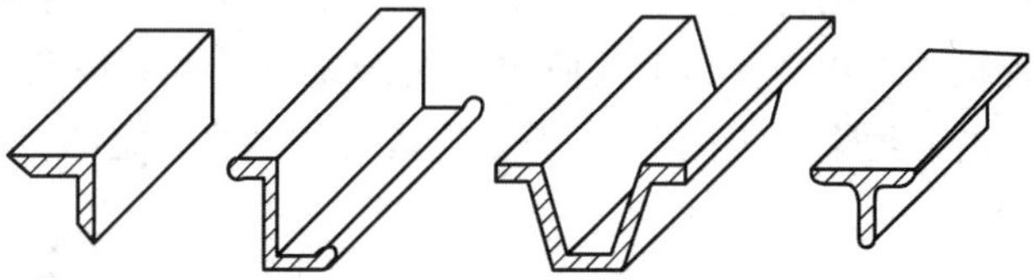

图 4.7　各种长桁

④ 翼肋。翼肋可分为普通翼肋和加强翼肋。普通翼肋(见图 4.8)构造上的功用是维持机翼剖面所需的气动外形。一般翼肋与蒙皮、长桁相连,机翼受气动载荷时,它以自身平面内的刚度向蒙皮、长桁提供垂直方向的支持。同时,翼肋又沿周边支持在蒙皮和梁(或墙)的腹板上,在翼肋受载时,由蒙皮、腹板向翼肋提供各自平面内的支承剪流。加强翼肋虽也有上述作用,但其主要是用来承受并传递自身平面内的较大的集中载荷或由于结构不连续(如大开口处)引起的附加载荷。

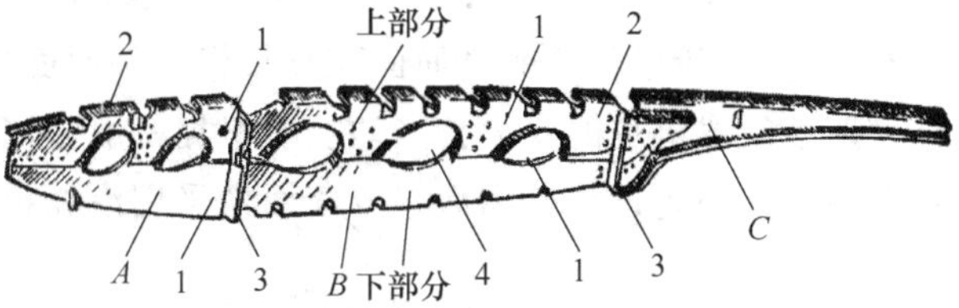

1—腹板; 2—周缘弯边; 3—与翼梁腹板连接的弯边; 4—减轻孔;
A—前段; B—中段; C—后段

图 4.8　腹板式翼肋

⑤ 蒙皮。蒙皮的直接功用是形成流线型的机翼外表面。为了使机翼的阻力尽量小,蒙皮应力求光滑,为此应提高蒙皮的横向弯曲刚度,以减小其在飞行中的凹、凸变形。

从受力看,气动载荷直接作用在蒙皮上,因此蒙皮受到垂直于其表面的局部气动载荷。此外,蒙皮还参与机翼的总体受力——与翼梁或翼墙的腹板组合在一起,形成封闭的盒式薄壁梁来承受机翼的扭矩;当蒙皮较厚时,它常与长桁一起组成壁板,承受机翼弯矩引起的轴力。壁板有组合式和整体式(见图 4.9)。某些结构形式(如多腹板式机翼)的蒙皮很厚,一般可从几毫米到十几毫米,常做成整体壁板形式,此时蒙皮将成为承受弯矩最主要的,甚至是唯一的受力元件。

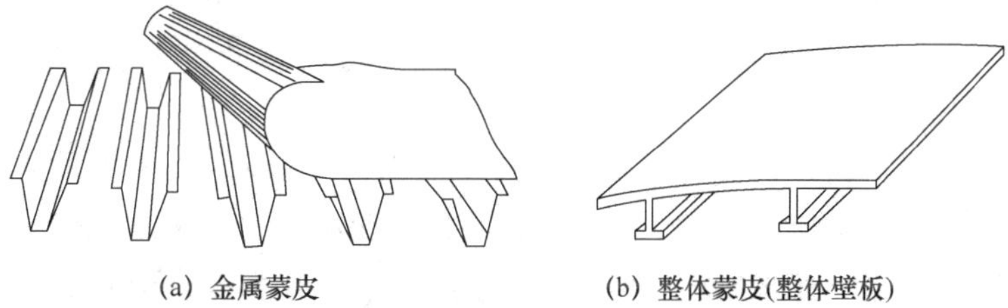

(a) 金属蒙皮　　(b) 整体蒙皮(整体壁板)

图 4.9　蒙　皮

机翼的特点是薄壁结构，因此以上各元件之间大多采用分散连接，如铆钉连接、螺栓连接、点焊、胶接或它们的混合形式，如胶铆等。

构成机翼结构的除以上基本元件外，还有机翼-机身连接接头，它是重要受力件。接头的形式视机翼结构的受力形式而定。连接接头至少要保证机翼静定地固定于机身，即能提供 6 个自由度的约束。实际上，一般该连接往往是静不定的。

(3) 机翼的构造形式

传统机翼的典型构造形式有：梁式、单块式、多腹板式及混合式等薄壁结构，此外还有一些厚壁结构（如整体壁板式）的机翼。

① 梁式机翼。梁式机翼的主要构造特点是纵向有很强的翼梁（有单梁、双梁或多梁等多种形式）；蒙皮较薄，长桁较少且弱，梁缘条的剖面与长桁相比要大得多；有时还同时布置纵墙。

梁式机翼中，翼梁是主要受力构件，主要承受剪力以及弯矩引起的轴力，薄蒙皮和弱长桁均不参加机翼总体弯矩的传递。由于翼梁之间的跨度较大，因此便于利用机翼的内部容积；与其他结构受力形式相比，梁式机翼便于开口（如收藏起落架等），而不致破坏原来的主要传力路线；机翼、机身通过几个集中接头连接，所以连接简单、方便。

② 单块式机翼。从构造上看，单块式机翼的长桁较多且较强；蒙皮较厚；长桁、蒙皮组成可受轴向力的壁板。当有梁时，一般梁缘条的剖面面积与长桁的剖面面积接近或略大，有时就只布置纵墙。为了充分发挥单块式机翼的受力特点，左、右机翼一般连成整体贯穿机身。但有时为了使用、维护方便，会在展向布置设计分离面。分离面处采用沿翼箱周缘分散连接的形式将机翼连为一体，如图 4.10 所示。

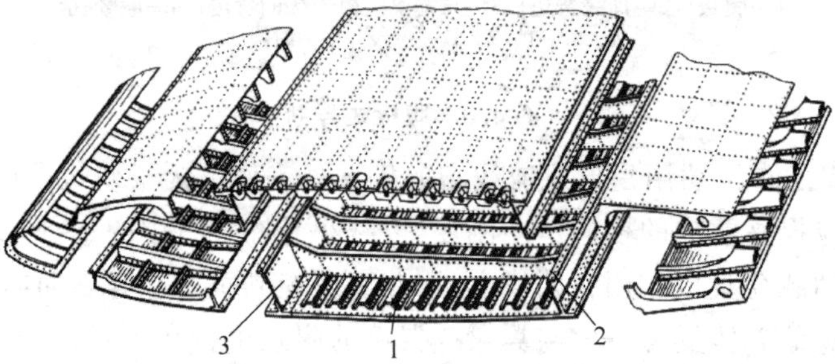

1—长桁；2—翼肋；3—墙或梁的腹板

图 4.10　单块式机翼

单块式机翼的上、下壁板成为主要受力构件。这种机翼比梁式机翼的刚度特性好（这点对后掠机翼很重要）。同时由于结构分散受力，能更好地利用剖面结构高度，因而在某些情况下（如飞机速度较大时），材料利用率较高，重量可能较轻。此外，单块式机翼比梁式机翼生存力强，它的缺点是不便于开口。

③ 多腹板式（多梁式）。这类机翼布置了较多的纵墙（一般多于 5 个）；蒙皮较厚（可从几毫米到十几毫米）；无长桁，翼肋很少，但结合受集中力的需要，每侧机翼上至少要布置 3～5 个加强翼肋。当左、右机翼连成整体时，与机身的连接与单块式类似。但有的与梁式类似，分成左右机翼，在机身侧边与之相连。此时往往由多腹板式过渡到多梁式，用少于腹板数的几个梁的根部集中对接接头在根部与机身相连，如图 4.11 所示。

多腹板式机翼主要由上、下厚蒙皮承受弯矩。它与梁式、单块式机翼相比，材料分散性更大。一般来说，这种机翼的刚度大、材料利用率也更高些。然而也存在类似单块式机翼的缺点。

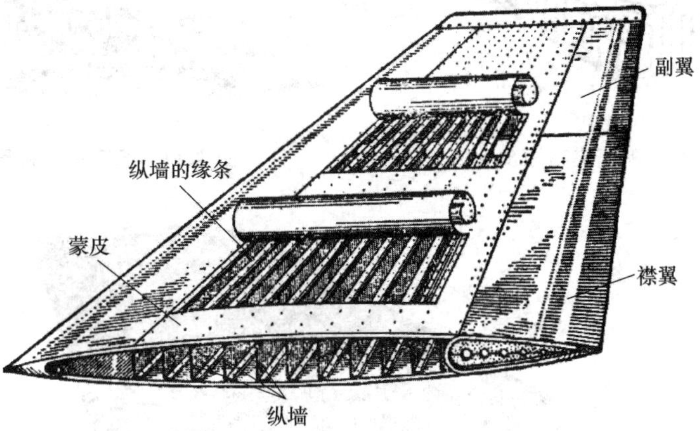

图 4.11　多腹板式机翼

④ 整体壁板式机翼。整体壁板机翼将蒙皮与纵、横向骨架合并成为上下两块整体壁板，如图 4.12 所示。其特点是强度大、刚性好、接缝少、表面光滑、气动外形好、零件少、装配维修简单。这种结构形式可充分利用机翼内部空间，对使用机翼整体油箱有利。整体壁板不仅可用金属材料制造，也适合采用复合材料制造。

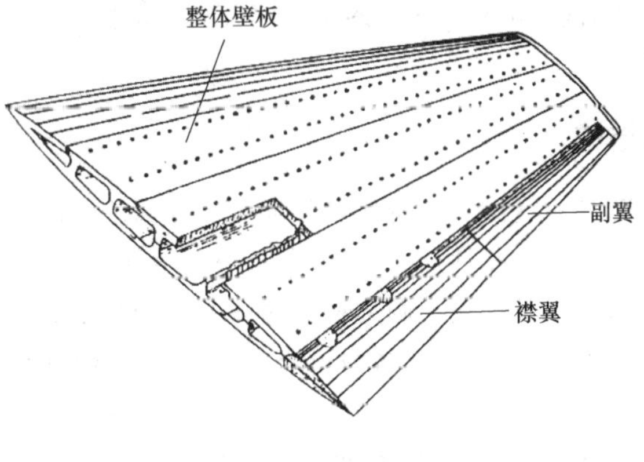

图 4.12　整体壁板机翼

⑤ 夹层结构机翼。夹层结构机翼主要采用夹层壁板做蒙皮(见图 4.13)，甚至纵墙和翼肋也采用夹层材料制造。夹层壁板依靠内外层面板承受载荷，蜂窝结构或泡沫结构夹芯对它们起支撑作用。相比之下，夹芯蒙皮结构比普通蒙皮的强度、刚度都要大，能够承受较大的局部气动载荷，并具有良好的气动外形，如图 4.14 所示。

当翼型高度值较小时，可采用全高度填充的实心夹层结构。如图 4.15 所示为泡沫实心夹层机翼的结构。这种结构的受力构件少，构造简单，重量轻，通常用于较小的机翼、尾翼和舵面等部件。

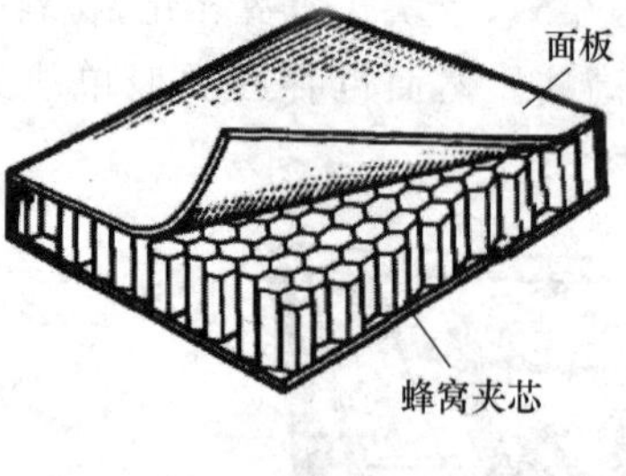

图 4.13 蜂窝夹芯蒙皮

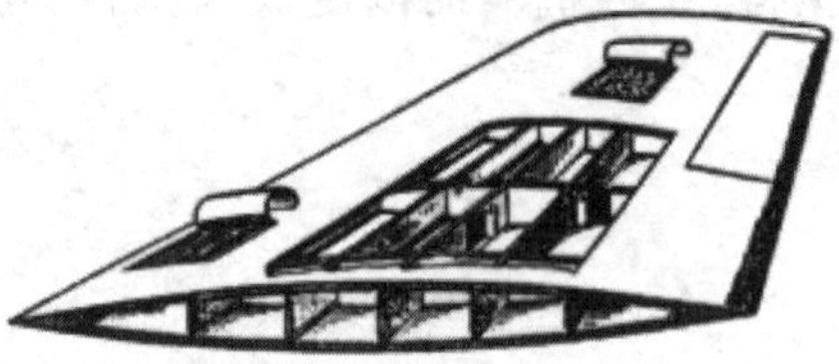

图 4.14 蜂窝夹芯机翼

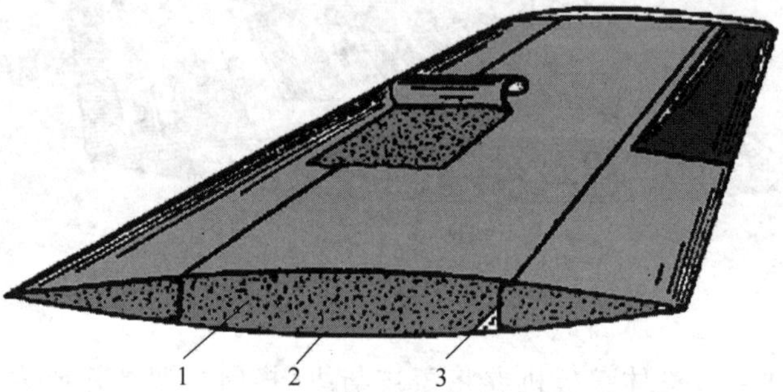

1—剖面夹芯；2—蒙皮；3—纵墙

图 4.15 实心夹层是机翼

飞机的尾翼和舵面的结构与机翼基本类似，此处不再赘述。根据不同用途，同一机翼也可采用两种结构形式进行组合。如歼-8 飞机的全动平尾，前缘采用整体壁板式结构，后缘采用铝合金蜂窝实心夹层结构。

4.1.2 机身的基本结构

机身的主要功能是装载成员、装备、货物及发动机等，同时，把机翼、尾翼、起落架等相关部件连接在一起。高速飞机的机身横截面一般为圆形，有时为了满足其他要求(如发动机安装、改善视野和隐身要求等)，无法设计成为圆形截面时，一般尽可能设计为椭圆、卵形等类圆形，以减小阻力。飞机的机身可分为若干段，各段可根据要求采用合理的截面形状，各段之间平滑过渡。

机身上的外载主要包括空气动力载荷、机身自身的质量力、其他部件传来的力以及增压载荷。

① 空气动力载荷。由于机身基本上为对称流线体，故机身上除局部地区外，气动载荷都较小。只有在头部和一些曲度较大的突出部位(如座舱盖)等处局部气动载荷较大，因此空气动力应作为这些部位的主要设计载荷之一。但机身分布气动力对机身的总体载荷基本没有影响(见图 4.16)。

② 质量力。机身内的载重与机身结构本身都会产生质量力，其中尤以各种装载的质量力影响较大。沿轴线各点上的过载大小与方向不一定相同，故也会影响到质量力的大小与方向。它们有的为集中力形式(如装载通过集中接头连到机身结构上时)；有的为分布力形式(如客舱、货舱内载重的质量力)。

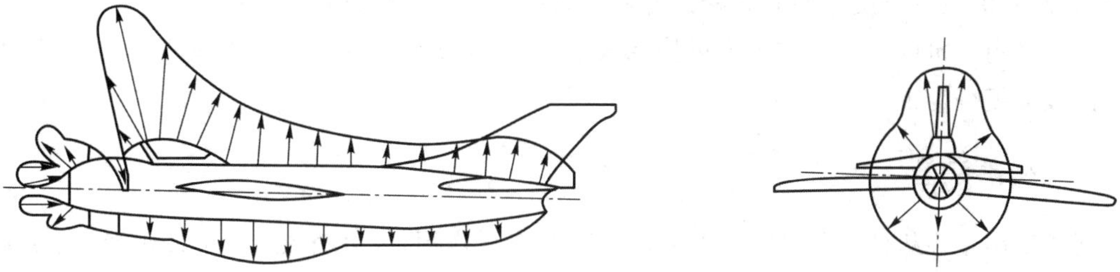

图 4.16　机身表面压力分布

③ 其他部件传来的力。主要指在飞行或起飞着陆滑跑中由机翼、平尾、垂尾或起落架上传来的力。若发动机安装在机身上，则还有发动机推力和陀螺效应产生的集中力。

④ 增压载荷。它在机身增压舱部分自身平衡而不影响机身的总体载荷。

由于机身的特殊性，上述②、③项对于机身结构是主要的外载荷。

综上所述，机身的受力一般与机翼很相似。但对于机翼，水平载荷较其垂直载荷(如升力)小得多，而机翼结构在水平方向的尺度较垂直方向大，所以进行结构分析时，常略去水平载荷。对于机身，垂直方向和水平方向的载荷为同一数量级，且机身结构在这两个方向上的尺度又相差不大，因此进行机身结构分析时，两个方向上的载荷都要考虑。

机身的结构形式和机翼类似，也可分为桁梁式机身、桁条式机身和硬壳式机身 3 大类，如图 4.17 所示。

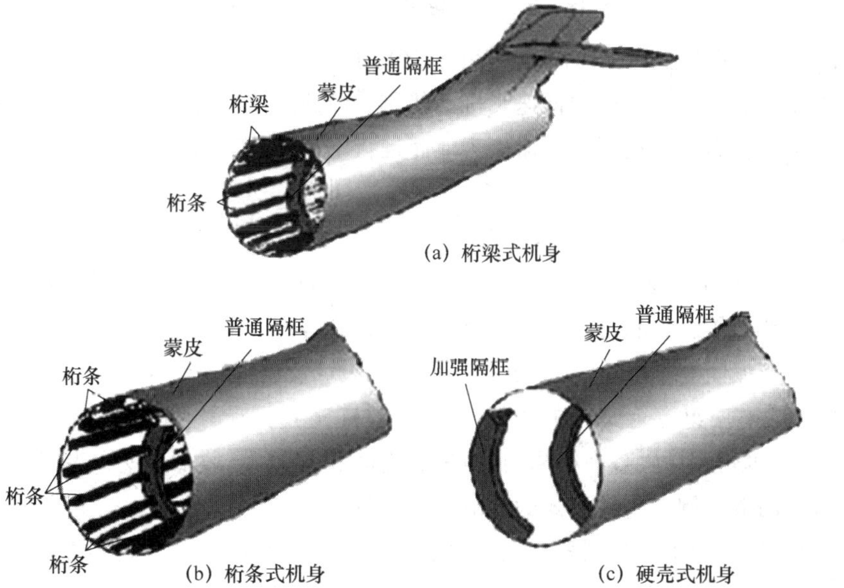

图 4.17　机身结构形式

桁梁式机身的特点与梁式机翼结构类似，机身周边布置有剖面较大的桁梁。机身弯曲时，弯矩引起的轴向力主要由大梁承受。桁条式机身的特点是桁条和蒙皮较强，受压稳定性好，弯矩引起的轴向力全部由上、下部的蒙皮和桁条组成的壁板受拉、压来承受，但由于缺少强有力的大梁，不宜开大的舱口，但机身抗扭刚度大，适用于较高速度的飞机。硬壳式机身蒙皮较厚，无纵向构件，沿机身长度方向有较密的普通框，蒙皮承受全部载荷的机身。

大型民用客机的机身结构大多以桁条式为基础，增加承载能力很强的地板结构。机身空间因此被地板分为上、下两部分。

4.1.3 起落装置

起落架用于飞机的起飞、降落和地面停放，起支撑作用，也可吸收着陆的冲击能量、减小冲击载荷、改善滑跑性能。低速飞机常采用不可收放的固定式起落架；高速飞机则须采用可收放式起落架，以减小飞行时的阻力。

对于陆基飞机，常用的是轮式起落架。常见的起落架机轮安装形式有后三点式、前三点式、自行车式，如图 4.18 所示。

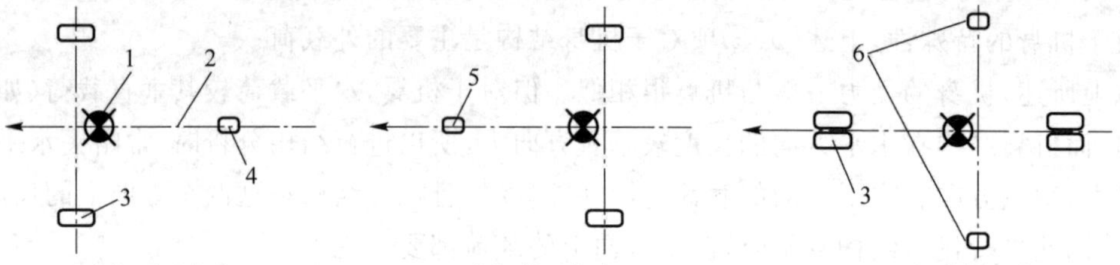

1—飞机重心；2—飞机纵轴；3—主轮；4—尾轮；5—前轮；6—辅助轮

图 4.18 起落架机轮在飞机上的基本安排形式

① 后三点式：两个主轮在前面，一个小轮在后面。后三点式结构简单，尺寸小、重量较轻，特别适合于在装活塞式发动机的低速飞机上使用。特别是单发活塞式发动机飞机，可以使机头的螺旋桨保持较高的离地距离。但由于地面运行不稳定、着陆操纵困难等，不能用于高速喷气式飞机。

② 前三点式：两组主轮在后面，一组小轮在前面，这是目前喷气式飞机用得最多的一种形式，大型螺旋桨飞机亦多采用。与后三点式相比，这种布置的优点是可以缩短起降距离，刹车效率高；另外，地面操纵性和滑行稳定性及驾驶员视界都好。其缺点是构造复杂，尺寸较大，前轮较重并存在摆振问题，收藏较难。这是目前使用最广泛的起落架形式。

③ 自行车式：两组主轮安装在机身前后位置，机翼上装有两个辅助支持轮。当机翼很薄或位置较高时，机轮不易收藏在机翼内；而机身空间相对较大，收藏容易。其缺点是低速滑行时飞机容易向两侧倾倒。这种形式的起落架用得较少。

对于大型飞机，常采用多轮多支柱式起落架，如图 4.19 所示。多轮多支柱式起落架实际为三种基本形式的扩展。一方面通过多轮设计减小对跑道的压强，另一方面通过多支柱布置分散对机体的过大的集中载荷。

典型的起落架由减震器、支柱、机轮和刹车装置，以及收放装置等组成，如图 4.20 所示。

低速飞机可采用不可收放的起落架，不可收放的起落架一般采用构架结构，刹车装置安装在机轮上，起落架收放到位后应具有锁定功能。

除轮式起落架以外，还滑橇式起落架和浮筒式起落架，分别适合在雪地和水上起降。此外，一些无人机可采用弹射起飞和伞降方式着陆。

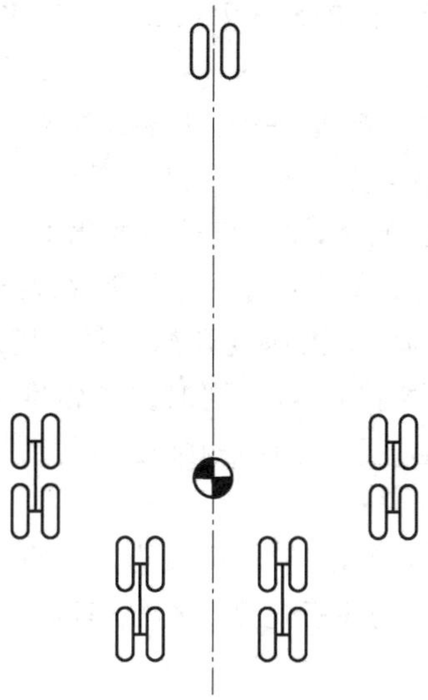

图 4.19　波音 747 飞机采用的多轮多支柱起落架

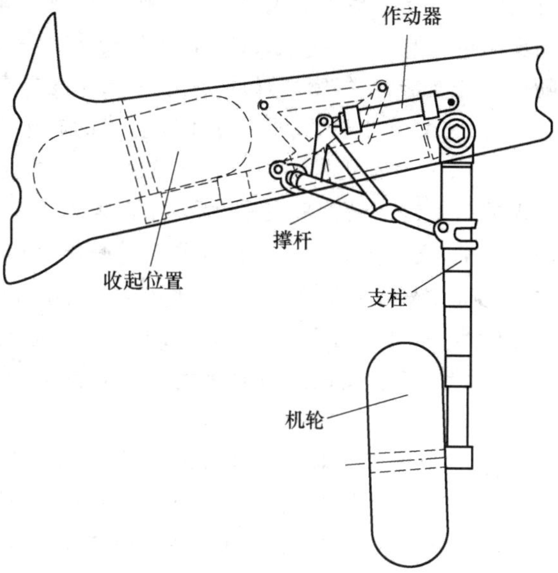

图 4.20　起落架的组成

4.2　飞行性能、稳定性和操纵性

4.2.1　飞行性能

飞机的飞行性能是衡量飞机优劣的重要指标。主要的飞行性能包括飞行速度、航程、升限、起飞着陆距离和机动性能等。飞机的性能一般通过飞行包线（见图 4.21）形式体现，最常见的飞行包线是飞行速度包线（见图 4.21(a)），体现了飞机最小速度、最大速度与高度的关系。

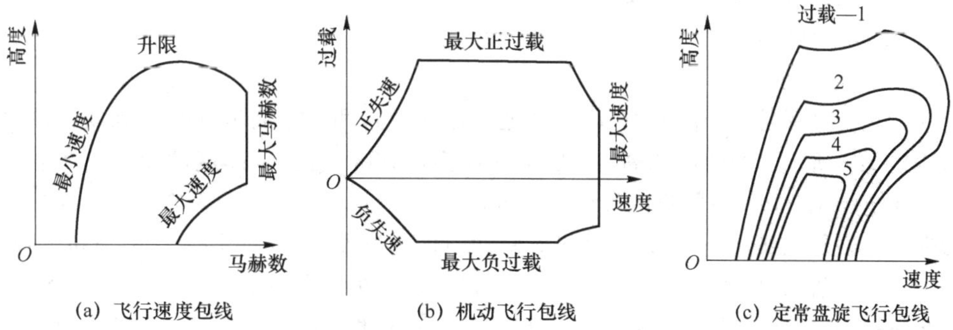

图 4.21　飞行包线

(1) 飞行速度

飞机的飞行速度是最重要的性能之一，包括最小平飞速度、最大平飞速度和巡航速度。

① 最小平飞速度，即飞行速度包线的左边界，是指在一定高度上飞机能保持水平直线飞行的最低速度。最小平飞速度对飞机起降性能和低速飞行的安全性具有重要影响。最小平飞速度与空气密度和升力系数的平方根成反比，需要使用接近该机最大升力系数的状态飞行，且随高度的增加，空气密度降低，最小平飞速度提高。

② 最大平飞速度，即飞行速度包线的右边界，是指在一定高度、一定飞行距离内（一般不小于 3 km），发动机推力为最大的状态下，飞机能够达到的最高飞行速度。该速度对军用飞机来说非常关键。最大平飞速度和推力、阻力均有关系，高度较低时，发动机推力变化不大，但随高度增加，飞机阻力随空气密度降低而减小，所以最大速度提高；当达到一定高度后，发动机推力因空气含氧量降低而减小，且比阻力减小的速度更快，因此，最大速度开始降低。随着 Ma 的不断增大，气动力不断加大，使飞机表面在强烈的大气摩擦下被加热，同时结构强度也受到考验，因此，高速飞机的最大速度不仅受到推力、阻力的影响，还受到结构强度和气动加热的制约。

③ 巡航速度。对于民机来说，更加注重飞机的经济性，因此，巡航速度成为其最重要的指标之一。巡航速度是指发动机单位耗油率最小状态下所对应的飞行速度。巡航速度处于最小平飞速度和最大平飞速度之间，是最经济的飞行速度。

(2) 航　程

航程是指载油量一定的情况下，飞机以巡航速度（不进行空中加油）所能飞行的最远距离。提高航程的主要方法包括：减小发动机油耗，增大飞机最大升阻比等。也可通过挂载和投放副油箱的形式增大飞机的航程。

(3) 升　限

升限是一架飞机能飞多高的指标。静升限是指飞机能保持水平直线飞行的最大高度。随着高度的增加，发动机最大推力逐渐减小，当最大推力与阻力相等时，飞行包线的左边界和右边界正好重合，这一对应高度就是静升限，也称理论升限。但在静升限高度，飞机已没有任何机动能力。实际上，为保证飞机具有一定的操控能力，需要略低于静升限飞行。一般规定垂直上升速度为 5 m/s 的最大平飞速度对应的高度为实际飞行的升限，该升限称为实用升限。

(4) 起飞着陆性能

飞机的起飞和着陆是两个重要的飞行状态。飞机的起飞着陆性能不仅关系所需机场的规格，有时甚至关系到能否顺利完成正常的飞行任务。

1) 飞机的起飞性能

飞机的起飞过程是一个加速过程，包括地面加速滑跑和加速离地并爬升到安全高度两个阶段，如图 4.22 所示。图中右侧高度 H_s 为安全高度，各国对安全高度的规定不尽相同。英美等国家规定是 15 m(50 ft)，我国规定是 25 m。

飞机滑行到起飞线，驾驶员踩住刹车并将油门推到最大，然后松开刹车，使飞机加速滑跑，当速度达到一定值（离地速度）时，拉动驾驶杆，使飞机抬头增大迎角，飞机离地并开始爬升，当飞机爬升到安全高度时，完成起飞阶段，可以收起起落架并继续爬升。从起飞线到爬升至安全高度经过的水平距离即为起飞距离。

也有一些飞机采用助推起飞、弹射起飞等方式快速起飞。如有些无人机未设置起落架，就可以靠火箭助推起飞，随后自身发动机工作，当完成起飞后，即可将助推火箭抛弃。由于航母甲板长度有限，因此，在航母上起飞的飞机可采用电磁弹射器或蒸汽弹射器帮助飞机起飞。

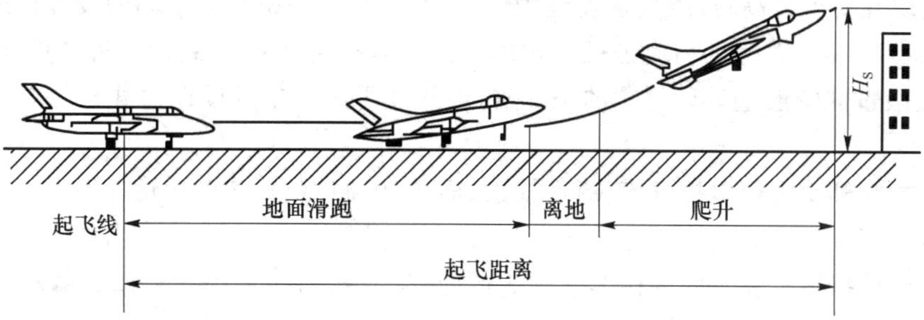

图 4.22　飞机起飞过程

2）飞机的着陆性能

飞机的着陆过程是一个减速过程，包括下滑、拉平、平飞减速和飘落及地面滑跑 5 个阶段，如图 4.23 所示。

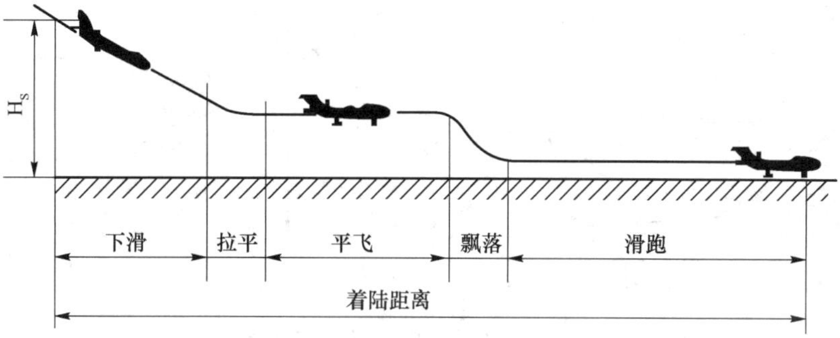

图 4.23　飞机着陆过程

飞机从安全高度下滑时，发动机处于慢车状态，襟翼全部打开，接近地面时，驾驶员应通过操纵杆将飞机拉平，保持 1m 左右的高度平飞并拉杆适当增大迎角使飞机进一步减速，随速度的降低，升力逐步减小，飞机开始飘落，并以主轮接地，此时对应的速度即为接地速度。飞机接地后，速度进一步降低，进入滑跑阶段，此时，驾驶员可以通过刹车装置使飞机快速减速，直至完全停止。从安全高度直至停止所经过的距离为着陆距离。

飞机的接地速度越小，着陆距离越短，飞行安全性越高。为提高着陆性能，还可采用阻力板、反推装置等增加阻力，军用飞机往往采用减速伞（阻力伞）来缩短地面滑跑距离。

为了缩短地面滑跑距离，航母上一般都采用拦阻索方式，使飞机快速停止。对于一些无人机也可采用拦阻网回收方式。

（5）飞机的机动性

飞机的机动性是指飞机在一定时间内改变飞行状态的能力。对飞机机动性的要求，主要取决于飞行任务的要求。对于战斗机而言，需要进行空中格斗，机动性要求较高，但运输机的机动性要求就较低。

飞机在做机动飞行时，所承受的载荷要比匀速水平直线飞行时大得多，因此，设计时必须考虑飞机在各种飞行状态下的强度和刚度问题，以保证飞行安全。

在飞机设计中，一般常用飞机的抗过载能力来评定飞机的机动性。飞机的过载是指飞机所受除重力之外的所有外力的总和与飞机重力之比，也称为合力方向的过载。

飞机机动性要求越高，过载要求就越大。一般来说，不同机型有不同的设计过载。一般战斗机过载为8G～9G、教练机和攻击机为5G～6G、轰炸机为3G～4G、运输机或货机为1.5G～2.5G。而极限过载一般选设计过载的1.5倍，也就是要保证超过设计过载的1.5倍也不至使飞机破坏。

飞机的主要机动飞行包括盘旋飞行、横滚、筋斗、俯冲、跃升和战斗转弯等。

1）盘旋飞行

盘旋飞行是指飞机在水面内做等速圆周运动，类似转动一个用细线牵着的小球做水平圆周运动，如图4.24所示。飞机盘旋飞行时，为了获得向心力，都会有一定的滚转角，俗称为坡度。

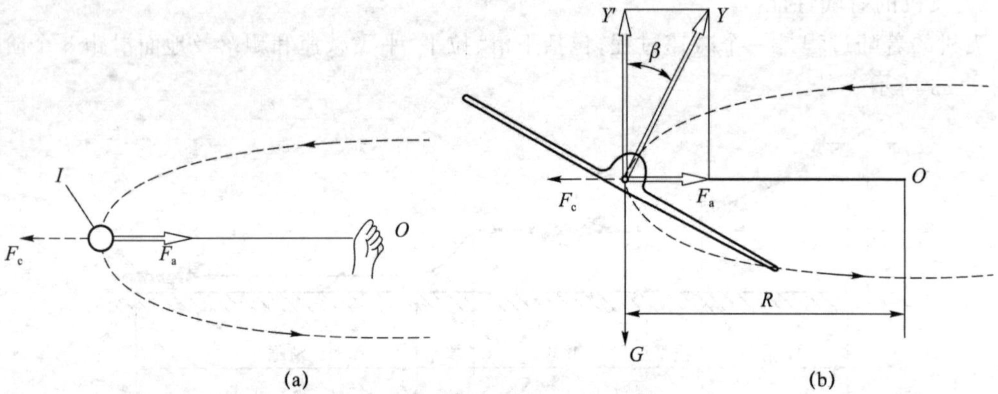

飞机正常盘旋
I—石子；O—盘旋中心；R—盘旋半径

图4.24 盘旋飞行

对于战斗机来说，水平盘旋飞行半径大小是至关重要的，人们希望盘旋半径越小越好，这就要求需要使飞机的坡度β更大，为保证垂直方向分力和重力的平衡，势必要加大飞机的升力，从而加大过载。坡度越大，过载也就越大。不同坡度盘旋时对应的过载系数如表4.1所列。

表4.1 不同坡度盘旋时飞机所需的过载系数

β	0°	15°	30°	45°	60°	75°	80°
n_y	1	1.04	1.15	1.41	2	3.84	5.76

2）筋　斗

飞机在纵向平面内做环形飞行，称为筋斗，如图4.25所示。这一机动动作在战斗中是由被追转为追击的重要动作，也是评价飞机机动性的基本指标之一。完成一个筋斗所需的时间越短，机动性越好。筋斗飞行中，过载可达6G左右。

3）俯　冲

俯冲是飞机将势能转化为动能，迅速降低高度，增加速度的机动飞行，作战中常用来提高轰炸和射击的准确性。俯冲过程分为进入、俯冲和改出3个阶段，如图4.25所示。飞机、改出俯冲时的过载可达9G～10G，对驾驶员和飞机结构都带来一定的考验，因此，俯冲速度和改出过程都应进行适当控制，以免造成人员昏厥和机体结构损坏，一般过载控制在8G以内。

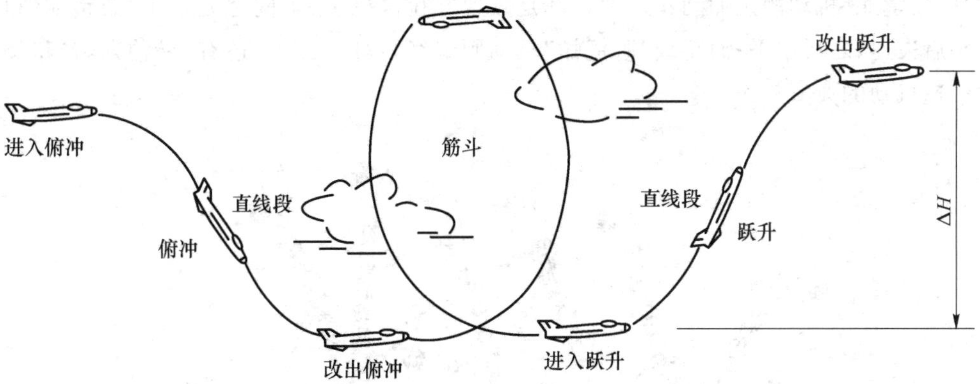

图 4.25　俯冲、筋斗和跃升

4）跃　升

跃升是将飞机的动能转变为势能，迅速取得高度优势的一种机动飞行。跃升性能通过跃升增加的高度 ΔH，即所需的时间来评价，如图 4.25 所示。通过跃升飞行，可使飞机达到的高度大大超过静升限。

5）战斗转弯

战斗转弯是同时改变飞行方向和增加飞行高度的机动飞行，如图 4.26 所示。战斗转弯可快速提升高度，并占据有利方位。也可与筋斗飞行结合完成战斗转弯，战斗转弯时过载可达 3g～4g。

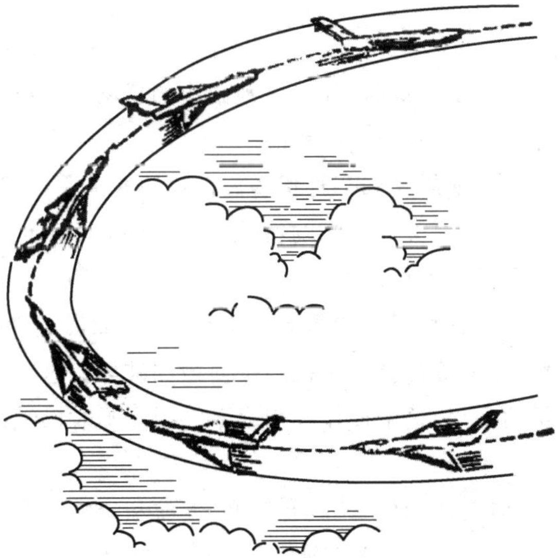

图 4.26　战斗转弯

6）过失速机动

过失速机动是指飞机在超过失速迎角的大迎角下，依然能对飞机的姿态进行控制，快速改变机头指向，完成可操纵的战术机动飞行。其主要作用是瞬间使飞机占据有利位置，改变敌我攻守态势。大家熟知的“眼镜蛇”机动（见图 4.27）就是一种典型的过失速机动。超“眼镜蛇”

机动是“眼镜蛇”机动的延伸动作。两者都是减速并拉高机头，不同之处在于“眼镜蛇”机动拉高机头后失速，之后放平；而超级“眼镜蛇”机动则继续拉杆。此外，还有“赫伯斯特”机动等都是过失速机动的典型动作。

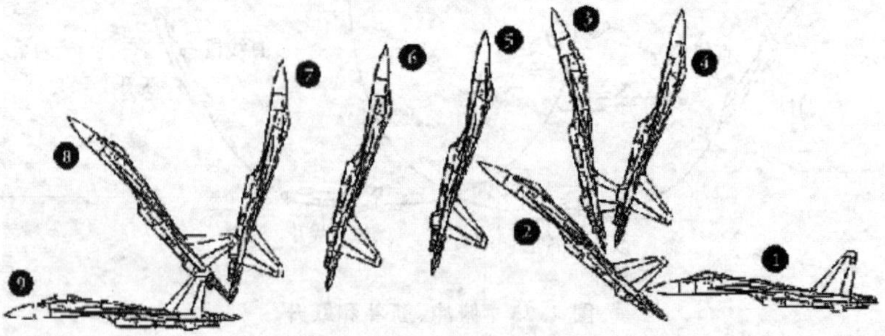

图 4.27 “眼镜蛇”机动

7) 尾　旋

尾旋是飞机在飞行迎角超过临界迎角后，发生的一种连续的自动旋转运动。尾旋过程中，飞机沿着一条小半径的螺旋线航迹边旋转边快速下降，并同时绕滚转、俯仰、偏航三轴不断旋转的现象，是一种非正常飞行状态。尾旋是一种危险的飞行状态，如无法及时改出，就可能造成严重的飞行事故。对于机动性较差的飞机，如轰炸机、侦察机，以及旅客飞机、运输机等严禁进入尾旋状态。

4.2.2 稳定性

物体的稳定是指当物体处于平衡状态时，受到微小的扰动而偏离了原来的平衡状态，在扰动消失后能自动恢复到原来的平衡状态的特性。

同样，飞机在飞行过程中，如果受到某种扰动而偏离原来的平衡状态，当扰动消失后，无需驾驶员干预，自动恢复到原来平衡飞行状态的特性，称为飞机的稳定性，也称安定性。如果能自动恢复，则为稳定的，否则就是不稳定的。

飞机的平衡状态常会因为各种因素的影响而遭到破坏，如燃油消耗、收放起落架、收放襟翼、发动机推力改变或投掷炸弹等都会使飞机的平衡遭到破坏。这时，驾驶员就可以通过偏转相应的操纵面来保持飞机的平衡，这个操作称为配平。因配平时操纵面偏转会带来额外阻力，这种阻力称为配平阻力。

飞机在空中飞行中，除前飞运动外，还具有俯仰、偏航和滚转 3 个自由度，如图 4.28 所示。飞机绕横轴的 Oz 的运动为俯仰运动；绕立轴 Oy 的运动为偏航运动；绕纵轴 Ox 的运动为滚转运动。根据飞机机体坐标系，飞机飞行的稳定性可分为纵向稳定性、航(方)向稳定性和横向稳定性。

按照时间相应不同，稳定性分为静稳定性和动稳定性。当外界扰动消失后，具有自动恢复原来飞行状态的趋势，就称为是静稳定的。而动稳定性是指外界扰动消失后，飞机恢复到其原来飞行状态的过程特性。静稳定性是飞机稳定的必要条件，是稳定飞机必须满足的条件；动稳定性是可以通过相关控制手段来改善的。

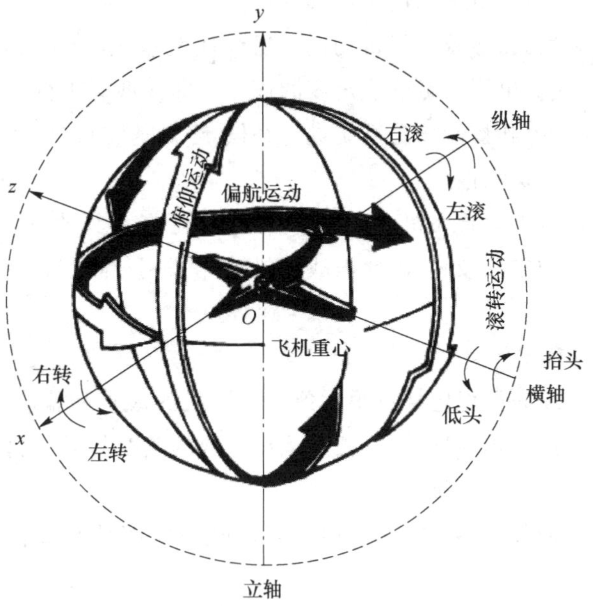

图 4.28　飞机绕过重心的三轴的运动

(1) 飞机纵向稳定性

飞机的纵向稳定性分为纵向静稳定性和纵向动稳定性。

在飞行过程中，当飞机受到干扰使迎角发生变化时，飞机上的气动力就会产生一个增量 ΔL，气动增量的作用点称为焦点。当飞机重心处于焦点之前时，附加气动力对重心产生一个力矩，正好可使飞机恢复到原来的迎角，此时飞机是静稳定的，否则就是静不稳定的，如图 4.29 所示。例如，受干扰使迎角增大时，机翼和尾翼的迎角加大，导致附加升力为正值，正好形成一个低头力矩；而当受干扰使迎角减小时，机翼和尾翼的迎角减小，导致附加升力为负值，正好形成一个抬头力矩。反之，如重心处于焦点之后，则附加力矩使得迎角变化进一步加剧。

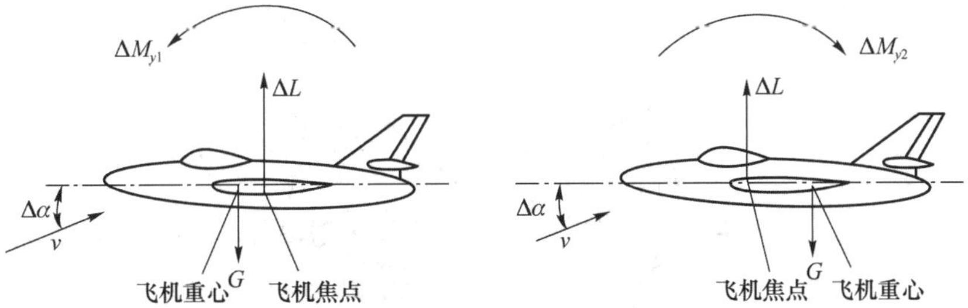

(a) 静稳定状态　　(b) 静不稳定状态

图 4.29　飞机重心位置与纵向稳定性的关系

重心越靠前净稳定度越高，重心到焦点的相对距离称为静稳定裕度，但静稳定裕度过大，会加大飞机的配平阻力，影响飞机的机动性。

(2) 放宽静稳定裕度

飞行速度超过临界马赫数以后，由于局部激波的产生，气动焦点会发生后移，使得高速飞行时的静稳定裕度显著增大，导致飞机机动性和操纵性变差，这对战斗机来说是无法接受的。为此，于20世纪60年代提出了放宽静稳定度的概念。即使低速飞行是静稳定裕度降低，甚至为不稳定的，通过增稳系统和控制增稳系统进行补偿，当高速飞行时，随着气动焦点的后移，使飞机具有理想的机动性和操纵性。

放宽静稳定度不仅可以改善飞机的高速机动性，还可带来其他有益的效果。如平尾尺寸减小、配平阻力减小、结构重量减轻，因此被战斗机首先采用。现代民用飞机也广泛采用这项技术。

(3) 飞机的横航向稳定性

横航向静稳定性与纵向静稳定性有很大差异。飞机的滚转和偏航运动都会带来侧滑，因此横向和航向的静稳定性是相互耦合的，任一运动参数的改变都会引起另一运动参数的变化。因此一般都将横航向放在一起分析。

横航向由副翼及方向舵控制，共有3种模态，分别是：滚转收敛模态、螺旋模态、荷兰滚模态。

一般飞机都具有滚转稳定性，不用特别注意；飞机的横侧向稳定性过弱而航向稳定性过强，受扰产生倾斜和侧滑后，易产生缓慢的螺旋下降；飞机的横侧向稳定性过强，而航向稳定性过弱，则易产生明显的飘摆现象，这种现象称为荷兰滚。

飞机的垂尾面积、机翼后掠角和上反角都对横航向稳定性发挥影响作用，如图4.30～图4.32所示。一般加大垂尾面积，加大后掠角和加大上反角都有助于提高横航向稳定性，但针对不同飞机，要进行详细设计和相互协调，以保证飞机的性能要求。

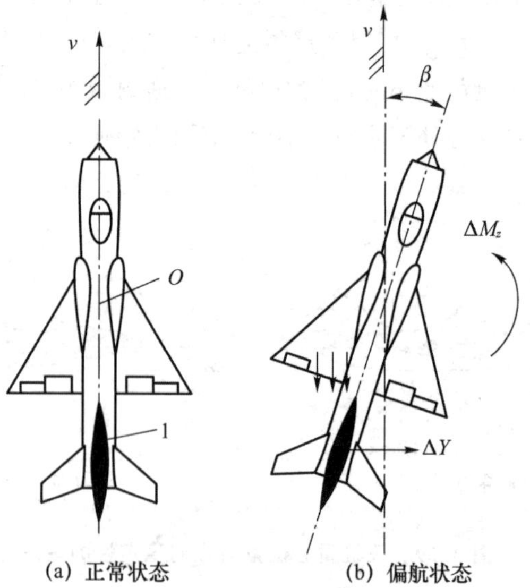

图 4.30 垂尾对横航向稳定性的影响

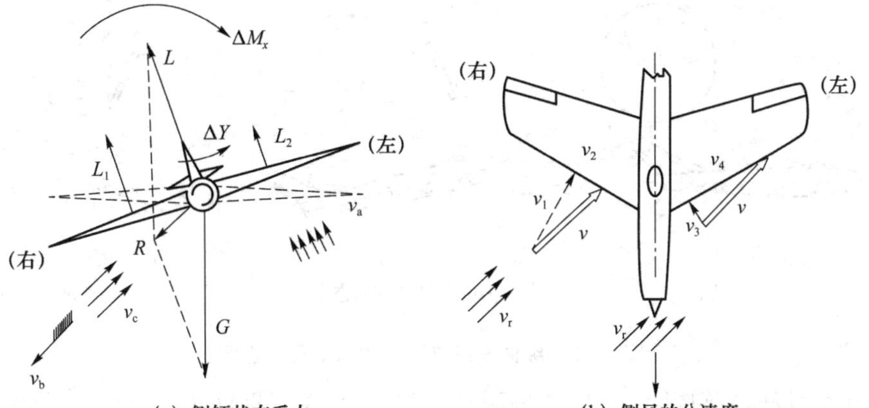

(a) 侧倾状态受力　　　　(b) 侧风的分速度

图 4.31　垂尾对横航向稳定性的影响

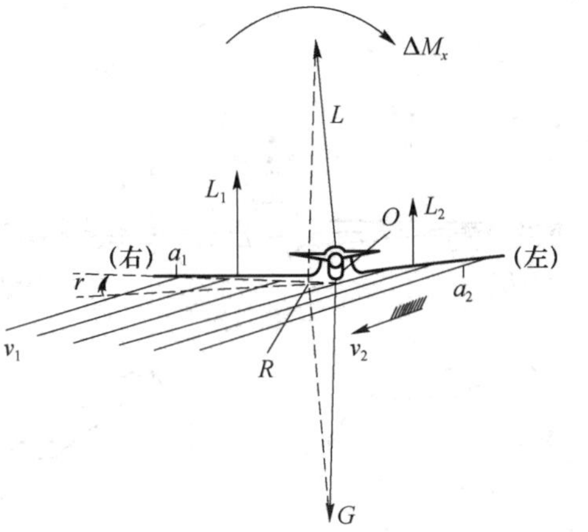

图 4.32　垂尾、后掠角和上反角对横航向稳定性的影响

4.2.3　操纵性

操纵性主要是指根据飞行员的意愿,使飞机达到一定飞行状态的能力。这种运动状态是通过飞行员进行相关操纵,以使得操纵面产生相对运动和位移的动特性。

飞机在空中飞行时的操纵是通过操纵气动舵面来实现的。通过偏转升降舵、方向舵和副翼,产生相应的启动力矩,使飞机绕横轴、立轴和纵轴转动,以改变飞行姿态。

(1) 飞机的纵向操纵

通过推拉驾驶杆操纵升降舵偏转,获得附加升力,使飞机绕横轴转动,产生俯仰运动,如图 4.33所示。先后拉操纵杆使机头上仰,向前推操纵杆使机头下俯。升降舵一般置于平尾后缘。现代超声速飞机多以全动式水平尾翼代替传统的带升降舵的平尾,全动平尾的操纵效能比传统升降舵的效能提高很多,可以极大改善超声速飞机的纵向操纵性。

(2) 飞机的横航向操纵

通常认为操纵副翼可使飞机绕纵轴转动,产生滚转运动,操纵方向舵可使飞机绕立轴转动,产生航向偏转。

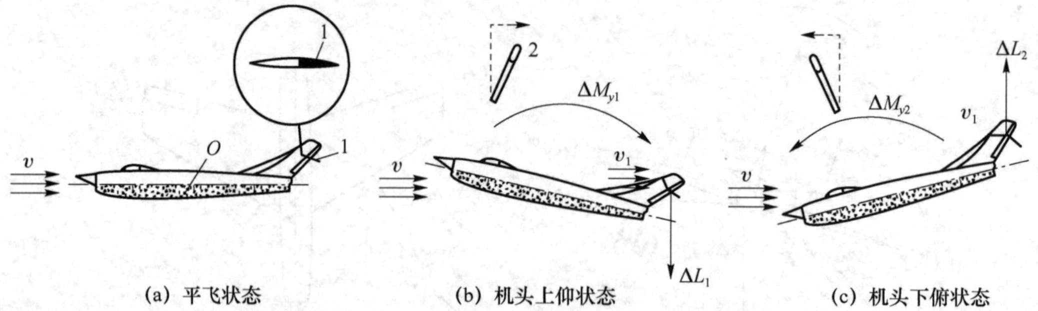

(a) 平飞状态　　(b) 机头上仰状态　　(c) 机头下俯状态

图 4.33　纵向操纵与飞行姿态变化示意图

向左压驾驶杆，左侧副翼上偏，右侧副翼下偏，使得左侧机翼升力减小，右侧机翼升力加大，产生滚转力矩，使飞机向左倾斜，如图 4.34 所示。反之飞机向右倾斜。如为驾驶盘结构，则左右转动驾驶盘和左右压杆是一致的。

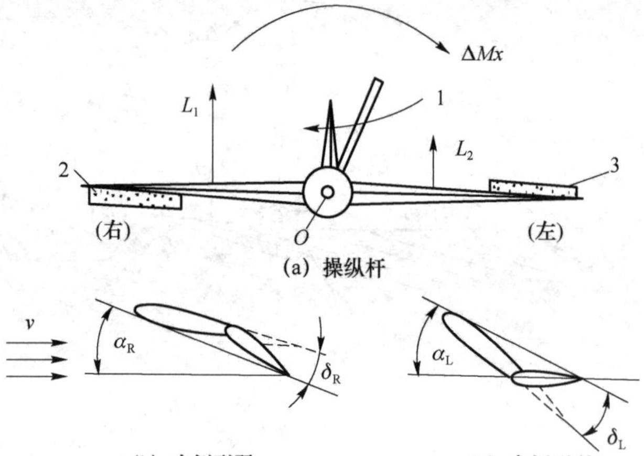

(b) 右侧副翼　　(c) 左侧副翼

图 4.34　横向操纵与飞行姿态变化示意图

飞机的航向变化通过蹬踏脚蹬进行操纵。驾驶员前蹬右脚蹬，方向舵偏转使垂尾产生向右偏航的力矩，机头右偏，如图 4.35 所示。反之，蹬踏右脚蹬则机头左偏。

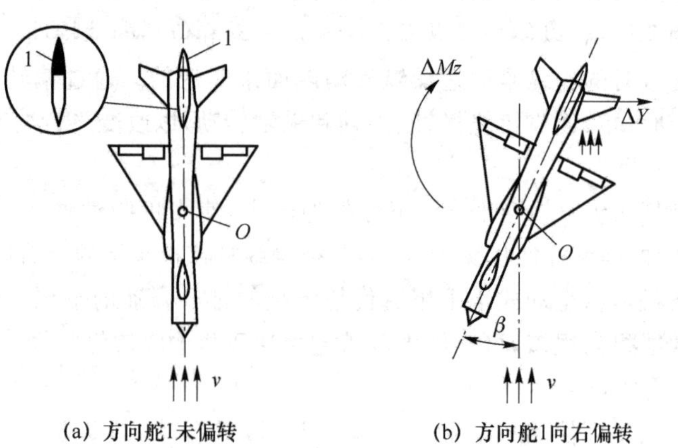

(a) 方向舵1未偏转　　(b) 方向舵1向右偏转

图 4.35　航向操纵与飞行姿态变化示意图

实际上，由于横向和航向运动的耦合关系，单纯通过方向舵偏转实现的转弯是带外侧滑的转弯；一些老驾驶员习惯通过左右压杆，使飞机侧倾，依靠横向力进行转弯，但这是带内侧滑的转弯。侧滑会使气动效能降低，飞机承受过载加大。只有通过横航向的共同操纵才能实现完美的飞行控制。

(3) 操纵力

随着飞机的加大，飞行速度的提高，飞机飞行时的动压越来越大，操纵力和操纵行程也越来越大，使得驾驶员的劳动强度加大，甚至难以达到驾驶要求，因此需要通过一定的助力方式进行补充。操纵性设计的好坏，主要取决于飞行员的感觉，最主要的指标就是每个动作所需的杆力和杆位移。对于战斗机来说，杆力一般保证每一个过载 1～3 kg，而非机动重型飞机可设计为每一个过载 3～5 kg。杆力太小，过于灵敏，容易产生过操作，引起超过载；杆力过大，操纵迟钝，且容易使飞行员疲劳。对于轻型飞机，主要采用中间操纵杆，杆位移一般取每一过载 10 mm 左右，对于侧杆操纵飞机，主要靠杆力操纵，对杆位移不做要求。

(4) 飞行品质

飞机品质又称飞机操纵品质。飞机飞行品质是涉及飞行安全和驾驶员操纵难易程度的飞机的各种特性，是评价飞机稳定性、操纵性的重要指标。飞行品质也是现代飞机的设计依据并满足的规范之一。通俗地说，好的飞行品质，对驾驶员的主观感受是“有效、安全、好飞”。

思考题

1. 飞机有哪些主要部分组成？
2. 常规机翼有哪几部分组成？各部分起什么作用？
3. 机身主要有哪 3 种结构形式？
4. 起落架主要有哪几种布局形式，各有什么特点？
5. 如何理解飞行速度包线？
6. 飞机起降各包括哪几个过程？
7. 静稳定的飞机，重心与飞机焦点的位置关系是怎样的？
8. 何谓放宽净稳定度？
9. 飞机的 3 大操纵面是哪些？分别控制什么运动？

第 5 章　直升机

与普通飞机相比，直升机在外形和飞行原理上均有所不同。一般来讲，直升机没有固定的机翼和尾翼，主要靠旋翼来产生气动力。这里所说的气动力既包括使机体悬停和举升的升力，也包括使机体向前后左右各个方向运动的驱动力。

一般认为，直升机技术要比固定翼飞机复杂，发展也比固定翼飞机慢。但随着对直升机空气动力学、直升机动力学等学科的认识不断深化，加之航空电子技术、新工艺等的应用，直升机在近年来也有了很大的发展。

直升机可以垂直起降，对起降场地没有太多特殊要求；可以空中悬停，并可向任意方向飞行；但飞行速度较低、航程相对较短。

当前，直升机在民用和军用的各个领域得到了广泛的应用。武装直升机在现代战争中发挥着越来越重要的作用。民用方面，在吊运大型装备，以及救护、森林防火、空中摄影、地质勘测等多个领域都得到了广泛应用。

5.1　直升机的飞行原理

直升机与固定翼飞机的飞行原理不同，其主要包含升力的产生和操纵与控制等方面。

5.1.1　直升机的升力及推(拉)力的产生

旋翼是直升机的关键部件，其由两片以上桨叶和桨毂构成。桨叶平面形状细长，相当于一个大展弦比的梯形机翼，连接在桨毂上，桨毂安装在旋翼轴上，旋翼轴接近于铅垂位置，一般由发动机带动。当旋翼轴旋转时，就通过桨毂带动桨叶以一定迎角和速度相对于空气运动，于是产生了气动力。

直升机旋翼绕旋翼转轴旋转时，每个叶片的工作类同于一个机翼。旋翼的截面形状是一个翼型，如图 5.1(a)所示。翼型弦线与垂直于桨毂旋转轴平面(称为桨毂旋转平面)之间的夹角称为桨叶的安装角，以 φ 表示，又称为桨距，如图 5.1(b)所示。各片桨叶的桨距的平均值称为旋翼的总距。

气流 V 与翼弦之间的夹角即为该剖面的迎角 α。显然，沿半径方向每段叶片上产生的空气动力在桨轴方向上的分量将提供悬停时需要的升力；在旋转平面上的分量产生的阻力将由发动机所提供的功率来克服。

旋翼旋转所产生的拉力和阻力的大小，不仅取决于旋翼的转速，还取决于桨叶的桨距。调节旋翼的转速和桨距都可以达到调节拉力大小的目的，但旋翼转速取决于发动机主轴的转速，而发动机转速有一个最佳的工作范围，因此，拉力的改变主要靠调节桨距来实现。但是，桨距变化会引起阻力力矩变化，所以在调节桨距的同时，还要调节发动机油门，保持转速尽量接近最有利的发动机转速。

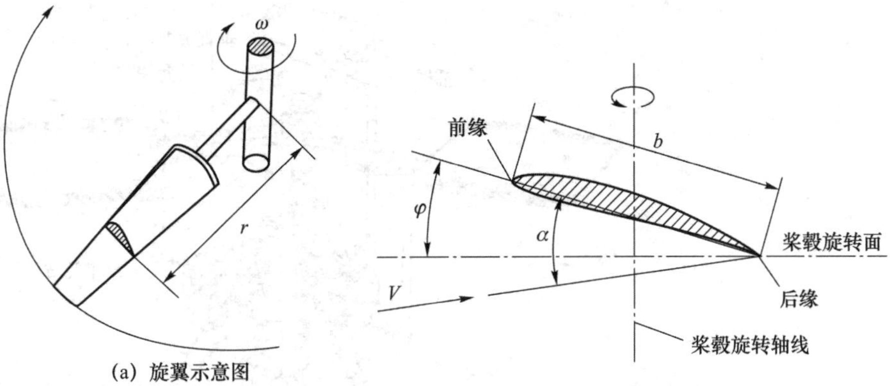

(a) 旋翼示意图　　(b) 截面翼型

图 5.1　直升机旋翼升力的产生

5.1.2　直升机的飞行性能

直升机的飞行性能主要包括垂直飞行性能和平飞性能两大类。

① 垂直飞行性能包括垂直爬升速度和悬停升限。

垂直爬升速度指定常状态下(作用于直升机上的力和力矩处于平衡,无加速运动的状态),不同高度的最大垂直爬升速度。垂直爬升速度为零时对应的高度为理论静升限,也称悬停高度。通常情况下,将垂直爬升速度为 0.5m/s 所对应的高度称为实用静升限,或实用悬停高度。

② 平飞性能包括平飞速度、续航性能、爬升性能和自转下滑性能。

平飞速度包括巡航速度(也称经济速度,是飞机在水平飞行时,发动机以最小功率保持稳定飞行所能达到的速度)、有利速度(飞机用有利迎角飞行达到的速度)和最大速度。爬升性能包括在不同高度下,具有前进速度时的最大爬升率、达到不同高度所需的爬升时间,以及可能爬升到的最大高度(平飞升限或动升限)。

此外,当发动机失效或其他原因造成动力不可用时,由直升机旋翼在气动力的作用下旋转产生一定的升力,减缓直升机下坠速度,此时,在不同高度上可产生不同的下滑速度和下滑角,对应的最小下滑率和最小下滑角也属于直升机主要性能的一部分。

5.1.3　单旋翼直升机的操纵性和稳定性

(1) 直升机的操纵性

直升机的操纵与固定翼飞机不同,直升机的操纵是通过直升机旋翼系统的变化来实现的。直升机的操纵可分为总距操纵、平飞操纵、航向操纵,具体来说就是通过旋翼系统的变化,使得合力大小和方向发生变化,从而产生该方向上的升力的水平分量达到控制飞行方向的目的。直升机的升降和平飞通过旋翼操纵机构进行操纵,而航向操纵通过尾桨操纵系统来实现。旋翼操纵机构和尾桨操纵结构如图 5.2 和图 5.3 所示。

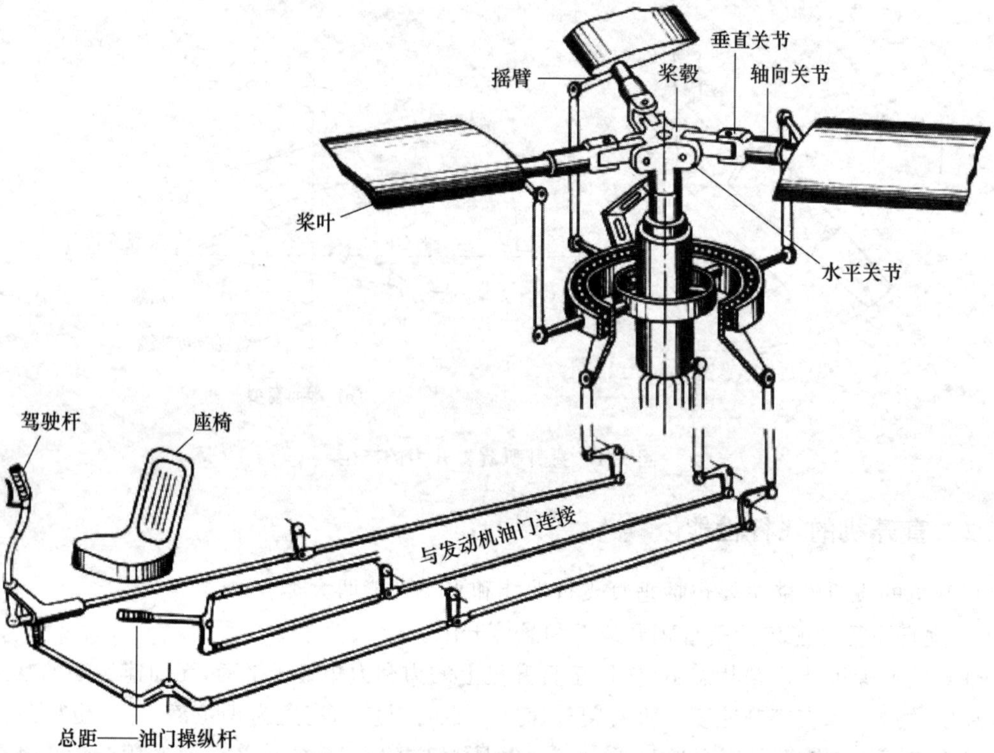

图 5.2　旋翼操纵系统结构示意图

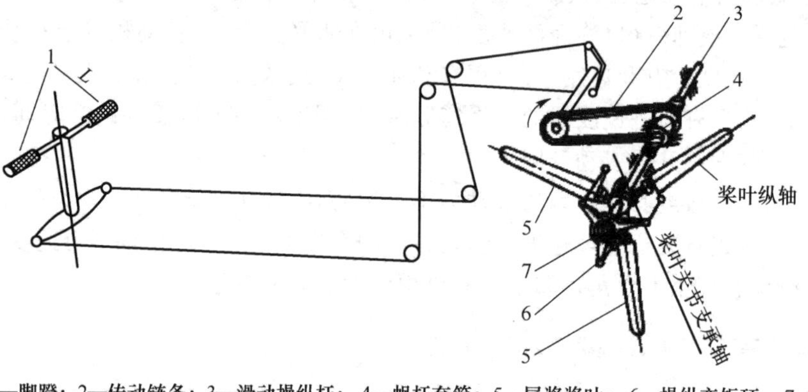

1—脚蹬；2—传动链条；3—滑动操纵杆；4—蜗杆套筒；5—尾桨桨叶；6—操纵变矩环；7—轴承

图 5.3　尾桨操纵系统结构示意图

1）总距操纵

总矩通过驾驶员操纵总距——油门控制杆进行控制，以改变旋翼的总桨距，使得桨叶的迎角同时增大或减小，从而改变旋翼拉力的大小。当拉力超过重力时，直升机上升；当拉力与重力平衡时，悬停于空中；当拉力小于重力时，向下降落。直升机的受力如图 5.4 所示。

直升机停放在地面时，旋翼受其本身重力作用而下垂。发动机开车后，旋翼开始旋转，桨叶产生气动力，并在气动力的作用下向上抬，直观地看，形成一个倒立的锥体，称为旋翼锥体，桨叶上产生气动力的合力即为升力，如图 5.4(a)所示。

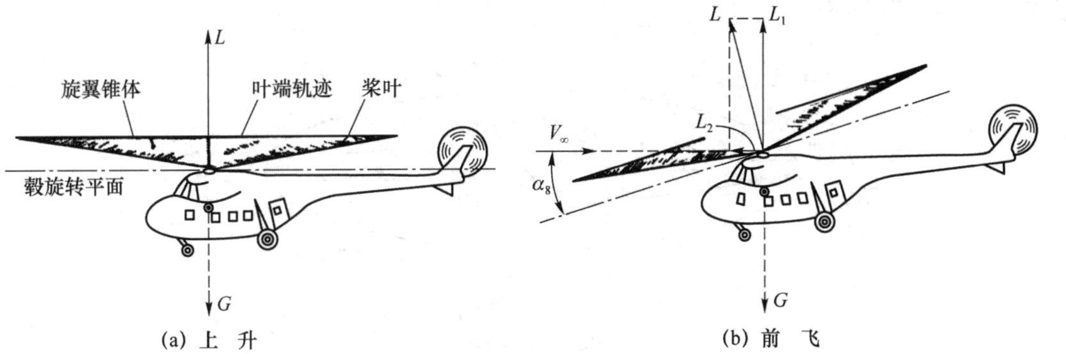

图 5.4　直升机的受力

旋转旋翼桨叶所产生的拉力和需要克服阻力产生的阻力力矩的大小，不仅取决于旋翼的转速，还取决于桨叶的桨距。从理论上讲，调节转速和桨距都可以调节拉力的大小。但是，旋翼转速取决于发动机（通常用的是涡轮轴发动机或活塞式发动机）主轴转速，而发动机转速有一个最有利的值，在这个转速附近工作时，发动机效率高，寿命长。因此，拉力的改变主要靠调节桨叶桨距来实现。但桨距变化将引起阻力力矩变化，所以在调节桨距的同时还要调节发动机油门，保持转速尽量靠近最有利转速工作。

2）平飞操纵

平飞由驾驶员通过操纵驾驶杆进行控制，直升机的平飞依靠升力倾斜所产生的水平分量来实现，如图 5.4(b)所示。平飞操纵也称为变距操纵。当操纵驾驶杆时，自动倾斜器（也称旋转斜盘）使旋翼各桨叶的桨距作周期性变化，也就是说，旋翼在旋转每一周中，桨距会周期性地进行由大到小，再由小到大的变化（见图 5.5），从而使每个桨叶的升力发生周期性变化，并由此引起桨叶的周期性上下挥舞，改变旋翼的拉力方向，产生水平方向的拉力，使直升机向水平拉力的方向运动。例如，计划前飞，就将驾驶杆向前推，推动自动斜倾器倾斜，使各个叶片的桨距作周期变化。每个叶片转到前进方向时，它的桨距减小，产生的拉力也跟着下降，该桨叶向上挥舞的高度也减小；反之，当叶片转到后方时，它的桨距增大，产生的拉力也跟着增加，该桨叶向上挥舞的高度也增大。结果，各个叶片梢（叶端）运动轨迹构成的叶端轨迹平面或旋翼锥体，将向飞行前进方向倾斜，旋翼产生的总拉力也跟着向前倾斜，旋翼总拉力的一个分量就成为向前飞行的拉力，从而实现了向前飞行。

3）航向操纵

与固定翼飞机航向操纵需要通过方向舵控制不同，旋翼旋转时，对周围空气产生一个作用力矩，根据牛顿第三定律，空气对旋翼将产生一个反作用力矩，称之为反扭矩，反扭矩的作用使直升机机身向旋翼旋转的反方向旋转。对于最常见的单桨式直升机，需要靠尾桨旋转产生的拉力来平衡反作用力矩。尾桨的结构和旋翼类似，欲使直升机改变方向，则须踩脚蹬，改变尾桨的桨距，从而改变尾桨拉力，通过改变平衡力矩的大小，实现机头指向的操纵，从而改变航向，如图 5.6 所示。

20 世纪 70 年代，修斯公司发明了无尾桨直升机，后被贝尔公司收购，并开始使用。该无人机取消了外露的尾桨，采用中空尾梁，并在其中增加一个变距风扇，向尾梁后部吹风，通过康达效应和侧向喷气方式取代了现有的尾桨作用（见图 5.7），使直升机更安全、更安静、更节能，并减小了直升机的振动。

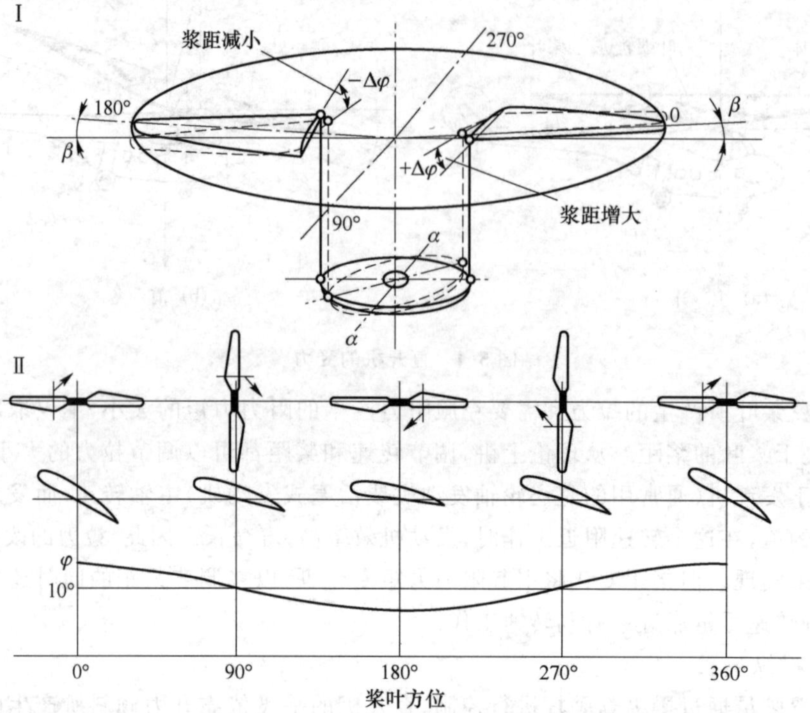

图 5.5　周期变距图解

图 5.6　周期变距图解

(2) 直升机的稳定性

直升机稳定性是指直升机受到扰动后能够自动恢复原来状态的能力。稳定性分为静稳定和动稳定两部分。一般情况下，直升机受扰动后偏离原来的平衡状态，扰动消失后，直升机可能出现 4 种情况：非周期衰减运动(动稳定)、非周期发散运动(动不稳定)、周期减幅运动(动稳定)、周期增幅运动(动不稳定)，此外，也可能有非周期中性运动和周期等幅运动。直升机的动稳定性通常难以令人满意，受扰后，纵向运动和横向运动一般表现为周期增幅运动。

5.1.4　直升机的布局形式

由于直升机存在反扭矩，因此直升机布局时必须考虑克服反扭矩问题。直升机的布局形式按照旋翼的数量和布置方式的不同，可分为单旋翼直升机、共轴式双旋翼直升机、横列式双旋翼直升机和纵列式双旋翼直升机等，如图 5.8 所示。

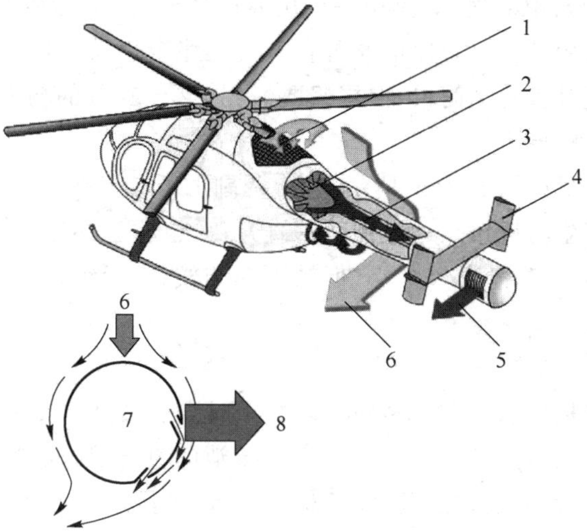

1—进气口；2—变局风扇；3—尾梁内气流；4—安定面；5—侧向吹气；
6—尾梁外流；7—具有侧开口的尾梁；8—康达相应产生的侧向力

图 5.7　无尾桨直升机原理示意图

(a) 单旋翼直升机

(b) 共轴式双旋翼直升机

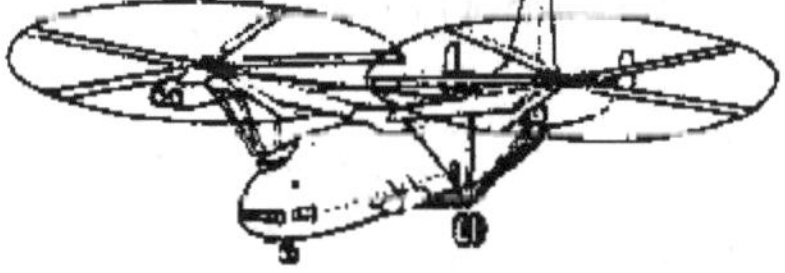

(c) 横列式双旋翼直升机

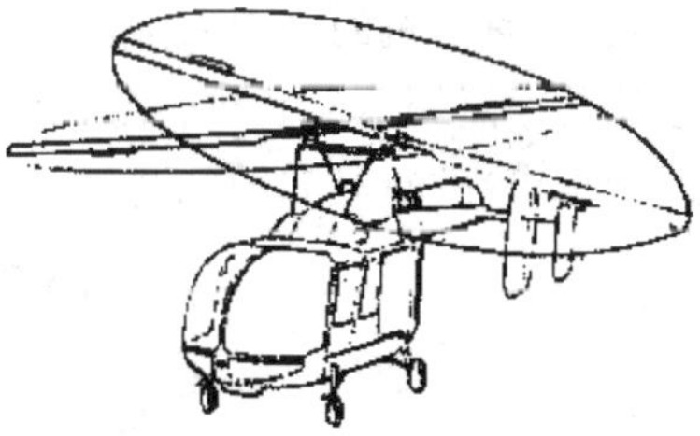

(d) 横列式交叉双旋翼直升机

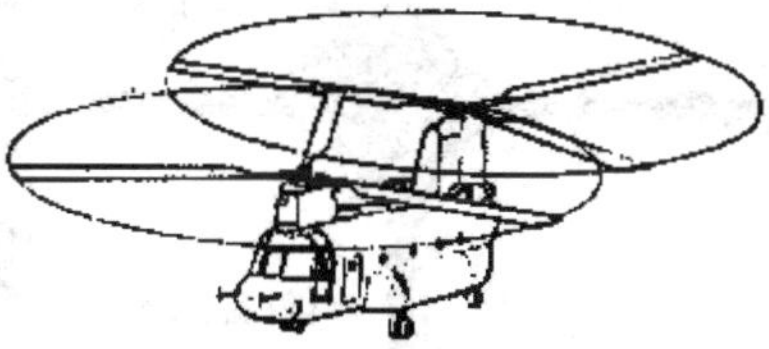

(e) 纵列式双旋翼直升机

图 5.8　直升机布局形式

(1) 单旋翼直升机

单旋翼直升机如图 5.8(a)所示，是由一副旋翼产生升力，用尾桨来平衡反扭矩的直升机，也是最常见的直升机布局形式。为保证改善直升机的稳定性，在机身尾部也加装了水平尾翼和垂直尾翼。单旋翼直升机构造简单，但尾桨要消耗 7%～10%的功率。

(2) 共轴式双旋翼直升机

共轴式双旋翼直升机如图 5.8(b)所示，是由两副上下布置并绕同一立轴反向转动的旋翼产生升力。两副旋翼产生的反扭矩相互抵消的直升机，也称为共轴式直升机或共轴反桨直升机。共轴式直升机结构紧凑，外廓尺寸小，但升力系统较重，操纵机构较复杂。共轴式直升机一般用于中小型直升机。

(3) 横列式双旋翼直升机

横列式双旋翼直升机如图 5.8(c)所示，是由两副位于机身两侧并在同一平面内，转向相反的旋翼产生升力。两副旋翼产生的反扭矩相互抵消的直升机，简称横列式直升机。横列式双旋翼直升机前飞性能较好，但构造复杂，架构尺寸大，重量效率低，俯仰平衡控制有难度。

为减小横向尺寸，须将旋翼的轴距减小，为防止两旋翼的干扰，将两旋翼轴向外倾斜，就构成了横列交叉双旋翼直升机。相比之下，横列交叉双旋翼直升机比横列式直升机传动系统复杂，桨尖可能碰地，不安全，直升机的平衡复杂。

(4) 纵列式双旋翼直升机

纵列式双旋翼直升机如图 5.8(d)所示，是由两副沿机身纵轴前后布置，转向相反的旋翼产生升力。两副旋翼产生的反扭矩相互抵消的直升机，简称纵列式直升机。为减小前飞时两旋翼之间的相互干扰，后旋翼安装位置比前旋翼稍高。纵列式直升机机身较长，使用中心变化范围较大，但其传动和操纵系统较复杂，前飞时，后旋翼的气动效率较低。

5.1.5 多旋翼直升机的飞行与操纵

多旋翼直升机一般指具有 4 个以上旋翼的直升机。目前，大量微小型无人机采用多旋翼布局形式。多旋翼直升机的升力由多个旋翼共同产生，由于大多旋翼为电动机驱动螺旋桨形式，因此一般均为通过调节电动机转速达到改变升力和飞行控制的目的。常见的四旋翼直升机(后简称四旋翼机)的布局如图 5.9 所示。

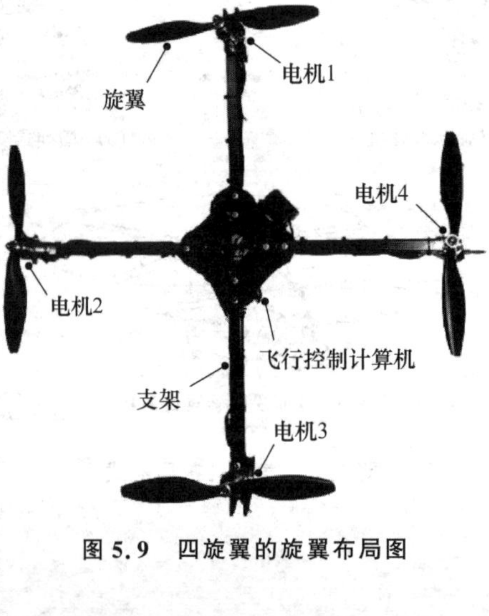

图 5.9　四旋翼的旋翼布局图

为克服旋翼产生的反扭矩，相邻的旋翼旋转方向均为相对的，如图 5.10 所示。

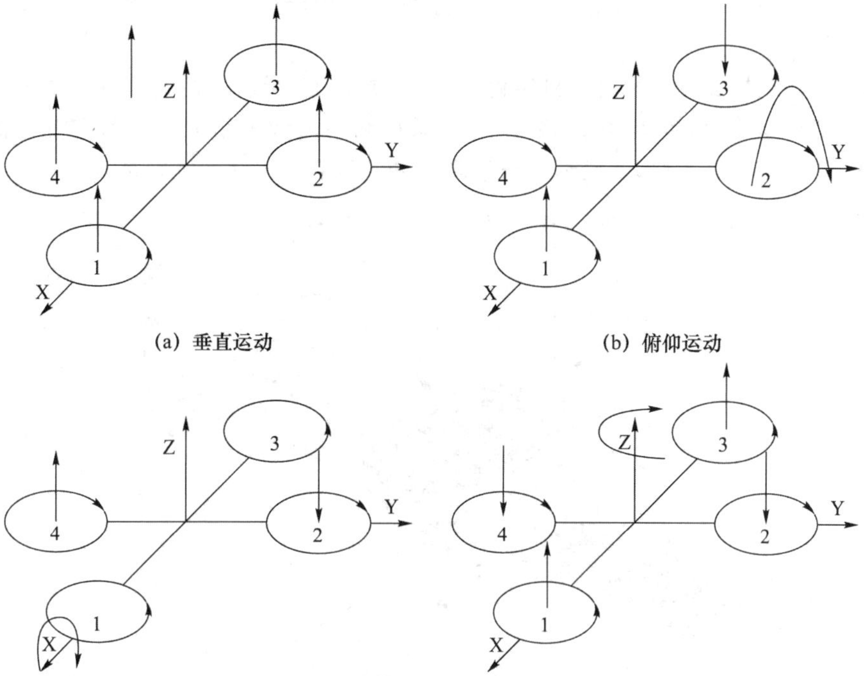

(a) 垂直运动　　(b) 俯仰运动

(c) 滚转运动　　(d) 偏航运动

图 5.10　四旋翼的力与运动

垂直升降与悬停：同时增加 4 个电机的功率，使其转速增加，总拉力加大。当总拉力大于重力时，四旋翼机上升，反之四旋翼机将下降；当总拉力和重力相等时，四旋翼机将保持悬停状态，如图 5.10(a)所示。

俯仰运动：保持电机 2、4 转速不变，提高电机 1 转速，同时降低电机 3 转速，则旋翼 1 升力提高，而旋翼 3 升力下降，使机身绕 Y 轴旋转，四旋翼机上仰；反之，四旋翼机则前俯，如图 5.10(b)所示。

滚转运动：保持电机 1、3 转速不变，提高电机 4 转速，同时降低电机 2 转速，则旋翼 4 升力提高，而旋翼 2 升力下降，机身绕 X 轴旋转，四旋翼机左滚；反之，四旋翼机右滚，如图 5.10(c)所示。

偏航运动：旋翼的转动会产生反扭矩，由于 4 个旋翼中相邻旋翼转动方向是相反的，因此，4 个旋翼产生的反扭矩是正好相互抵消的，四旋翼机不发生偏航运动。当 4 个电机的转速不同时，不平衡的反扭矩就会使得四旋翼机发生偏航运动。例如，当电机 1、3 转速上升，电机 2、4 转速下降时，旋翼 1、3 对机身的反扭矩大于旋翼 2、4 对机身的反扭矩，机身则顺电机 1、3 转动方向相反的方向绕 Z 轴偏转；反之顺电机 2、3 转动方向相反的方向绕 Z 轴偏转，如图 5.10(d)所示。

平飞运动：当四旋翼机发生俯仰或滚转时，拉力合力就会产生一个水平分力，这一水平分力驱动四旋翼机向分力的方向产生运动，实现前后、左右的飞行运动。

5.2 直升机的构造

单旋翼直升机是最典型的直升机结构形式，如图 5.11 所示。这类直升机主要由机体、旋翼、自动倾斜器、尾桨、起落架、操纵系统、传动系统和动力装置组成。与固定翼飞机相比，机身、起落架、动力装置等类似，而操纵系统不同，旋翼、尾桨及传动系统则是直升机特有的。

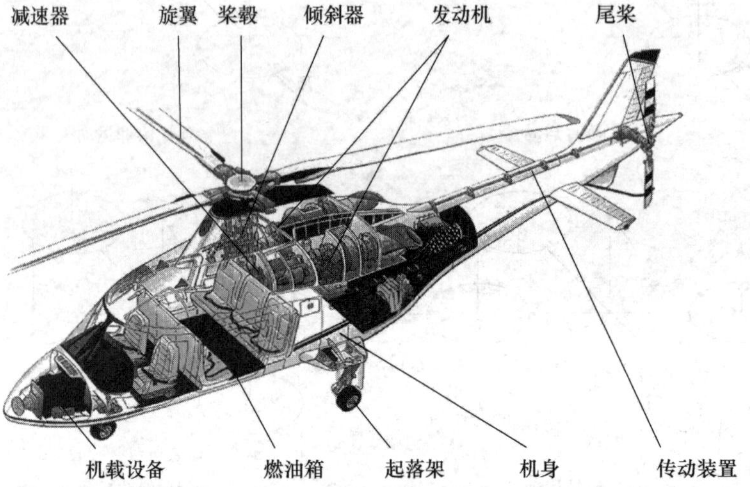

图 5.11 直升机的结构

1. 机　体

机体用来支持和固定直升机部件、系统，把它们连接成一个整体，并装载人员、物资和设备，使直升机满足既定技术要求。直升机机体一般从前到后分为机舱、过渡段、尾梁等，通常机舱上方为旋翼，尾梁后部安装尾桨和水平安定面。

直升机机体承受各种安装设备的重量以及各种装载传来的负荷。由于旋翼、尾桨传给机体的交变载荷会引起机身结构的振动，影响乘员的舒适性及结构的疲劳寿命，因此，在设计机体结构时，必须采取措施降低机体的振动水平。

2. 旋　翼

直升机的旋翼主要由桨叶和桨毂组成。桨叶一般有 2～8 片，对称布置，主要作用是产生升力。由于类似于展弦比很大的机翼，因此旋翼容易产生振动，在设计中，应考虑疲劳特性问题，同时，要避免与气动激振力发生共振。桨叶承力结构应具有较高的疲劳性能或采用破损安全设计。按照桨叶材料构成，可分为混合式桨叶、金属桨叶和复合材料桨叶等。图 5.12 所示为某直升机的复合材料桨叶结构，其主要承力件为前缘的“C”形主梁，承受离心力并提供大部分挥舞弯曲刚度。中间布置两个“Z”形梁，与蒙皮铰接在一起，中空部分以发泡材料填充，提高了桨叶的扭转刚度，前缘包有不锈钢片防止磨损。

按照桨叶和桨毂的连接方式不同，可分为铰接式、无铰式、半无铰式和无轴承式等类型，如图 5.13 所示。

铰接式又称为全铰接式，如图 5.13(a)所示。桨叶通过水平关节（又称为挥舞铰）与垂直

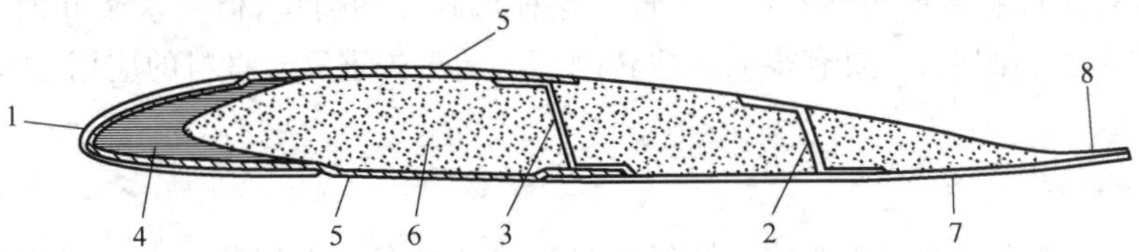

1—前缘包皮；2,3—“Z”形梁；4—“C”形主梁；5—上蒙皮；6—发泡填充材料；7—下蒙皮；8—后缘条

图 5.12　复合材料桨叶截面

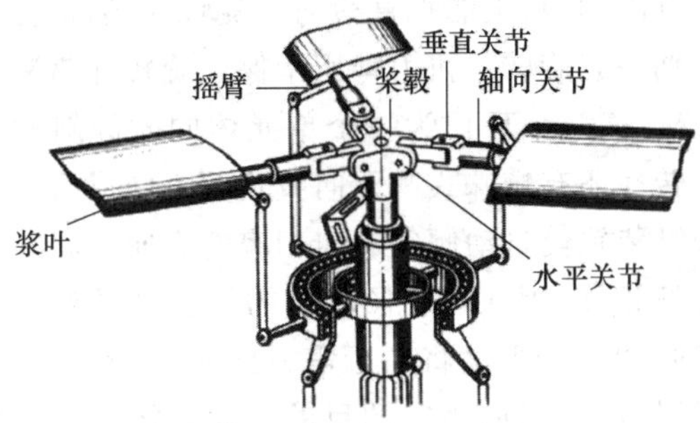

(a) 铰接式

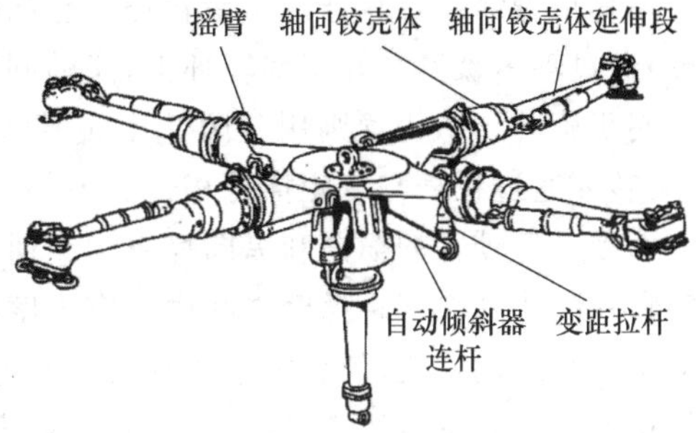

(b) 无铰式

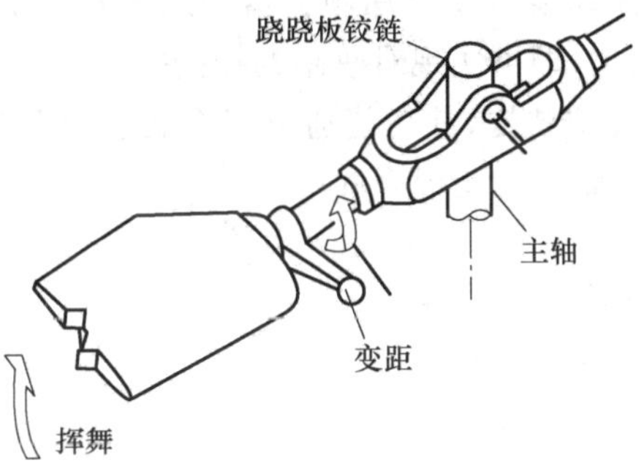

(c) 半无铰式

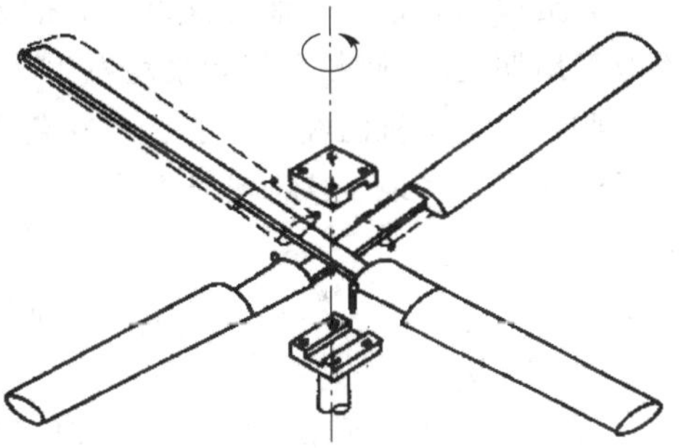

(d) 无轴承式

图 5.13　旋翼与桨毂连接方式

关节(又称为摆振铰)和桨毂连接。直升机在飞行过程中,旋翼除旋转运动外,受到升力的作用,会使桨叶上下挥舞;由于前飞过程中来流的影响,存在前行桨和后行桨速度突然变化而引起的摆振;通过摇臂改变桨叶的迎角。通过挥舞铰和摆振铰可以极大降低挥舞及摆振引起的振动。这种形式的旋翼桨叶根部的弯曲载荷较小,但结构复杂,维护不便。很多直升机在摆振铰(垂直关节)上加装了摆振阻尼器,防止出现地面共振,保证足够的稳定裕度。

无铰式连接,见图 5.13(b),取消了挥舞铰和摆振铰,但仍有总矩和变矩铰。桨叶在挥舞方向和摆振方向相对于桨毂是固定的。桨叶的挥舞运动和摆振运动表现为桨叶根部(或桨叶支臂)的弯曲变形。相比之下,结构简单,但桨叶与桨毂的弯曲载荷较大。

半无铰式又称为跷跷板式,见图 5.13(c)。其主要特点是只有两片桨叶,彼此连成一个整体,共用一个中心水平铰(跷跷板铰链),没有摆振铰,但仍有变距铰。这种形式的结构比较简单,但操纵性较差。

无轴承式,见图 5.13(d),不仅没有挥舞铰和摆振铰,连变距铰也取消了。桨叶的挥舞、摆振和变距都通过桨叶根部的柔性元件来实现。这种形式结构简单,但要求桨叶的根部材料既有很高的弯曲强度和刚度,又要有很低的扭转刚度。随着先进复合材料的应用,无轴承旋翼也逐渐发展起来。

3. 自动倾斜器

自动倾斜器,是指直升机改变旋翼倾斜方向和桨叶倾角的专用装置。通过它实现对直升机飞行状态的操纵。自动倾斜器由两个主要零件组成:一个不旋转环(又称不动环)和一个旋转环(又称动环)。不旋转环(通常位于外侧)被安装在旋翼轴上,并通过一系列推拉杆与周期变距和总距操纵装置相连。不旋转环能够向任意方向倾斜,也能垂直移动。旋转环(通常位于内侧)通过轴承被安装在不旋转环上,能够同旋翼轴一起旋转。扭力臂用于保证旋转环与桨叶一起同步旋转。防扭臂则用于阻止不旋转环旋转。这两个环作为一个单元体同时倾斜和上下,旋转环通过拉杆与变距摇臂相连。另外,不旋转环还有蜘蛛式和万向节式等不同形式。

驾驶员驾驶杆的横向和纵向操纵指令通过操纵装置使自动倾斜器向相应的方向倾斜。由于旋转环同桨叶的变距摇臂之间由固定长度的拉杆相连,因此自动倾斜器的倾斜会导致桨叶的桨距发生周期变化,使旋翼空气动力不对称,桨叶的旋转平面将向所需方向倾斜,旋翼的拉力矢量方向因此发生改变,这样就达到操纵直升机横向和纵向飞行的目的。我们将这种桨距的周期性变化称为周期距。

驾驶员操纵总距——油门操纵杆的指令通过操纵装置使自动倾斜器沿旋翼轴上下移动,且不改变周期变距,使各个桨叶桨距发生一致的变化,即可实现对总距的控制。

一些新型直升机已经取消了这种复杂的独立机械结构,其功能通过三个相互关联的执行机构同时动作来实现。这种操纵方式被称为周期变距和总距混合式。

思考题

1. 直升机的升力和推(拉)力是如何产生的?
2. 何谓反扭矩?为克服反扭矩,直升机有哪些布局形式?
3. 简述四旋翼无人机的操纵原理。
4. 按照桨叶和桨毂的连接方式,旋翼可分为哪几种类型,各有什么特点?
5. 简述自动倾斜起的工作原理。

第6章　飞行器的动力装置

6.1　概　述

为航空器提供动力，推动航空器前进的装置，称为航空动力装置，也称为航空推进系统，简称为发动机。它包括航空发动机以及为保证其正常工作所必需的系统和附件，如燃油系统、滑油系统、点火系统、启动系统和防火系统等。

发动机是飞行器的动力源，其具有显著的特殊性、重要性和复杂性，人们常形象地称之为飞行器的心脏，它的性能对飞行器的性能有极其重要的影响。

航空发动机是将航空燃料中所含的化学能量转变为热能、再转化成机械能的热力机械。与航空器的发展史一样，航空发动机也经历了百余年的发展。

1885年，美国人莱特兄弟在技师泰勒的帮助下，设计制造了一台活塞式汽油发动机，并于1903年将这种发动机和螺旋桨装在自己制造的一架双翼飞机上，完成了人类历史上的首次有动力飞行，开创了飞行的新纪元。

经过百余年的沉淀，航空发动机得到了突飞猛进的发展。空气喷气发动机的出现，使飞行器突破了声速；火箭发动机的出现为飞行器飞离地球奠定了基础。飞行器的发展和发动机的发展是密不可分的。

6.2　发动机的分类

飞行器发动机的种类很多，用途也各不相同。通常可按发动机产生推力的原理和发动机工作原理的不同分为活塞发动机、空气喷气发动机和火箭发动机三大类，具体分类形式如图6.1所示。

活塞发动机需要通过带动螺旋桨产生推力或拉力，而不能直接产生升力。

空气喷气发动机和火箭发动机都属于喷气发动机，主要利用先后喷射的高速气流直接产生向前的反作用力，推动飞行器前进。

空气喷气发动机是利用大气层中的空气与所携带的燃料混合燃烧产生高温气体，它以空气中的氧气作为助燃剂，因此只能作为航空器的发动机。按照具体结构的不同，可分为涡轮喷气发动机、涡轮风扇发动机、涡轮螺旋桨发动机、涡轮轴发动机，以及冲压喷气发动机。

火箭发动机自带燃料和助燃剂，可不依靠空气中的氧气进行燃烧产生高温高压气体，因此可以在高空和大气层外使用。按燃料类型不同，又可分为固体燃料火箭发动机和液体燃料火箭发动机。

不同类型的发动机由于其结构和产生推力的原理不同，其适用的速度和高度范围也不一样，如图6.2所示。

- 航空航天发动机
  - 活塞发动机
  - 喷气发动机
    - 空气喷气发动机
      - 有压气机
        - 涡轮喷气
        - 涡轮风扇
        - 涡轮螺旋桨
        - 涡轮轴
      - 无压气机
        - 冲压喷气
        - 脉动喷气
    - 火箭发动机
      - 液体燃料
      - 固体燃料
    - 组合发动机
      - 火箭-冲压
      - 涡轮喷气-冲压
      - ……
  - 特种发动机
    - 电磁发动机
    - 核能发动机
    - 太阳能发动机
    - ……

图 6.1　发动机分类

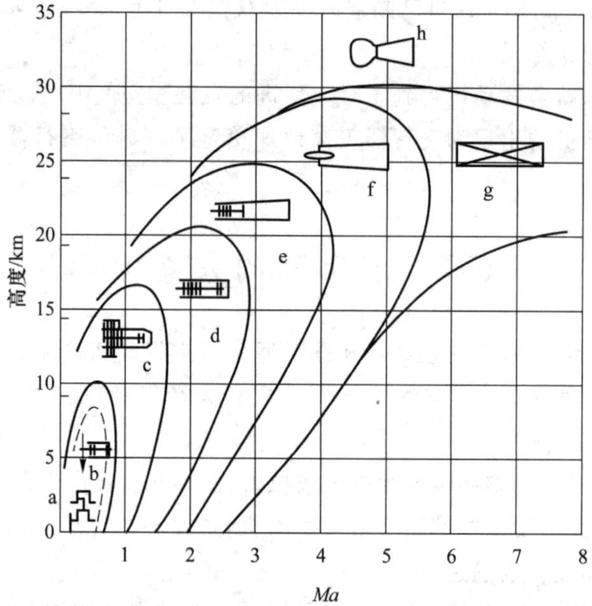

a—活塞发动机；b—涡轮螺桨发动机；c—涡轮风扇发动机；d—涡轮喷气发动机；
e—带加力燃烧室的涡轮喷气发动机；f—冲压喷气发动机；g—超声速燃烧的冲压发动机；h—火箭发动机

图 6.2　不同发动机适用的速度和高度范围

如果按照推力(拉力)产生的原理来分类，可分为直接反作用力发动机和间接反作用力发动机两类，分类及适用范围见表 6.1。

表 6.1　航空发动机分类及其适用范围

<table>
<tr><td rowspan="4">发动机类型</td><td colspan="4">间接反作用力发动机</td><td colspan="5">直接反作用力发动机</td></tr>
<tr><td rowspan="3">特种发动机</td><td rowspan="2">活塞式发动机</td><td>涡轮螺旋桨发动机</td><td>涡轮轴发动机</td><td>涡轮喷气发动机</td><td>涡轮风扇发动机</td><td>冲压喷气发动机</td><td rowspan="2">组合发动机</td><td rowspan="3">火箭发动机</td></tr>
<tr><td colspan="4">有压气机(燃气涡轮)发动机</td><td>无压气机</td></tr>
<tr><td colspan="7">吸气式发动机</td></tr>
<tr><td>适用范围</td><td>适用于各种机型</td><td>轻型、超轻型飞机、直升机、中小型无人机</td><td>亚声速运输机、支线飞机、公务机</td><td>直升机</td><td>20 世纪中期军民用飞机</td><td>大部分固定翼飞机</td><td>导弹、靶机、高超飞行器</td><td>空天飞机</td><td>导弹、部分试验机</td></tr>
</table>

由于压气机的空气喷气发动机都带有燃气涡轮，又可统称为燃气涡轮发动机。

6.3　活塞式发动机

1. 活塞式航空发动机的组成

活塞式发动机是一种往复式内燃机，是一种四冲程，用火花塞点火的汽油发动机。它主要由气缸、气门、曲轴、连杆、活塞和外部的机匣等部件组成，如图 6.3 所示。

气缸是活塞发动机的工作腔；气门分为进气门和排气门，按照一定的顺序开闭；活塞承受混合气体燃烧室所产生的压力，并将压力能转变为活塞运动的机械能，并通过下上往复运动，与气门配合完成吸入混合气体和排出废气的工作；连杆将活塞和曲轴连接在一起，传递活塞和曲轴的运动，曲轴将活塞的往复运动转变为自身的旋转运动，带动螺旋桨转动，产生推力或拉力，并依靠曲轴的惯性，使其顺利带动活塞通过上死点和下死点。

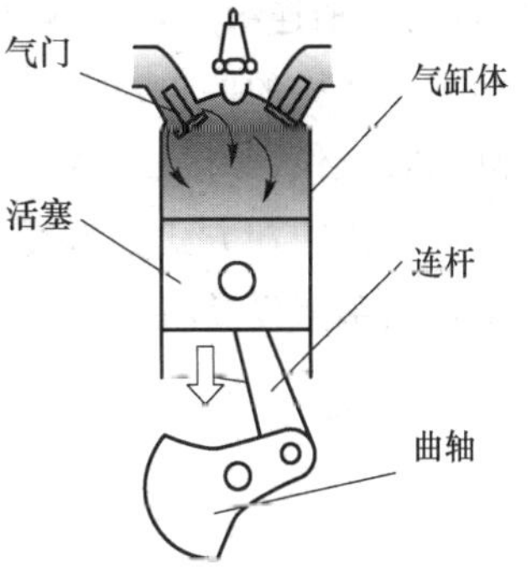

图 6.3　活塞发动机结构

活塞在气缸中的最上位置称为上死点，活塞在气缸中的最下位置称为下死点。

2. 活塞式发动机的辅助系统

保证发动机能够正常工作的相关系统称为发动机辅助系统。活塞式发动机的辅助系统主要包括进气系统、燃料系统、点火系统、冷却系统、启动系统和定时系统等。

进气系统负责进气的混合和过滤，常常还装有增压器来增加进气压力，以保证高空性能。

燃料系统由燃料泵、汽化器或燃料喷射装置等组成。燃料泵将燃料压入汽化器，并在此雾化以及与空气进行混合。

点火系统是控制火花塞点火，将气缸内经过压缩的混合气体点燃的系统。

冷却系统是将发动机工作时产生并传递给气缸壁的热量带走，保证发动机正常工作的系统。

启动系统是发动机进入正常循环工作之前,带动曲轴转动并推动活塞运动的装置。

定时系统是控制准时点火与气门开闭的装置,定时系统好坏直接影响发动机性能,点火时间不准,有可能造成发动机损坏。

3. 活塞式发动机的工作原理

活塞式发动机的工作原理如图 6.4 所示

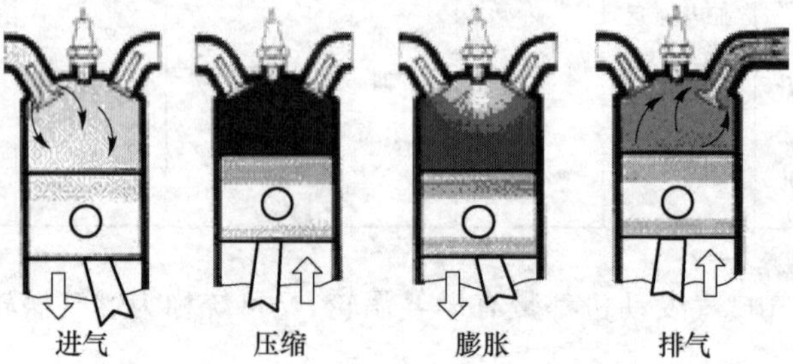

图 6.4　活塞发动机的工作原理

活塞下行时,进气门打开,排气门关闭,油气混合气体由进气门吸入;活塞通过下死点后上行时,进气门和排气门均关闭,吸入的混合气体被压缩;当活塞达到上死点时,气缸顶部的火花塞点火,高压的混合气体被点燃,产生的高温高压气体膨胀,推动活塞向下运动,带动曲轴旋转;在曲柄的惯性作用下,连杆再次驱动活塞上行,此时打开排气门,废气从排气门排出。由此往复,带动曲轴连续旋转并输出动力。可见,只有膨胀冲程可以产生动力,即对外做功。

为满足功率的要求,活塞式航空发动机一般都是多气缸发动机,多者可达 28 个气缸。多个气缸同时工作,并按照一定的顺序做功,既可保证足够的功率输出,也可减小振动,如图 6.5 所示。按气缸冷却方式分为液冷式发动机和气冷式发动机两种,按气缸排列形式又分为直列型发动机和星型发动机等。星型气冷式发动机用得较多。多缸体发动机排列形式如图 6.6 所示。

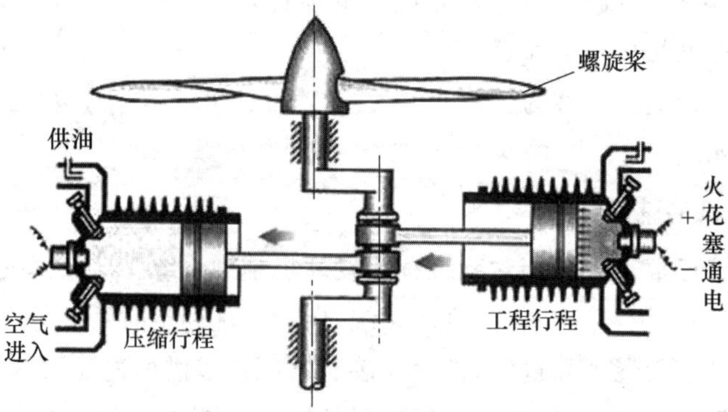

图 6.5　多缸协调工作原理

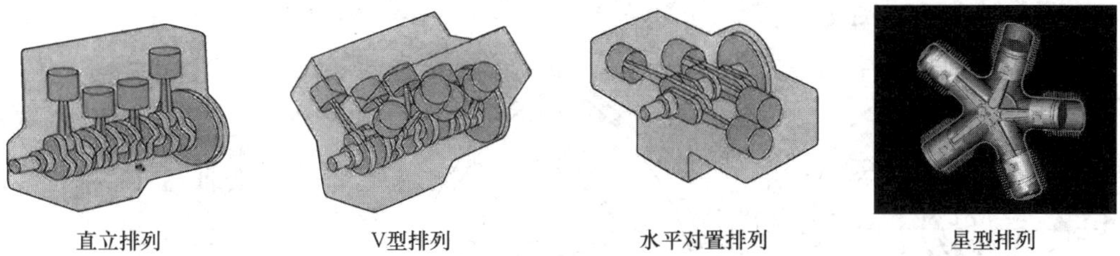

图 6.6　多缸体发动机排列形式

4. 活塞式发动机的特点和主要性能指标

活塞式发动机的主要优点有：①结构简单，成本低。由于结构简单，制造成本低；由于低成本，活塞式发动机是小型飞机的流行选择；②耐用性好。由于机械构造相对简单，因此较耐用，在高海拔和严寒的环境中表现出色；③可靠性高。同样因为机械结构简单，所以容易维护和维修。接卸部件较少，因此故障率低。这使得活塞式发动机的可靠性高，特别是长途飞行。但也存在一些明显的缺点：①效率低。由于活塞式发动机曲轴转动两圈才做一次功，因此效率较低，在高海拔地区和高温条件下，可能会由于进气量不足而表现不佳；②噪声大。由于机械部件制造精度不高，机械摩擦产生的噪声较大；③燃料效率低。由于需要使用较多的油脂和燃料来保证其正常运转，在长途和高空飞行中的经济性不佳。

活塞式发动机的主要性能指标包括：

1）发动机有效功率

发动机可用于驱动螺旋桨的功率称为有效功率。活塞式航空发动机单机功率一般在几十至 3 500 kW。

2）功率重量比

发动机可提供的功率与发动机质量之比称为功率重量比，简称功重比。功重比越大，越有利于改善飞机的飞行性能。先进的活塞式航空发动机功重比可达 1.85 kW/kg。

3）燃油消耗率

燃油消耗率是衡量发动机经济性的一项重要指标，一般为产生 1 kW 功率，在 1 h 消耗的燃油质量。先进的活塞航空发动机的耗油率在 0.25 kg/(kW·h)左右。

4）加速性

发动机从最小转速到最大转速所需的时间，越短越好。良好的加速性可提高飞机机动性能。

此外，还要有良好的维护性、高可靠性、长寿命、小的结构质量和迎风面积。

必须注意，活塞式发动机自身不能产生推(拉)力，因此，配置活塞式发动机的飞机，必须通过活塞式发动机带动螺旋桨旋转产生推(拉)力，也正因此，飞行速度有限，最高速度只能达到 800 km/h 多一点。随着喷气动力的出现，活塞式动力在现代飞机上的使用越来越少。但对低速飞机来说，它具有喷气式发动机无可比拟的优势。因此，活塞式发动机在小型低速飞机上，包括一些公务机、农用飞机、支线飞机和小型运输机上，仍被广泛使用。

除常见的往复运动活塞式发动机之外，还有一种旋转活塞式发动机，又称为转子发动机。旋转活塞式发动机由德国汪克尔发明，所以又称为汪克尔发动机，它由机体、旋转活塞、中心齿轮、火花塞和主轴等组成，如图 6.7 所示。

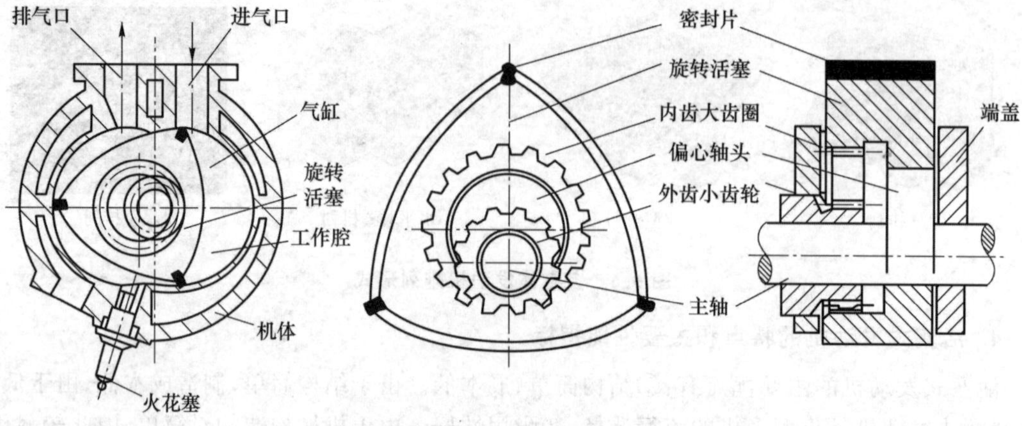

图 6.7　旋转活塞式发动机

当三角形活塞按顺时针方向转动时，由进气口吸入混合气体，并压缩到上止点（空间最小处），并由前火花塞点火使被压缩的可燃气体燃烧，高温高压气体推动三角活塞旋转，并通过输出轴输出机械能。旋转活塞式发动机转子发动机具有体积小、重量轻、结构简单、运转平稳和机器寿命长等优点。但由于其气缸密封线比往复机长，因此发动机在低速运转时的气体泄漏就高于往复机；加之，旋转活塞式发动机的燃烧室狭长，面容比大，相应旋转活塞式发动机的低速动力性能和燃料经济性也低于往复式活塞发动机（旋转活塞式发动机的高速动力性优于往复式活塞发动机），且难以获得大扭矩。但目前只有很少的飞机使用旋转式活塞发动机。

6.4　空气喷气发动机

随着对飞机飞行速度的要求不断提高，尤其是面临突破"声障"的关口，活塞发动机就显得力不从心了。一是由于要进一步增大活塞式发动机的功率，以克服剧增的阻力，就要增加气缸的数量或加大单个气缸的容量，使得发动机重量和体积急剧增加，这是飞机无法接受的。二是随着速度的增加，螺旋桨的实际迎角减小，使其效率大大降低，且飞机接近声速时，螺旋桨在极高速旋转的时候，桨叶尖的速度已经超过了声速，产生激波阻力，阻力直线上升，螺旋桨几乎是在空气中空转。由此，螺旋桨飞机是无法超过声速的。如想进一步提高飞行速度，喷气发动机是不二的选择。

空气喷气发动机分为有压气机和无压气机两大类。有压气机类发动机由于都具有燃气涡轮，因此又称为燃气涡轮发动机，简称燃气轮机。燃气轮机是目前使用较广泛的航空发动机，是一种通过燃气涡轮驱动压气机，压缩空气介质，经加温加压的气体与燃油混合后燃烧，燃气在膨胀过程中驱动涡轮高速旋转，将部分能量转变为涡轮的机械能。无压气机类发动机是一种利用迎面气流进入发动机后减速，使空气提高静压的一种空气喷气发动机。它通常由进气道（又称扩压器）、燃烧室、推进喷管三部组成。冲压发动机没有压气机（也就不需要燃气涡轮），所以又称为不带压气机的空气喷气发动机。

6.4.1　有压气机的喷气发动机

从产生、输出能量的原理上看，燃气涡轮发动机和活塞式发动机是相同的，都需要有进气、加压(压缩)、燃烧和排气这四个阶段,如图 6.8 所示,相当于把活塞发动机的四个冲程按顺序排列了,因此可以不停地做功,效率极大提高。涡轮带动压气机不断吸入空气并进行压缩,使发动机实现连续工作。压气机、燃烧室和涡轮这三大部件组成了燃气轮机的核心机,它不断输出具有可用能量的燃气,因此又叫燃气发生器。

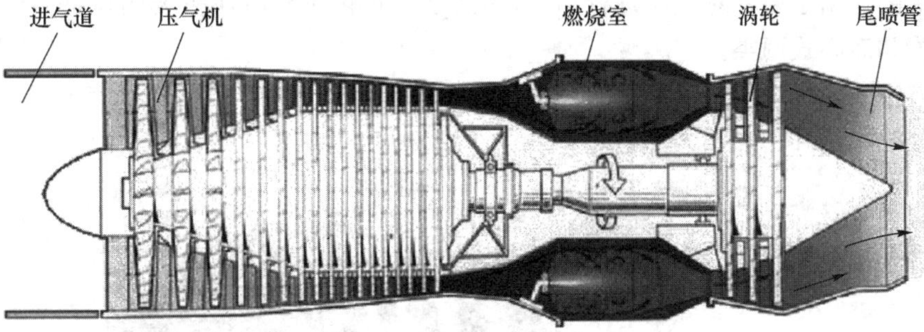

图 6.8　旋转活塞式发动机

根据利用燃气发生器产生的燃气能量的方式不同,就产生了不同类型的燃气涡轮发动机。航空燃气涡轮发动机有四种基本类型,即涡轮喷气发动机、涡轮风扇发动机、涡轮螺旋桨发动机和涡轮轴发动机。

(1) 进气道

为使燃气发生器得到稳定、平滑的气流,同时降低高速气流的速度,将动能转变为压力势能,保证在各种工作状态下能供给发动机所需的空气量,在各种工况下都能得到所需的空气量,需要设置一个进气道。根据飞行速度的不同,进气道可分为亚声速进气道和超声速进气道,如图 6.9 所示。

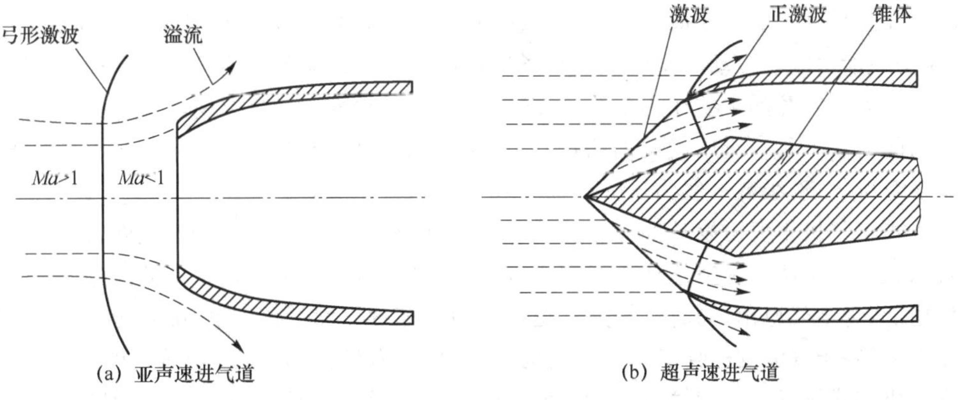

图 6.9　亚声速进气道和超声速进气道

为保证稳定燃烧,燃气发生器入口处的气流速度不能太高,因此,需要进气道具有减速、增压的作用。亚声速进气道通过扩张,使气流流速降低,同时起增压的作用。当这种进气道在 $Ma<1.5$ 的飞机上使用时,可通过进气道入口部位产生的弓形激波对超声速气流进行减速,使其减为亚声速气流,再通过进气道内部的扩张段,实现进一步的减速增压。

但当 $Ma>1.5$ 时,激波损失加大,就需要采用超声速进气道。超声速进气道内部设有一个锥体,产生一个斜激波,气流通过斜激波后,速度降低,压力增高。此时,气流仍为超声速流,当遇到进气道入口处产生的激波后再次进行减速和增压，变成亚声速气流，之后，进入进气道，通过扩张段进一步减速和增压。根据飞行速度，可对锥体进行调节，在锥体上产生第二个激波，通过多波系方式保证进入进气道后的气流降至亚声速。

(2) 压气机

压气机的作用主要是对气流进行加压，为发动机提供工作时所需要的压缩空气。压气机分为轴流式和离心式两类。

现代航空发动机中使用较广泛的是轴流式压气机。轴流式压气机由固定的静子和旋转的转子两部分组成，如图 6.10 所示。

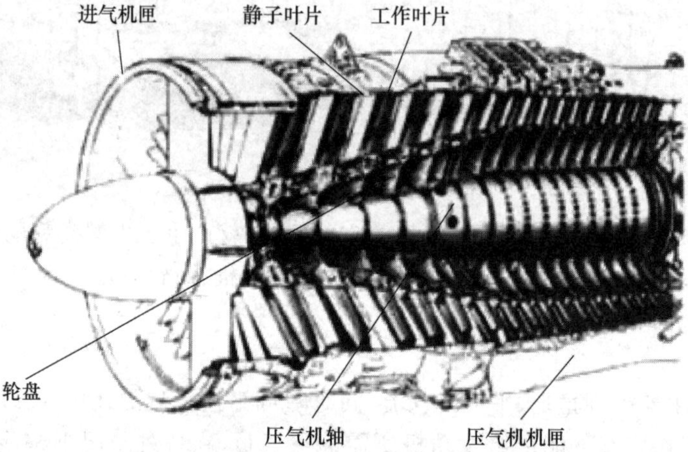

图 6.10　轴流式压气机的组成

静子和转子都是由一组叶片组成的，静子叶片和转子叶片沿压气机轴向交错排列。一排转子叶片和一排静子叶片形成压气机的一级，转子叶片和静子叶片的剖面形状和机翼的剖面相似，转子一般由涡轮带动。空气经过转子叶片后，其压力、速度和温度都得到提高，然后进入静子叶片。静子叶片的主要作用是使气流减速增压，同时改变气流方向，以满足下一级转子对来流方向的要求。每一级压气机的增压比较小，一般为 1.5～1.6。为达到较大的增压比，需要设置多级压气机，级数一般为 4～15 级，多的可达 24 级以上。

离心式压气机主要由旋转的离心叶轮和绕其周围静止的扩散器组成，此外，还有导流管和导气管，如图 6.11 所示。空气从导流管进入离心叶轮，离心叶轮由涡轮带动高速旋转，并在离心力作用下，将空气甩出，同时赋予其一定的压力和速度。然后经过扩散器，进一步将动能转变为压力势能，当气流到达导气管出口处时，空气已具有较高的压力，增压后的空气随后进入燃烧室。离心式压气机结构简单、结实，但一般只有一级，总增压比和所能处理的空气流量较小，且叶轮直径较大，仅适用于小功率的发动机，早期发动机中应用较多。目前，单机离心式压气机的增压比一般为 4～6，先进的也只有 8～10。为获得高的增压比，常常在离心式压气机前加一级或多级轴流式压气机，个别也会采用双级离心式压气机。

(3) 燃烧室

空气经过压气机增压后，进入燃烧室。燃烧室是将从压气机流入的压缩空气与喷嘴喷出的燃油混合并进行燃烧的装置，通过燃烧，将燃料的化学能装变为内能。从燃烧室流出的高温高压的气体，在涡轮和尾喷管中膨胀做功。

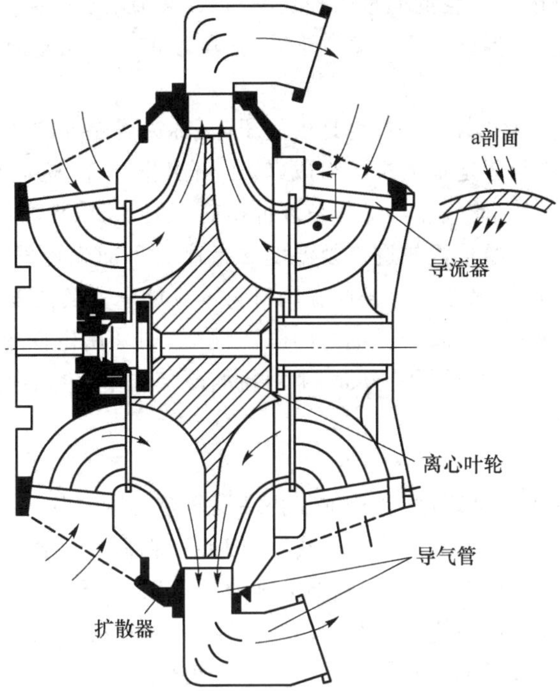

图 6.11　离心式压气机

燃烧室由涡流器、喷嘴、火焰筒和燃烧室外套等组成，其工作原理如图 6.12 所示。从压气机流入的空气在燃烧室入口分为内外两股，一股进入火焰筒，并与喷嘴喷出的燃料进行混合和燃烧，另一股从火焰筒和燃烧室外套的通道向后流动，以冷却火焰筒，同时从火焰头周边的小孔进入火焰筒，与燃烧区的高温气流混合后流向涡轮和尾喷管。

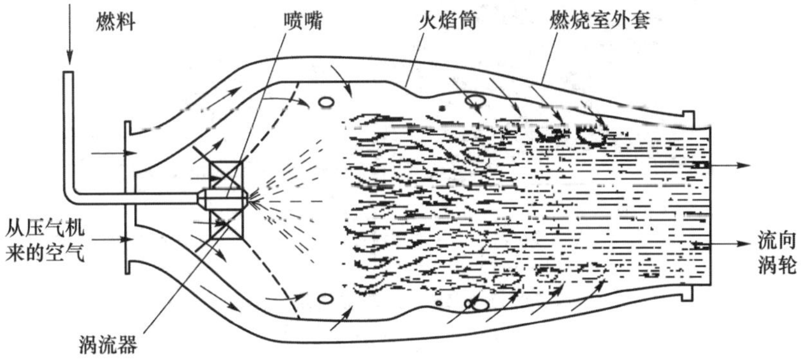

图 6.12　燃烧室工作原理图

喷嘴的主要作用就是将燃料进行雾化，使其与空气充分混合；涡流器的作用是使空气产生涡流，提高燃料和空气混合的质量，并在适当部位形成低压区，同时形成一个低速的重复循环区，把新喷进的混合气体加热到点火温度，以促进燃烧。

(4) 涡　轮

涡轮是将高温高压燃气的能量转变为机械能的装置。燃气从燃烧室流出后，通过涡轮并使其高速旋转产生机械能。涡轮的能量以轴功率形式驱动压气机转子、风扇、螺旋桨和其他附件转动。燃气经过涡轮后，温度和压力急剧下降，速度增加。从涡轮流出的气流经尾喷管喷出产生推力。

涡轮的结构和压气机的结构类似，也是由静子（又称为涡轮导向器）和转子（又称为涡轮转子）构成。静子由导向器与固定他的机匣组成，转子由工作叶片、轮盘和轮轴组成。从燃烧室出来的气体，流过导向叶片，使气流以最佳角度冲击转子叶片，以提高涡轮效率。

为了获得更大的功率，要求涡轮进口处温度尽量高。目前先进发动机的涡轮前温度已达 1 850～1 950 K，远远超过了涡轮叶片普通金属材料本身能承受的温度。为了适应不断提高的涡轮前温度，一方面不断改进金属材料本身的耐温性能，如采用定向凝固合金和单晶合金，并探索陶瓷材料和碳/碳复合材料；另一方面，采用新的冷却技术，包括内部对流冷却和外部气膜冷却等。

(5) 加力燃烧室

由于涡轮前温度提高受到限制，完全依靠提高涡轮前温度以加大推力非常困难，但在涡轮后的燃气中，仍有不少含有氧气的空气没有烧尽，因此可在涡轮后设置加力燃烧室，再次喷油燃烧，即可提高喷管出口的燃气流速，起到加大推力的作用，如图 6.13 所示。由于加力燃烧室没有传动部件，因此温度可以适当提高到 2 000 K 以上。在不改变压气机和涡轮工作状态的情况下，加力燃烧室可有效增加发动机的推力，一般可提高 25％～60％，美国的 F-15 飞机使用加力燃烧室时，推力可提高 70％。

但使用加力燃烧室时，不仅温度很高，油耗也很大，所以只适合短时间使用，一般低空飞行只能使用十几秒，高空飞行时可使用稍长时间。

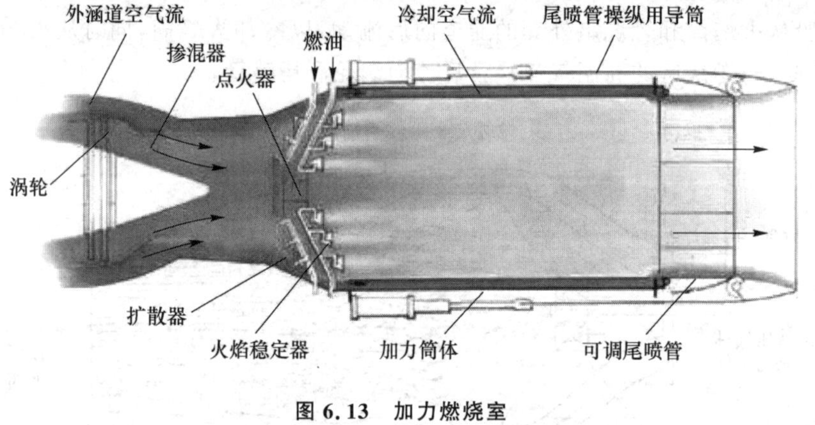

图 6.13　加力燃烧室

(6) 尾喷管

尾喷管是将涡轮或加力燃烧室流出的高压燃气膨胀加速，使气流以高速喷出，从而获得推力的装置。尾喷管属于飞机的排气系统，不同的燃气涡轮发动机，尾喷管的设计也有所不同。按照喷口气流速度可将其分为亚声速喷管和超声速喷管。亚声速喷管为收敛型，超声速喷管为收敛扩张型。按照排气方向又可分为直流喷管、偏流喷管和转向喷管等。直流喷管只能提供向前的推力，大部分航空器均采用直流喷管。偏流喷管和转向喷管均可称为矢量喷管，可引导气流向某一方向偏转，以改变推力矢量的方向，可降低着陆速度，缩短滑跑距离，或增大爬高速度，也可实现飞机的直接力控制。

1. 涡轮喷气发动机

涡轮喷气发动机是燃气涡轮发动机最简单、最基本的一种形式。其是在燃气发生器后面直接布置了一个尾喷管，燃气在尾喷管中膨胀加速，高速由喷管排出，产生推力。

涡轮喷气发动机简称涡喷发动机，其速度大，推力大，适用于较高速度飞行的飞机。在较低的速度下，由于其耗油率很高，经济性很差。

2. 涡轮螺旋桨发动机

涡轮螺旋桨发动机简称涡桨发动机。涡桨发动机是在涡喷发动机的基础上，增加了一组涡轮，由增加的涡轮带动前面一个直径很大的螺旋桨，如图 6.14 所示。

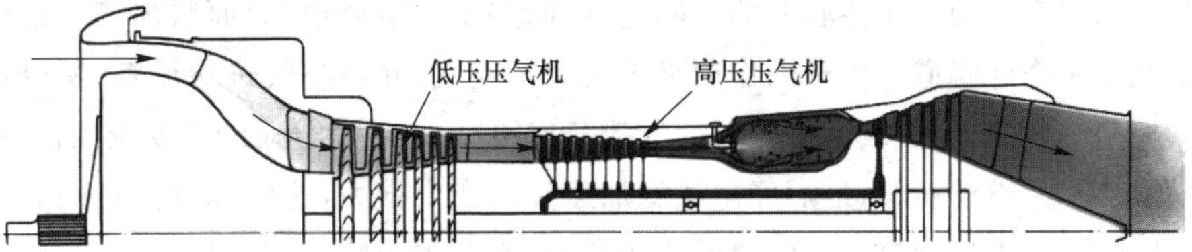

图 6.14　双轴轴流式涡轮螺旋桨发动机

涡桨发动机拥有两级涡轮，与涡喷发动机不同的是，其喷气能量主要消耗在驱动涡轮上，尾喷管喷出的气流产生的推力很小，主要通过涡轮带动螺旋桨产生拉力，约占总推力的 90% 以上。由于涡轮转速很高，而螺旋桨转速要低得多，因此在输出轴处需要通过一个减速器降速，再带动螺旋桨转动，减速的同时加大了扭矩。

涡桨发动机与活塞发动机相比，其具有功重比大、油耗低、振动小和高空性能好的优点。与涡喷发动机相比，由于其螺旋桨的排气量远比涡喷发动机的排气量大，因此在低亚声速（700 km/h 以下）飞行时，效率较高，耗油率较小，经济性好；但当飞行速度进一步提高（800 km/h 以上）时，由于螺旋桨的效率降低，其效率急剧下降，使其原有的优势消失殆尽。由于螺旋桨直径较大，往往需要调高发动机的安装位置，从而加大起落架的高度，增加飞机重量，因此使发动机维护不便。

3. 涡轮风扇发动机

涡轮风扇发动机简称涡扇发动机。涡扇发动机由风扇、核心机和外涵道组成。涡扇发动机结合了涡喷发动机和涡桨发动机的优点。常见的涡扇发动机形式包括小涵道比涡扇发动机和大涵道比涡扇发动机，如图 6.15 和图 6.16 所示。

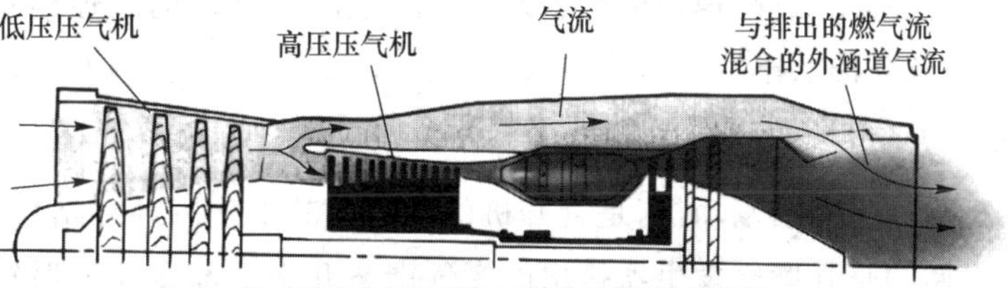

双轴轴流式内外涵涡轮喷气发动机(低涵道比)

图 6.15　小涵道比涡扇发动机

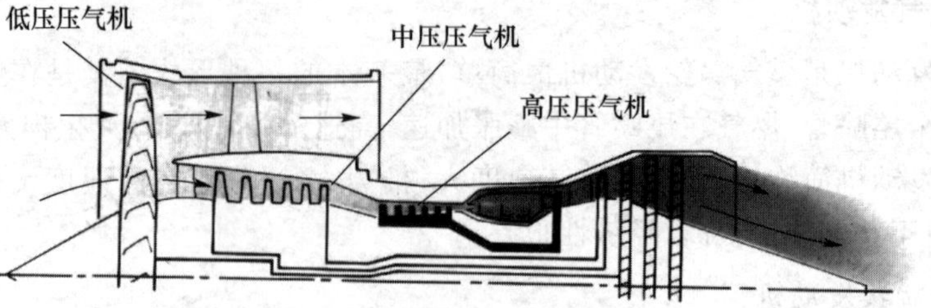

三轴轴流式前风扇涡轮喷气发动机(高涵道比)

图 6.16 大涵道比涡扇发动机

由图可见,涡扇发动机在核心机的基础上,前面多了一组风扇,后面增加了一组或两组涡轮,外面增加了一个外涵道。风扇的作用是吸入大量空气,并将空气进行压缩,所以也称为低压压气机,风扇一般为 1～5 级。压缩后的气流分成两股,一股和普通的涡喷发动机一样,进入压气机和燃烧室,并带动涡轮,最后经尾喷管加速排出产生推力,这股气流流过的通道称为内涵道;另一股气流从内外涵道之间的通道不经燃烧,直接加速喷出产生推力。所以,这类发动机又称为内外涵道发动机。

内外涵道的气流既可分别从各自的喷管喷出,也可在涡轮后混合,然后再一起喷出。前者的推力是内外涵道推力的总和,推力随发动机参数和工作状态的不同变化很大;后者拥有共同的喷管,经过涡轮膨胀后的内涵燃气流在混合室与外涵道空气流混合,混合气流在喷管内膨胀加速,然后产生推力。这种形式的混合喷管可以变形以调整推力的大小甚至方向,而高温的尾气经外进气道气流降温后,也有利于降低发动机的红外特征。

函道比就是涡扇发动机外函道和内函道的比值,这个直接影响飞机的推力。小函道比(小于 2～3)的涡扇发动机的功率高,可变化量大,也能满足战机需要的高推力。而客机一般使用高函道比(大于 4～5)的发动机,有利于推力持续的输出。

某些小涵道比发动机还配有加力燃烧室,可以以高油耗为代价,获得更大的推力。小涵道比发动机可以用于超声速飞行,通常用于战斗机。

涵道比越大,相应的风扇直径越大,则燃气用于风扇做功的能量越多,发动机热效率越高,越省油。但是风扇越大,重量越大,则加速性不好,所以大涵道比发动机适合运输类飞机。

桨扇发动机既可被看作带高速先进螺桨的涡桨发动机,又可被看作除去外涵道的大涵道比涡扇发动机,因而兼有前者耗油率低和后者飞行速度高的优点,其有效涵道比为 25～60。桨扇发动机的关键部件是先进高速螺桨,其带有多个宽弦、薄叶形的后掠桨叶,能在飞行马赫数 0.8～0.9 下保持较高的效率。

4. 涡轮轴发动机

涡轮轴发动机简称为涡轴发动机,是直升机的动力。其工作原理和结构基本与涡轮螺旋桨发动机相同。不同的是其燃气发生器排出的燃气能量几乎全部在动力涡轮中膨胀,由喷管排出时,气流速度很低,不提供推力,如图 6.17 所示。

涡轮动力输出轴可在发动机前面伸出,也可以在发动机后面伸出。根据动力涡轮的形式,涡轴发动机分为定轴式和自由涡轮式。定轴式的动力涡轮与压气机涡轮固定在同一转轴上;

自由涡轮式的动力涡轮与压气机涡轮没有直接联系，只与空气动力联系。

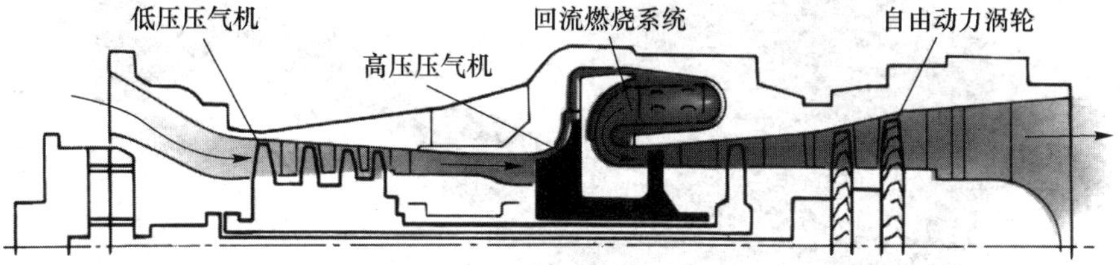

图 6.17　涡轮轴发动机

在直升机上，传动系统是独立于发动机的另一个系统，由于动力输出轴的转速很高(10 000～50 000 r/min)，而旋翼的转速很低(约 100 r/mim)，因此为了不使直升机传动系统减速比过大，一般在涡轮轴发动机内设置一个机内减速器。

涡轮轴发动机与其他涡轮发动机有以下几个方面不同。

一、由于直升机经常需要在野外起降和近地悬停，因此涡轴发动机进气道处须安装过滤网、粒子分离器等装置，以避免地面扬起的沙尘进入发动机。

二、涡轮轴发动机的压气机一般采用离心式或轴流—离心组合式，而不是单纯的轴流式，以缩短发动机长度。

三、涡轮轴发动机燃烧室多采用回流环型燃烧室，或折流环型燃烧室。

四、涡轮轴发动机不需要排气产生推力，因此，排气速度越低越好，排气管都呈扩散结构，在军用直升机排气口上，一般均加装红外抑制器，以提高隐身效果。

5. 垂直/短距起降动力装置

除直升机外，飞机一般均须通过飞机滑跑达到一定速度，依靠机翼产生足够的升力才能起飞。为缩短起降滑跑距离，需要降低飞机的起飞离地速度和着陆的接地速度，这就要求增加飞机的升力系数，显然，这是非常困难的。如发动机能够产生垂直方向的推力，则可以大大缩短起降距离，降低飞机对机场跑道长度的要求，这对军用飞机来说特别重要。

垂直/短距起降(V/STOL)动力装置就是为解决上述问题而诞生的，通常包括升力发动机、升力风扇和可转喷口发动机等，也可以几种方式组合使用。

升力发动机实际上就是一种竖直安装的涡喷或涡扇发动机，但相比之下，其推重比要求特别高，至少要达到 16，甚至高达 40 以上。因此要求其结构相对简单，系统简化，广泛采用轻质的复合材料制造。

升力风扇指由燃气涡轮发动机所产生的热燃气驱动装在飞机机身或机翼上的风扇旋转，并专门产生升力的装置，如图 6.18 所示。

可转喷口发动机是利用改变排气方向，既能提供垂直升力，又能提供平飞推力的发动机，如图 6.19 所示。

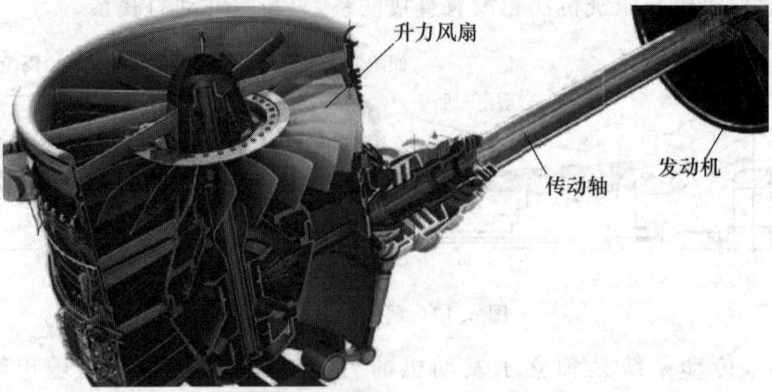

图 6.18 升力风扇

图 6.19 F35B 可转向发动机

6.4.2 无压气机的喷气发动机

1. 冲压喷气式发动机

冲压喷气式发动机简称冲压发动机。冲压发动机与燃气涡轮发动机不同,它没有专门的压气机,而是靠飞行器飞行时的相对气流进入发动机进气道后减速,将动能转变为压力能,是空气静压提高的一种空气喷气发动机。冲压发动机一般由进气道(又称扩压室)、燃烧室和喷管三部分组成。冲压发动机是一种构造非常简单,可以发出很大推力,适用于高空高速飞行的空气喷气发动机。

现代冲压发动机可根据其适应的飞行速度可分为亚声速、超声速和高超声速冲压发动机。亚声速冲压发动机如图 6.20 所示,使用扩散形进气道和收敛形尾喷管,以航空煤油为燃料,飞行时的增压比不超过 1.89,一般飞行马赫数小于 0.5 不能正常工作,主要用于亚声速靶机。

超声速冲压发动机采用超声速进气道。超声速空气先经进气道外,在中心锥产生的激波锥的作用下减速,进入进气道后进一步减速、增压,压缩后的空气与喷油咀喷出的航空煤油或烃类燃料混合，在燃烧室内进行燃烧，尾喷管为收敛形或收敛扩散形，高温高压燃气从喷管高速喷出，产生推力，如图 6.21 所示。火焰稳定器是一种保持火焰稳定燃烧的装置，不仅冲压发动机设计有，其实很多发动机中都设计了火焰稳定器。超声速冲压发动机的适应分飞行马赫数为 1～6，常用于超声速靶机和地对空导弹。

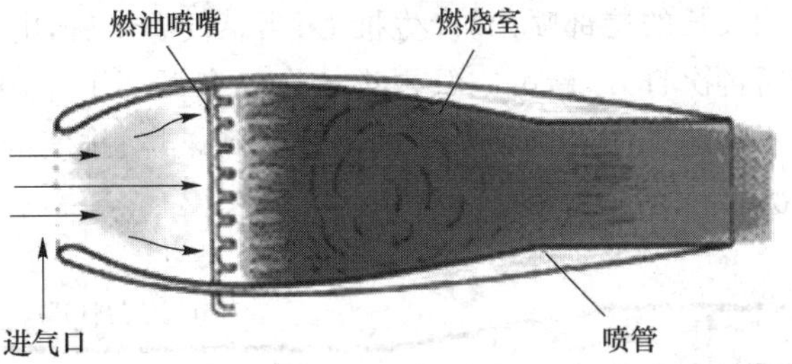

图 6.20　亚声速冲压发动机

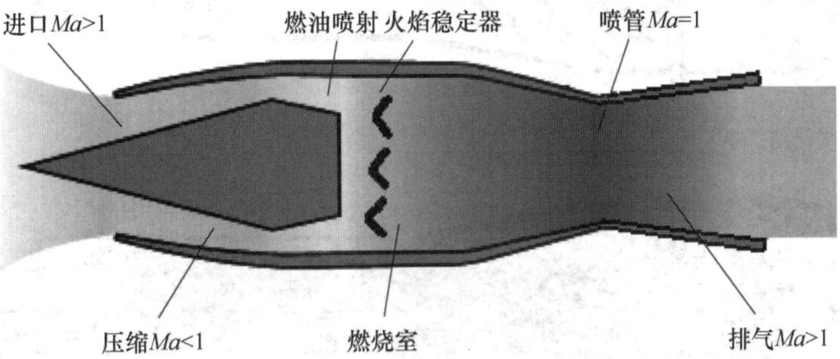

图 6.21　超声速燃烧冲压发动机

高超声速冲压发动机使用碳氢燃料或液氢燃料，燃烧室入口的气流为超声速流，燃烧在超声速气流中进行，尾喷管的形状为扩张形，飞行马赫数可达 5～16，如图 6.22 所示。高超声速冲压发动机燃烧室中静压和静温都较低，所以大大减轻了热传导和结构热负荷，其结构简单、重量轻，但在燃烧室中进行稳定燃烧比较困难，所以有人以“在飓风里点燃一根火柴并保持燃烧”来形容超燃冲压发动机启动成功。2004 年，美国的高超声速无人飞行器 X-43A 飞行试验中，其以飞行马赫数 9.8 飞行了十几秒，该飞行器采用的就是高超声速冲压发动机。

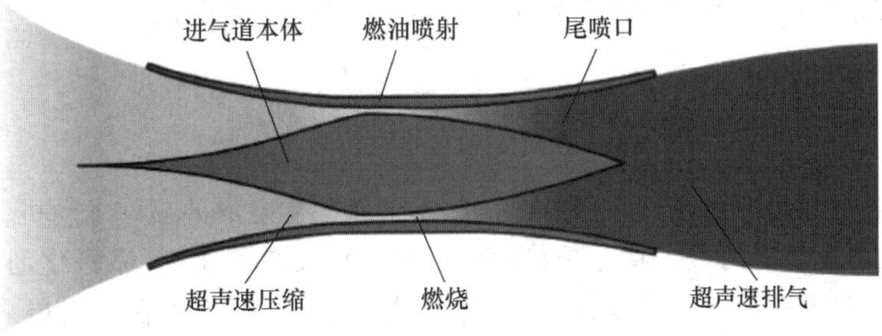

图 6.22　高超声速燃烧冲压发动机

冲压发动机产生的推力与进气速度有关。飞行速度越大，冲压越大，产生的推力也就越大，因此冲压发动机比较适合用于高速飞行。

2. 脉冲喷气发动机

脉冲喷气发动机简称脉冲发动机，由进气道、节气活门、喷油嘴、燃烧室和长长的尾喷管组成，如图 6.23 所示。脉冲发动机工作时，压缩空气打入单向活门，或发动机在空中运动时，便有气流进入燃烧室，然后油咀喷油，火花塞点火燃烧；燃烧后，燃烧室的压力迅速增大将活门关闭，膨胀气体只能从又细又长的尾部喷出，产生推力；当燃气喷出后，由于燃烧室内的压力迅速减小，压差的作用将活门再次打开，新鲜空气再进入燃烧室循环工作，开始第二个循环。这样周而复始，发动机便可不断地工作。这种发动机由进气到燃烧、排气的循环过程进行得很快，1 vs 大约可达 40～50 次。

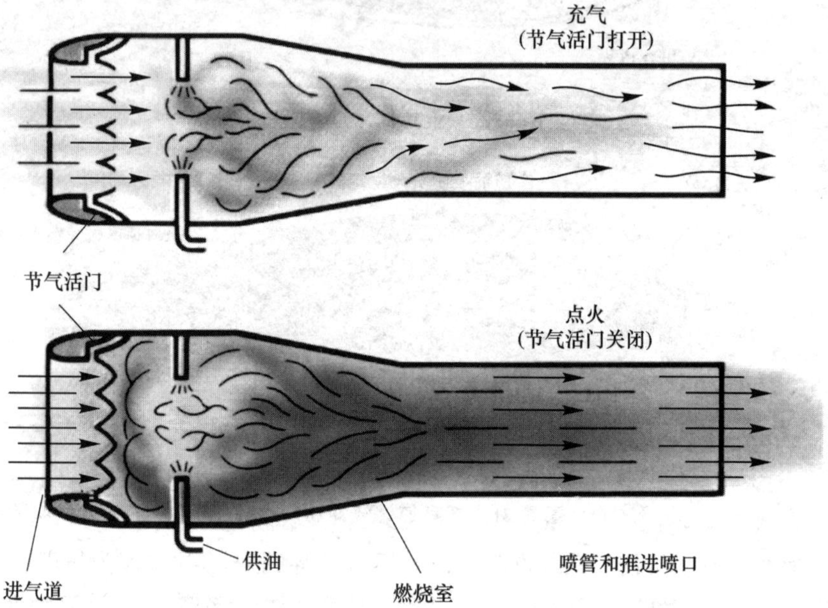

图 6.23 脉冲发动机

根据脉冲发动机活门开闭的形式可分为无阀脉冲发动机和有阀脉冲发动机两类。脉冲发动机在原地可以启动，构造简单，重量轻，造价低。但它只适于低速飞行(速度极限为 640～800 km/h)，飞行高度也有限，单向活门的工作寿命短，加上其振动剧烈，燃油消耗率大等，使得它的应用受到限制。脉冲发动机主要用于靶机、导弹和航空模型。

6.5 火箭发动机

火箭发动机是利用冲量原理，自带推进剂、不依赖外界空气的喷气发动机。同空气喷气发动机相比较，火箭发动机的最大特点是：自身既带燃料，又带氧化剂，靠氧化剂来助燃，不需要从周围的大气层中汲取氧气。所以其不但能在大气层内工作，也可在大气层之外的宇宙空间工作。这是任何空气喷气发动机都做不到的。目前发射的人造卫星、月球飞船以及各种宇宙飞行器所用的推进装置，都是火箭发动机。

最早的液体火箭发动机将高压气体注入燃料和氧化剂的贮箱中，起到了压缩的作用，燃烧室则是将燃料和氧化剂点燃，膨胀的气体从喷嘴喷出做功，如图 6.24 所示。

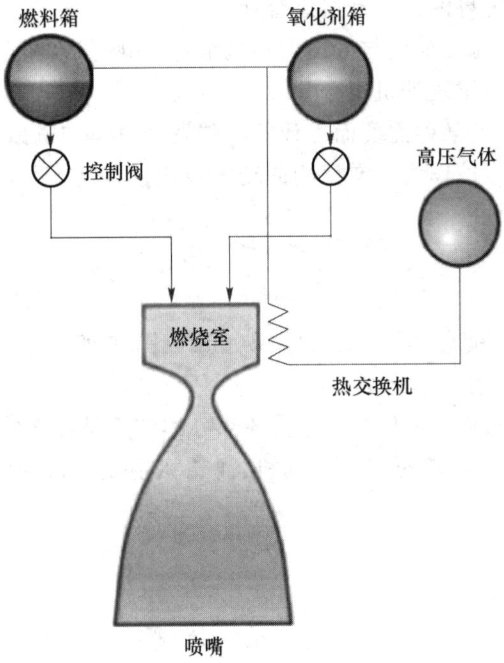

图 6.24　脉冲发动机

后来的火箭更加复杂，开始使用泵来输送燃料和氧化剂，以更好地控制压力和输送速度。这时，火箭发动机也像涡轮发动机一样多了一个与泵同轴的涡轮结构，用部分燃烧气体做的功来推动泵工作。

能源在火箭发动机内转化为工作介质（简称工质）的动能，形成高速射流排出而产生动力。火箭发动机根据形成气流动能的能源种类分为化学火箭发动机、核火箭发动机和电火箭发动机等。化学火箭发动机主要由燃烧室和喷管组成，化学推进剂既是能源也是工质，它在燃烧室内将化学能转化为热能，生成高温燃气，经喷管膨胀加速，将热能转化为气流动能，以高速（1 500～5 000 m/s）从喷管排出，产生推力。化学火箭发动机按推进剂的状态又分为液体火箭发动机、固体火箭发动机和混合推进剂火箭发动机。液体火箭发动机使用常温液态的可贮存推进剂和低温下呈液态的低温推进剂，具有适应性强、能多次启动等特点，能满足不同运载火箭和航天器的要求。固体火箭发动机的推进剂采用分子中含有燃料和氧化剂的有机物胶状固溶体（双基推进剂）或几种推进剂组合的混合物（复合推进剂），直接装在燃烧室内，结构简单、使用方便、能长期贮存处于待发射状态，适用于各种战略和战术导弹。混合推进剂火箭发动机极少使用。

6.6　组合式和特殊发动机

组合发动机就是根据一些特殊需要将两种或两种以上的发动机组合在一起，根据各种发动机不同的飞行范围（高度和速度）和不同的性能特点，将不同类型的发动机组合起来，取长补短，以拓宽发动机的工作范围，满足不同飞行需要。现在的很多高超飞行器既需要低速飞行，又要高超声速飞行，而空气喷气发动机达到实现高超声速的要求，而冲压发动机在低速下又无法满足进气的要求，所以可将两种发动机组合使用。

常用的组合方式有火箭发动机与冲压发动机组合、涡喷发动机与冲压发动机组合，以及涡喷发动机、火箭发动机与冲压发动机组合等。

特种发动机是指为满足某种需要而设计的特殊发动机。如电磁发动机、核能发动机、太阳能发动机等，这些发动机常被作为深空探测的动力装置。在此，不做详细介绍。

思考题

1. 航空航天发动机如何分类？各自的大致适用范围如何？

2. 简述活塞发动机工作原理和特点。

3. 燃气涡轮发动机主要分为几个部分？各部分的作用是什么？

4. 简述涡轮喷气发动、涡轮螺旋桨发动机、涡轮风扇发动机和涡轮轴发动机的特点和主要差别。

第 7 章　飞行器机载设备与系统

各种载人飞行器上的飞行员都需要随时了解飞行器的飞行状态、发动机的工作状态和各个分系统的情况，以便能够安全地按照计划完成飞行任务。各种状态参数的控制、检测、传输和显示等都是通过机载设备来完成的。

机载设备是各种测量传感器、各种显示仪表和显示器、导航系统、雷达系统、通信系统、制导系统、自动控制系统、电源电气系统等设备和系统的统称。机载设备大致可分为航空电子系统、飞行控制系统和机械电子三大领域，军用飞机还有机载武器系统。形象地说，机载设备与系统相当于飞机的感官、大脑、神经和指挥系统。

7.1 航空电子系统

航空电子系统简称航电系统。航电系统担负着采集、信息传输、信息处理等任务。在信息时代，没有先进的航电系统，就没有先进的航空器。现代航电系统体系复杂、设备繁多，不同使命的飞机，航电系统差异很大。典型的航电系统包括显示、通信和导航等分系统，如图 7.1 所示。复杂的航电系统还包括数据传输、任务计算与控制、飞行管理，以及目标探测、目标识别、电子战等分系统。

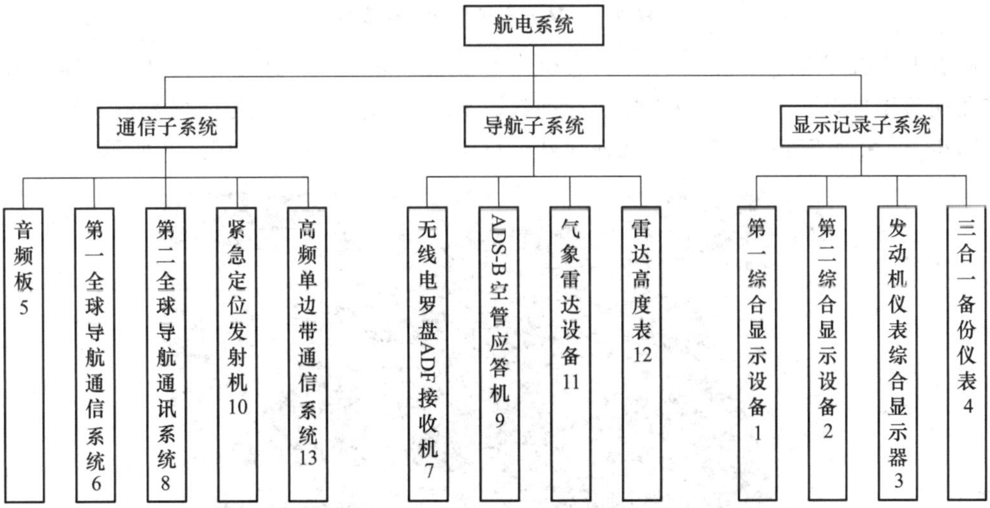

图 7.1　某型小通用飞机的航电系统组成

7.1.1　机载仪表

无论哪个系统，都少不了机载仪表。随着飞机的发展，飞机驾驶员需要了解和掌握的信息越来越多，而这些信息（状态参数）都要通过各种各样的仪表进行显示。

传统的仪表均为机械式、电气式和电动式机械仪表。这些仪表均利用相关部件的相对运动来显示被测参数值,包括刻度盘、刻度带、标记、机械式计数器等形式。虽然机械仪表结构简单,显示清晰,但部件间存在摩擦,影响显示精度,且寿命短,受振动、冲击的影响较大,在低亮度条件下,需要附加照明,不易实现综合显示。

20 世纪 70 年代以前,飞机仪表大多采用机械式显示系统,且大多为单一功能的仪表。现代飞机的仪表非常多,大型运输机上多达 100 种,如果仍使用传统机械式仪表显示系统,将让人眼花缭乱。图 7.2 为某歼击机的驾驶舱仪表板。

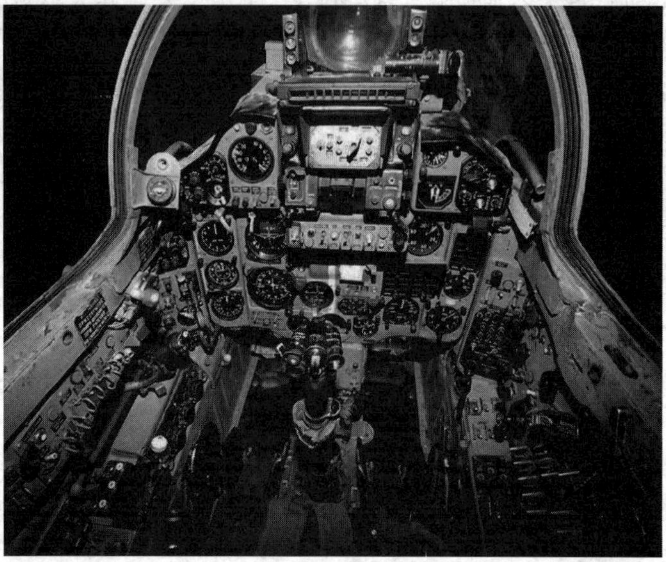

图 7.2　某歼击机驾驶舱仪表板

随着航空技术和电子技术的发展,飞机内的仪表设备也日趋现代化,尤其是屏幕显示仪表的应用明显增加,同一屏幕上所能显示的参数越来越多,这使得驾驶舱内仪表板上的仪表个数极大减少,更加便于驾驶员工作。某现代歼击机电子综合显示系统如图 7.3 所示。

图 7.3　某现代歼击机电子综合显示系统

飞行所需的状态参数可大致归纳为以下几类：

① 飞行参数：飞行高度、速度、加速度、姿态角和姿态角速度等；

② 发动机参数：转速、温度、压力和燃油量等；

③ 导航参数：位置、方向、高度、速度和距离等；

④ 环境参数：座舱温度、湿度、气压、氧含量等；

⑤ 武器系统参数(军机)：目标的距离、速度、高度、雷达警告和攻击警告等；

⑥ 其他系统参数：电源系统参数、设备完好度和结构损坏程度等。

1. 发动机仪表

发动机仪表的功能是测量并指示发动机的工作状态。飞行中，飞行人员通过观察发动机仪表的指示，了解发动机的工作状态，并控制发动机的工作，以便完成各项飞行任务。

(1) 压力表

发动机有燃油系统和润滑系统，驾驶员要随时通过压力表掌握这些系统的压力情况。

压力表实际测量的是流体介质的压强，在工程上常称为压力。测量压力的方法一般分为变形测量和特性参数测量两种。变形测量用膜片、膜盒、波纹管、包端管等弹性元件作为压力敏感元件，在受到流体介质的压力后，这些元件产生变形，将变形产生的位移放大后，转变为指针的指示；也可以通过电位计转变为电压信号，以数字方式显示出来，如图 7.4 所示。特性参数测量用单晶硅膜片、振动膜片、振动筒等作为敏感元件，在其受到压力后，自身的电阻或固有频率发生变化，测量这些变量就可间接得到压力数值，如图 7.5 所示。

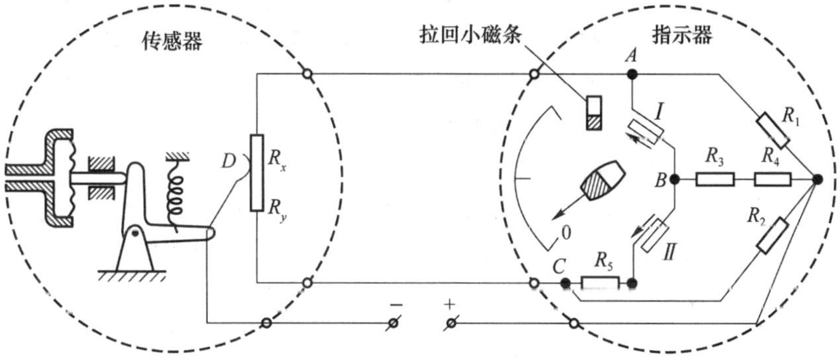

图 7.4　电位计式压力表原理图

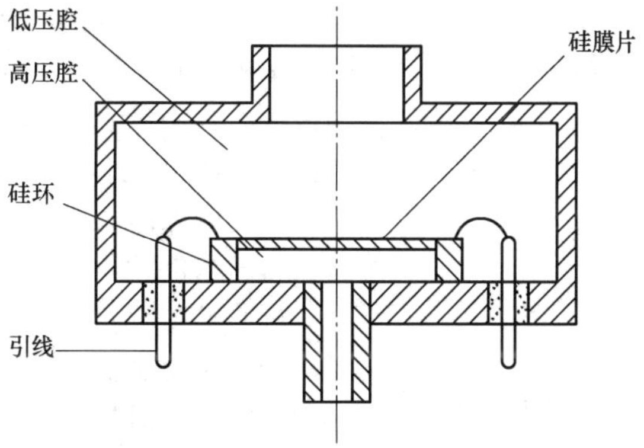

图 7.5　压阻式压力表传感器原理图

(2) 温度表

温度表主要由温度感受部分和指示部分组成。温度感受部分利用感温器感受被测对象的温度,并依据感温器的某些物理量与被测温度之间的单值函数关系,经过转换电路的转换变成易于测量的电压值,然后由指示器进行指示。

飞机上的温度表包括喷气温度表、滑油温度表、燃油温度表、进气温度表,此外还有座舱温度表、大气温度表等。常用的温度表有热电式温度表和电阻式温度表两种。

热电式温度表是利用热电效应来测量温度的仪表。它利用热电偶实现被测温度和热电动势之间的变换,也称为热电偶式温度表,可用于测量较高的温度。热电式温度传感器有两种不同材质的导体 A 和 B,两端连在一起形成回路,由于两端温度不同,就会产生不同的电动势,使回路中形成电流,通过测量电流大小即可转换到相应的温度,如图 7.6 所示。

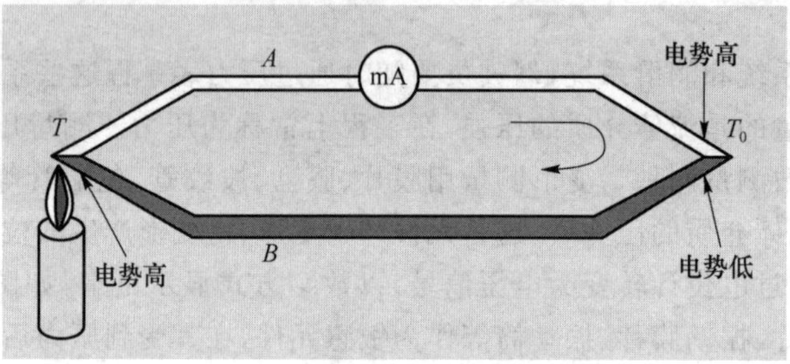

图 7.6　热电式温度传感器原理图

电阻式温度表是利用导体或半导体的电阻随温度而变化的特性制成的仪表。它利用电阻去感受被测温度,将温度的高低转换成电阻值的大小。电阻式温度表在飞机上主要用于测量较低的温度,尤其适用于精度要求较高的测温场合。

(3) 转速表

转速表用于测量喷气发动机的涡轮轴转速或活塞发动机的曲轴转速。转速是发动机的一个重要参数,通过测量转速,可以了解发动机的功率和推力,可以确定发动机所承受的负荷。目前飞机上使用较多的是磁电式转速表。

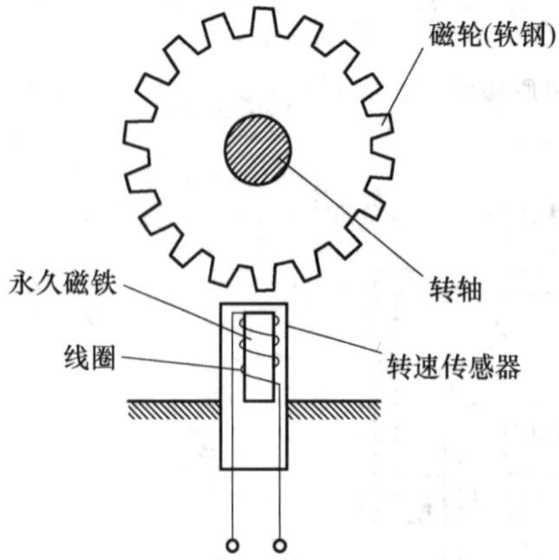

图 7.7　磁电式转速传感器原理图

磁电式转速传感器由永久磁铁、线圈、磁盘等组成,其原理如图 7.7 所示。在磁盘上加工有齿形凸起,磁盘装在被测转轴上,与转轴一起旋转。当转轴旋转时,磁盘的凹凸齿形将引起磁盘与永久磁铁间气隙大小的变化,从而使永久磁铁组成的磁路中磁通量随之发生变化。有磁路通过的感应线圈,当磁通量发生突变时,会感应出一定幅度的脉冲电势,根据电动势变化的频率即可获得转速值。

(4) 油量表

油量表用来测量和指示飞机油箱内燃油的容积或重量。油量表有浮子式和电容式等不同形式，如图 7.8 所示。

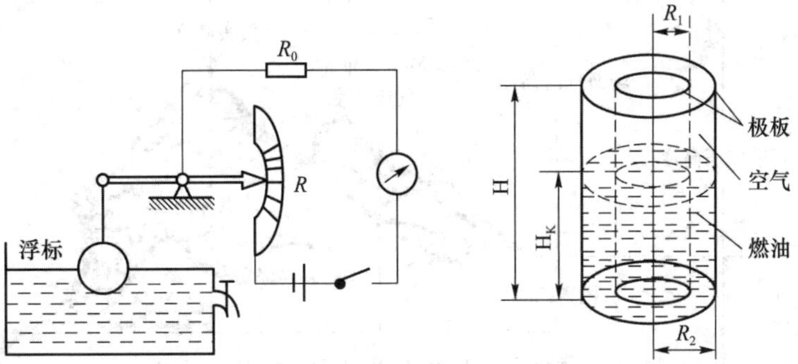

(a) 浮子式油量表示意图　(b) 电容式油量表示意图

图 7.8　油量表原理图

浮子式油量表利用液面高低改变浮标高度，从而带动杠杆和滑块，改变可变电阻的阻值，并根据阻值将油量对应显示在油量表上。

电容式油量表利用电容器的电容量随油箱液面高度变化来测量油量的仪表。其由电容式传感器和伺服指示系统组成。传感器是由数个同心圆筒形极板组成的电容器，垂直地插入油箱，燃料的介电系数大于空气的介电系数，油箱内燃料高度变化时电容量也相应的变化，经伺服指示系统变换成相应的电信号，指示相应的油量值。电容式油量传感器无机械活动和电接触部件，工作可靠，测量精度较高。

(5) 发动机推力表

发动机推力表是显示涡轮喷气发动机功率的仪表，它与转速表共同反映发动机的功率。其作用主要是帮助驾驶员调节油门，以保持发动机应有的推力。

发动机推力表一般都是通过测量发动机的进口压力与涡轮的出口压力的压力比或压力差来反映推力的，所以这种仪表又称为压力比表或压力差表。

2. 飞行状态参数仪表

飞行高度、速度、马赫数、高度、加速度、升降速度等都是重要的飞行参数。测量这些参数，对于准确判断飞行状态和正确操纵飞机有着十分重要的意义。

(1) 高度表

飞行高度指的是飞机的重心与某一基准面之间的垂直距离，它是主要的飞行参数之一。高度表一般包括气压式高度表和无线电高度表。飞机的高度按照基准不同可分为不同的高度，如图 7.9 所示。

① 气压式高度表：通过测量大气压力来间接测量高度的仪表(在标准大气中气压与高度具有一一对应的关系)。根据大气压力大小，真空膜盒会产生鼓胀，由此通过连杆带动指示器偏转，以此指示高度，如图 7.10 所示。但这种气压式高度表有两个缺点：一、选定的基准面不同，所测出的高度也不同；二、无法在飞行中时刻指示出飞机的真实高度。

② 无线电高度表：由雷达收发机、收发天线、显示器等组成，是通过测量电磁波发射信号相对于地面反射信号之间的时间间隔来获得高度读数的，如图 7.11 所示。这里测得的是飞机的真高，即飞机距地面的真实距离。

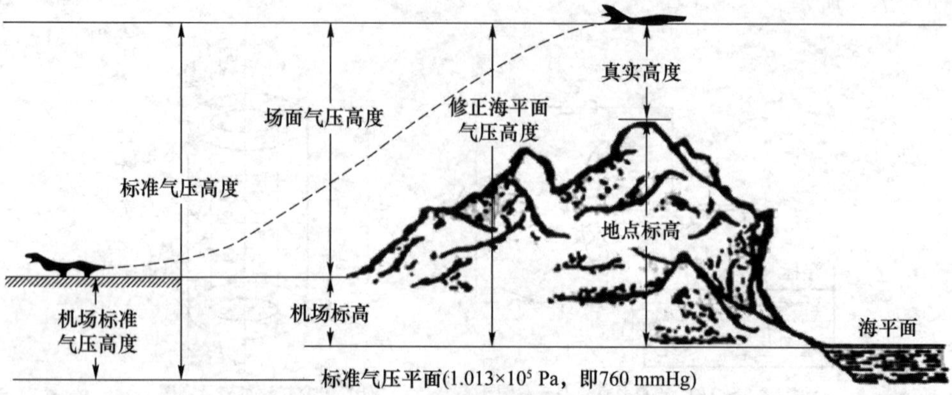

图 7.9　不同高度示意图

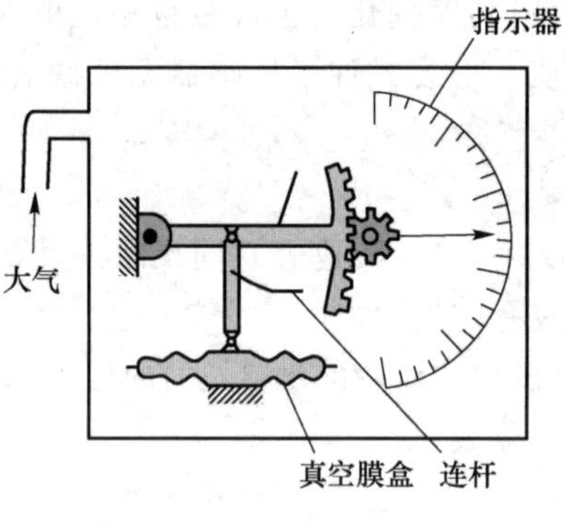

图 7.10　气压式高度表原理图

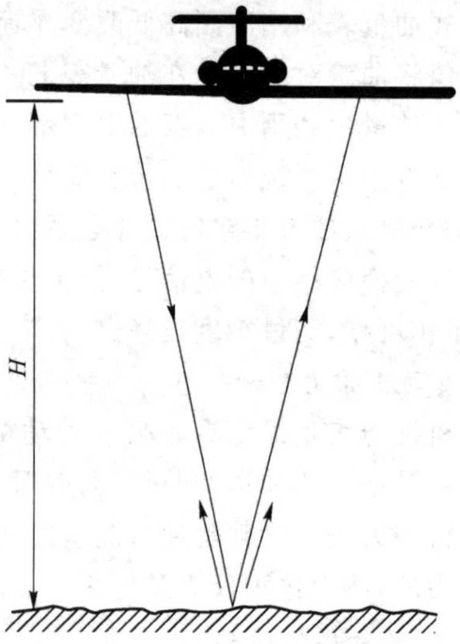

图 7.11　无线电测高原理图

(2) 速度表

飞行速度指的是沿飞机重心运动轨迹切线方向的速度。飞机的飞行速度分空速和地速。空速是飞机相对于空气的运动速度，而地速是飞机相对于地面的运动速度。通常地速矢量是空速矢量与风速矢量的矢量和。对于高速飞行的飞机，除了需要测量空速外，还需要测量马赫数(Ma)。

气压式空速表是最常用的空速表。飞机通过指向正前方的空速管获得全压和静压，间接获得动压，再通过动压和空速的关系获得空速，如图 7.12 所示。测速时，头部对准来流，头部中心处小孔(总压孔)感受来流总压 P_0，经内管传送至压力计。头部后约 3～8D 处的外套管壁上均匀地开有一排孔(静压孔)，感受来流静压 p，经外套管也传至压力计。由此即可获得动压$\frac{1}{2}\rho v^2$，如果空气密度 ρ 取标准海平面的密度，得到的空速称为指示空速。飞行过程中迎角一定时，升力和阻力的大小直接取决于动压。因此，只是空速对保证飞行安全，防止失速至关重要，尤其是在起飞和着陆飞行阶段。气压式空速表的原理和气压式高度表的原理完全一样，只是最终的读数根据动压和速度的关系进行对应而已。

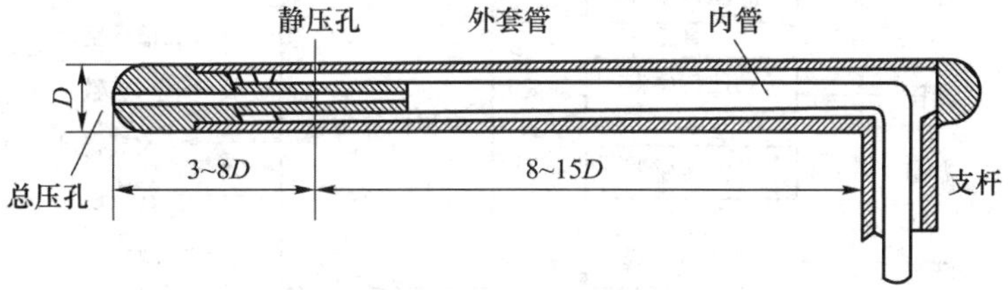

图 7.12　空速管原理图

但考虑飞机的实际飞行环境并非在标准环境中，因此，指示空速并非真实的空速。采用组合式空速表，经过内部一套机构的修正，可以对其进行修正。组合式空速表有两个表针，分别表示指示空速和真实空速。

如果考虑空速管不一定正对气流而产生的误差，在飞行中可根据迎角和侧滑角的测量值来进行修正，但指针式气压空速表本身没有这个功能。

空速表得到的是相对空气的速度，对于有风的环境，要得到相对地面的速度，还要通过其他测量手段，如利用加速度积分法或无线电多普勒效应来实现。

马赫数是真空速和当地声速的比值。当跨声速飞行中的飞行速度接近声速时，其首先达到它临界的马赫数，其中流过其表面的低压区域的空气局部达到声速，形成冲击波，阻力将剧烈增加，影响飞机的稳定性和操纵性，甚至发生激波失速。该条件的指示空速随环境温度变化，而环境温度随高度变化。因此，指示的空速不足以警告飞行员即将出现的问题。马赫数更有用，并且大多数高速飞行器受限于最大工作马赫数。马赫数测量系统由总压（或动压）、静压测量系统以及模拟式或数字式函数解算装置组成。随着现代计算机的飞速发展，马赫数的解算方法也多样化，目前最常用的方法是插值法。此外还有迭代法和泰勒级数展开法。

一些旧的机械式马赫表使用高度表和空速表膜盒一起将皮托-静压力转换为马赫数，这种马赫表存在仪器误差和位置误差。现代电子式马赫表使用来自空气数据计算机系统的信息，该系统使用来自皮托-静态系统的输入进行计算。一般飞行马赫数超过 0.6 的飞机上都装有用于测量马赫数的马赫表。

有时飞行员还需了解飞行的垂直速度，特别是飞机下降阶段，接近地面处尤为重要，因为在低空时，下降速度过大，会有撞地危险。气压式升降速度表可以通过气压的变化间接测量升降速度。

(3) 大气数据系统

现代飞机的飞行控制系统、发动机控制系统、导航系统、各种参数的显示系统均需要各种准确的参数，但飞机能够测量的主要参数只有空气的总压、静压、总温等。实际上，动压、高度、速度等都是总压、静压和总温的函数。如果仅采用气压式空速表等单个传感器和仪表系统，分别提供这些信息，不仅要增加体积、重量和成本，而且难以保证数据的精度，还增加了维修困难。

在输入了总压、静压、总温和迎角等少数几个原始参数后，经过自动计算就可以输出许多参数，但最基本的有 6 个，即高度、指示空速、马赫数、大气静温、大气密度和真空速，其他参数则可由此派生。大气数据系统又称为大气数据计算机或高度速度中心仪。它是一种综合性高精度的自动计算装置，其核心部件为模拟计算装置（大气数据计算机），如图 7.13 所示。

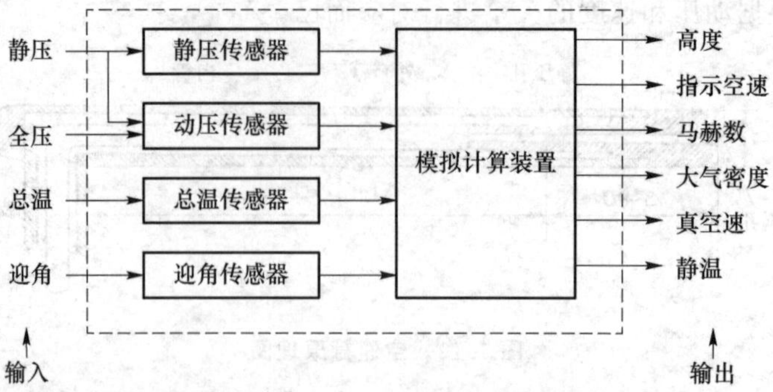

图 7.13　大气数据系统

(4) 飞行姿态参数表

飞机的姿态参数是相对于大地坐标系的,与气流方向无关。飞行姿态参数包括俯仰角、偏航角、滚转角。姿态角由陀螺仪以及由陀螺仪和其他传感器组成的仪表来测量并显示。

陀螺仪简称陀螺,又称为角速度传感器,用于测量、控制物体在相对惯性空间中角运动的惯性检测性器件。陀螺仪是用高速回转体的动量矩敏感壳体在相对惯性空间绕正交于自转轴的一个或两个轴的角运动检测装置,如图 7.14 所示。

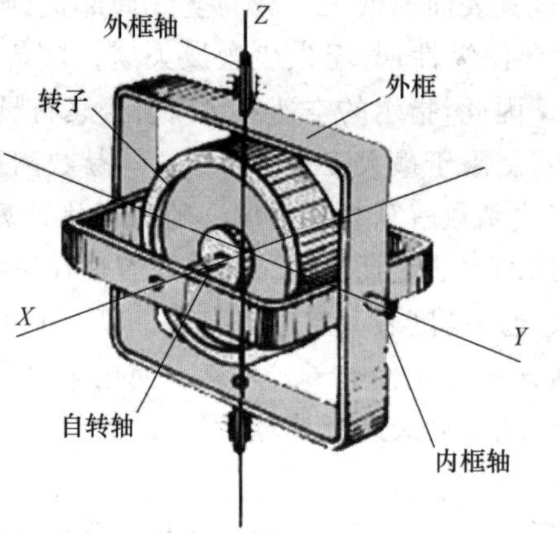

图 7.14　陀螺仪基本构造

陀螺仪高速旋转的转子具有两个重要的物理特性,一是定轴性,二是进动性。

定轴性也称陀螺的稳定性,指的是当陀螺旋转时,能保持其自转轴在空间的方向不变的特性。转子的转动惯量越大,稳定性越好;转子角速度越大,稳定性越好。由此,将陀螺仪固定在飞机上随飞机一同运动,由于转子的定轴性,即可通过测量转子轴与基座的夹角,来确定飞机的姿态角。

进动性指的是当陀螺旋转时,在外力矩作用下,转子的自转轴总是力图使其沿最短的路径趋向外力矩的作用方向。

由于陀螺仪隔环之间存在摩擦力矩(外力矩),使陀螺产生进动,影响陀螺仪的定轴性。实际上,可采取很多措施使陀螺仪尽量减小机械摩擦,以提高陀螺精度。

陀螺地平仪是测量飞行器俯仰角和滚转角的仪表。陀螺地平仪的功用是在飞机上建立一个精确而稳定的垂直或水平基准，用来测量飞机的俯仰角和倾斜角。陀螺地平仪由双自由度陀螺仪、摆式敏感元件、力矩电机和指针刻度盘等组成，如图 7.15 所示。

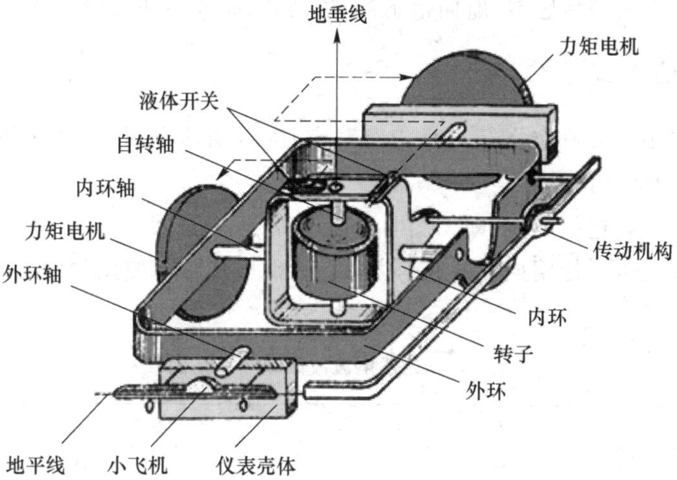

图 7.15　陀螺地平仪

陀螺仪将转子轴稳定在地垂线上，但其不能自动找到地垂线，因而采用摆式敏感元件提供水平基准。当发生偏移时，摆式敏感元件发出信号，驱动力矩电机进行修正内外环的偏差。

陀螺地平仪的飞机标志（相当于指针）和地平线指标连接在外环上，垂直指标连接在内环上。由于转子轴方向不变，因此当飞机转动时，与飞机外壳固定在一起的刻度盘将随之一起转动。由此，飞机标志相对于俯仰刻度盘就可指示俯仰角度，而垂直指标相对于垂直刻度盘指示滚转角度。其中，俯仰角指飞机纵轴与地平面之间的夹角；滚转角指飞机对称面与通过纵轴的铅垂面之间的夹角，也就是飞机绕纵轴转动的角度。

航向指的是飞机重心的运动轨迹与某一基准线之间的夹角，它是主要的飞行参数之一。飞机上所用的指示航向的仪表主要有：磁罗盘、航向陀螺仪、陀螺磁罗盘和航向系统等。

磁罗盘是一个简单的自主式的利用磁引力特性工作的仪表，用于测量飞机的磁航向。磁罗盘的优点是构造简单，指示不需电源，在非磁矿地区上空平直飞行时，指示稳定、准确、可靠。但磁罗盘的指示不仅受外界磁场的影响，而且也受飞机飞行姿态和速度的影响。磁罗盘的感受元件是水平支撑起来的磁条，磁条上固定一个 0～360°的刻度环，并使磁条与 0～180°(N-S)刻度线一致，同时用航向标线代表飞机纵轴。飞机的磁航向由航向标线所对准的刻度读取。

由于地球地磁的南北极和地理的南北极并不重合，因此，磁航向和真航向之间存在一定的偏差，称之为磁偏角。磁偏角在地球各地是不一样的，在专用的导航地图中都标有所在地的磁偏角。飞机的真实航向角等于磁航向角与磁偏角的代数和。

航向陀螺仪是利用陀螺的定轴性工作的仪表，它可以测量飞机的转弯角度，经人工校正后还可以指示飞机的航向，但它不能独立地测量航向，必须与其他罗盘配合进行工作，因此称为陀螺半罗盘，也称为陀螺方向仪。

陀螺磁罗盘是在磁罗盘和航向陀螺仪结合的基础上发展起来的一种性能较为良好的罗盘，它兼有二者的优点并弥补各自的不足，既能准确地指出飞行方向，又能测量飞机的转弯角度。

航向系统指的是由两个以上不同原理的罗盘所组成的测量航向的系统，也称罗盘系统。它不仅可以向飞行人员提供目视航向信号，而且还可以向其他有关设备提供航向电信号。

航向系统主要由航向传感器、航向指示器、控制盒、放大器和无线电罗盘等组成。

7.1.2 机载通信系统

通信系统主要用于飞机在飞行过程中空对空、空对地的联络，一些飞机上还包括机内通话、广播和驾驶舱内话音记录等。

飞机通信设备主要包括三类，即无线电通信设备、机内通话设备和飞机事故调查设备。

无线电通信是飞机上使用最多的通信方式。无线电通信所使用的电磁波波段和频率范围见表 7.1。

表 7.1 无线电波波段和频率范围

粗分波段	细分波段/波长范围	频段/频率范围
超长波	10～100 km	甚低频/30～3 kHz
长波	1～10 km	低频/300～30 kHz
中波	200～1 000 m	中频/1 500～300 kHz
短波	50～200 m(中短波)	中高频/6 000～1 500 kHz
	10～50 m(短波)	高频/30～6MHz
超短波	1～10 m(米波)	甚高频/300～30 MHz
微波	10～100 cm(分米波)	特高频/3 000～3 00 MHz
	1～10 cm(厘米波)	超高频/30～3 GHz
	1～10 mm(毫米波)	极高频/300～30 GHz
亚毫米波	1 mm 以下(亚毫米波)	超级高频/300 GHz

机载通信系统分为民用航空通信系统和军用航空通信系统。

民用航空通信系统用于飞机与地面之间、飞机与飞机之间的通信联络，也可用于机组人员之间的通话、广播、话音记录，以及向旅客提供娱乐视听信号等，主要有甚高频通信(VHF，超短波)、高频通信(HF，短波)、选择呼叫(SELCAL)和声频系统四类。

军用航空通信系统在抗干扰、抗毁坏、机动性、灵活性，以及保密性等方面有更高的要求。其使用的无线电频段通常分为短波(高频)通信、超短波(甚高频、特高频)通信和微波(L 波段、S 波段、K 波段)通信。

高频通信(HF)是一种距离可达数千千米的远程通信系统，用于远程飞行时的通信联络。大型飞机上通常装有两套 HF 系统。短波电台频段 2～30 MHz，发射功率为 100 W，频道间隔 1 kHZ，采用点边带(SSB)工作方式。HF 通信利用天波传输，通信距离较远，但易受无线电干扰和太阳黑子影响，通信质量不高、可靠性差，可用频道少。

甚高频通信(VHF)属于近距通信，是应用最广泛的机载通信系统之一。飞机上都装备了 VHF 电台，大型飞机装备多部电台。VHF 电波直线传播，通信方位限于视距，由于地球曲率影响，视距与飞行高度有关，在 10 000 m 高空，视距约为 400 km。民用 VHF 电台使用频段为

118～136 MHz，频道间隔为 25 kHz，VHF 电台采用调幅体制和半双工方式，发射功率一般为 10 W 左右。

特高频通信(UHF)主要为军用，频段为 225～400 MHz，频道间隔为 25 kHz。通信半双工调幅，发生功率为 10 W 左右。

7.1.3　雷达系统

雷达，是英文 Radar 的音译，源于 radio detection and ranging 的缩写，意思为“无线电探测和测距”，即用无线电的方法发现目标并测定它们的空间位置。因此，雷达也被称为“无线电定位”。雷达是利用电磁波探测目标的电子设备。雷达在飞行器上的应用很多，如搜索雷达、气象雷达、地形匹配雷达、火控雷达等。

雷达的基本原理是向空间发射电磁波，对目标进行照射并接收其回波，由此获得目标至电磁波发射点的距离、距离变化率(径向速度)、方位、高度等信息。根据雷达接收回波信号的方式可分为一次雷达和二次雷达。其中，一次雷达指接收自身发射电波的反射波信号，又称无源回答雷达；而二次雷达是接收目标接收到电波后主动向雷达发射的应答信号，又称为有源回答雷达。

简单的雷达由发射机、收发开关、天线、接收机、信号处理器和显示器等组成，其基本原理如图 7.16 所示。

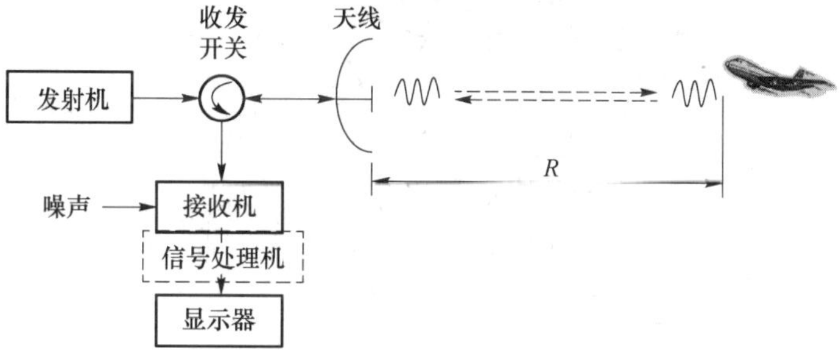

图 7.16　雷达基本原理

雷达测距是通过测量天线至目标间无线电波往返的时间来实现的。但当两个目标距离很近时，回波时间就很难分辨，这就涉及雷达的距离分辨率。分辨率与雷达脉冲宽度有关，当脉冲宽度为 1 μs 时，两个目标距离至少 150 m 才能较好区分，那么距离分辨率就是 150 m。要提高距离分辨率，可采用减小脉冲宽度和增加发射信号的频谱宽度(信号占据的频率范围)，通过脉冲压缩技术来解决。

雷达的角度分辨率是在一定距离内分辨物体大小的能力。角度分辨率取决于雷达发射波速的尖锐程度，这一尖锐程度主要由天线直径与波长的比值来决定。为了提高角度分辨率，可以加大天线口径或缩小波长。但由于尺寸的限制，增加天线口径比较困难，但缩小波长，大气对电波的吸收和散射所引起的能力损失也会加大。另外，缩小波长，对天线的加工精度要求也会越高。

为进一步提高角度分辨力，目前广泛采用合成孔径雷达技术。所谓合成孔径雷达(SAR)

就是利用一个小孔径天线通过雷达与目标的相对运动并辐射相参信号，把在不同位置接收的回波进行相干处理，合成一个虚拟的大孔径天线，以获得较高分辨率的成像雷达。合成孔径雷达可分为聚焦型和非聚焦型两类。

早期的雷达扫描是利用天线回转来实现的，天线的旋转依靠机械系统控制。这种雷达天线扫描速度慢、精度低，难以实现现代高速飞行器的跟踪。随着电子技术的发展，出现了相控阵雷达。

相控阵雷达的天线是平板状的，其上分布着许多小天线。小天线按一定的规则排列，组成天线阵列，如图 7.17 所示。每个小天线发射的无线电波相位可以各不相同，所有小天线的雷达波速在空间形成一个或多个波束，合成的波束形状可以任意控制，并可按照一定的规律在空间进行扫描。相控阵列雷达避免了机械扫描速度慢、滞后和精度低的问题，并可以同时搜索和跟踪多个目标。

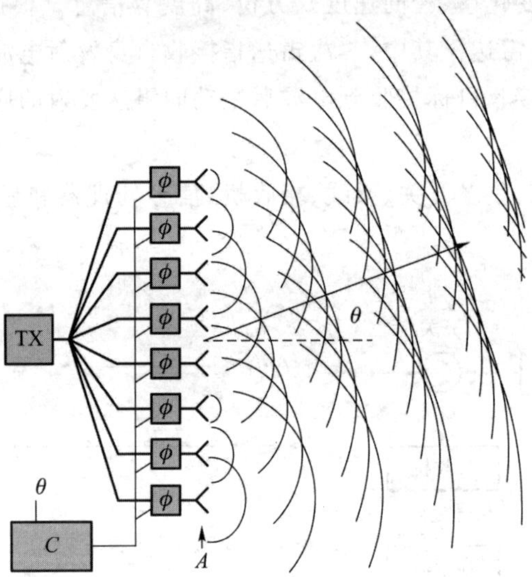

图 7.17　相控阵雷达基本原理

7.1.4　机载导航系统

导航是将飞行器从一个地方引导到另一个地方的过程。目前常用的导航方式有无线电导航、惯性导航、卫星导航、图像匹配导航和天文导航等。飞行器在飞行过程中需要测定其位置、距离、航迹、飞行速度、高度和方向的导航参数。

1. 无线电导航系统

无线电导航系统的任务就是由地面导航台发射无线电波，在飞机上通过接收设备确定飞行器相对于导航台的方位和距离等参数，并通过显示系统为飞行员提供飞行参考数据，或通过电气信号，提供给自动驾驶系统，以完成航向、航向修正、自动着陆等任务。

无线电导航系统使用的无线电波通过直接传播或大气电离层反射传播，很少受气候条件的限制，并且作用距离远、精度高、设备简单可靠，所以是飞机导航的主要技术手段之一。特别是在夜间或复杂气象条件下保证飞行器的安全着陆，无线电导航设备是必不可少的导航工具。

根据导航方式的不同，无线电导航可分为侧向导航、测距导航、测距差导航及测速导航等几种类型。

(1) 无线电侧向导航系统

无线电侧向导航系统简称侧向系统，包括两种形式，即自动侧向器和全向信标系统。

无线电自动定向器又叫无线电罗盘，简称 ADF，它实际是一个装有定向天线的无线电信号接收机，所以它所指示的是相对于它所调谐到的无线电波的方向。只要飞机处于地面定向台的作用范围内，机载定向仪就可较准确地测定电台的方位，并由驾驶舱内的指示器指示出来，如图 7.18 所示。

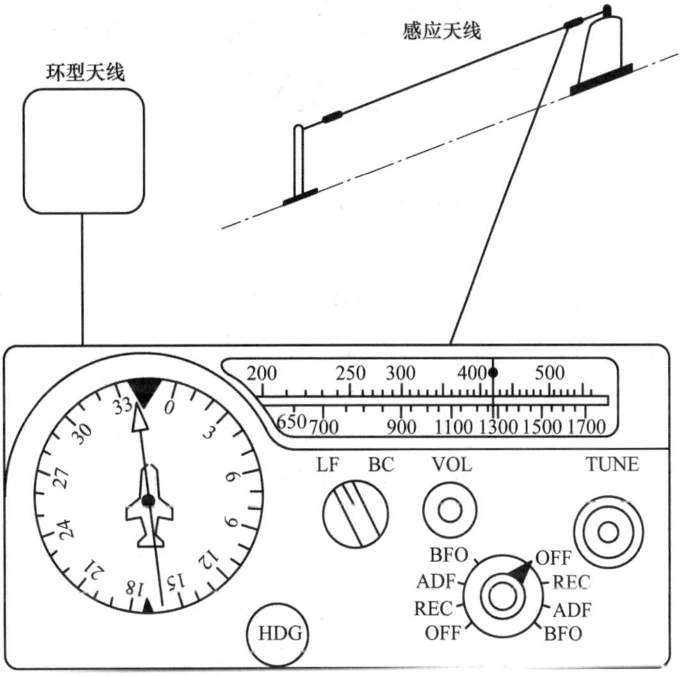

图 7.18　ADF 原理示意图

ADF 的无线电频率为 150 kHz～2 MHz，属于中长波段，作用距离约为 300 km。这一波段的无线电波容易受地形、时间和季节等因素的影响，而造成测量误差。并且只能测量飞行器轴向相对于导航台的方位，要想知道飞机对地球北极的方位，还需要其他的导航方式提供航线基准。

全向信标系统是一种相位式近程甚高频导航系统，简称 VOR。全向信标系统由地面全向信标导航台向空中提供以其为圆心的径向无线电航道，以便航路上的飞机确定相对于地面台的方位。这个方位是以磁北为基准的，通过直接读出电台的磁方位角来确定飞机所在的位置，如图 7.19 所示。

VOR 导航是一种侧向导航，只能确定飞机相对于导航台的方位，如果要进一步确定飞机的位置，可以设置两个导航台，根据两个导航台的位置计算出飞机的位置。

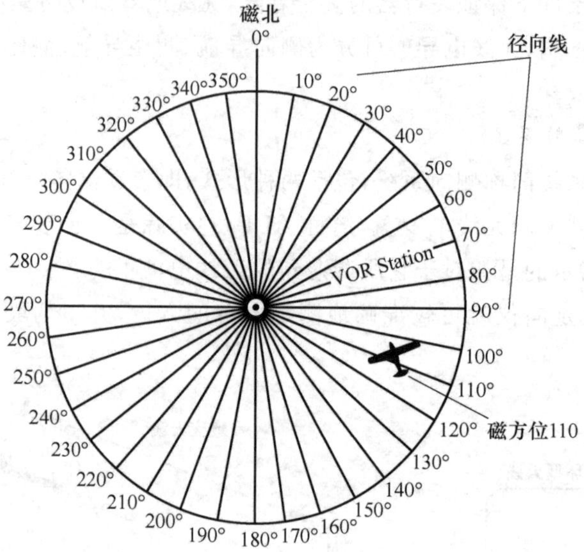

图 7.19 VOR 原理示意图

(2) 无线电测距导航系统

无线电测距导航系统就是利用无线电波的传播时间来计算飞机与地面导航台的距离的，但这个距离是实际距离。如要确定飞机到导航台的水平距离，还需要通过飞行高度进行计算。

测距仪(DME)系统是典型的无线电测距系统。DME 的工作频率为 962～1 213 MHz，由飞机上的询问器发射信号脉冲，地面导航台接收到询问器脉冲，经检验后，发射应答脉冲，飞机通过测量询问脉冲到应答脉冲的时间，即可得到其到导航台的真实距离，然后再根据飞行高度，即可得到水平距离。

(3) 无线电导航系统

获得了飞机的方向和距导航台的距离，就可以对飞机进行导航了。同时实现侧向和测距导航的系统通常有三种，即罗兰系统、塔康系统和奥米加系统。

测距差导航系统是利用两个以上导航台，通过测距来确定飞机的具体位置的导航系统。其原理是每个导航台发射的脉冲信号的时间间隔始终保持不变(脉冲同步)，或发射的电波的相位保持不变(相位同步)，由此，飞机的机载计算机就可以根据各导航台信号的时间差或相位差计算出到两导航台的距离差，从而获得飞机的位置。但光靠两个导航台的距离差会得到两个位置，如增加到三个或三个以上的导航台，即可获得飞机所在的准确位置。由于据两个导航台距离差不变的点的轨迹是以导航台为焦点的双曲线，因此，测距差无线电导航系统又称为双曲线导航系统。

在测距差导航系统中，根据测定参数的不同，又分为测定脉冲时间差的罗兰 A 系统、测定连续正弦波相位差的奥米加系统，以及既测时间差又测相位差的罗兰 C 系统和罗兰 D 系统。

如果 DME 系统既通过应答信号得到距离，又对应答脉冲的波形进行测量并通过波形获得方向，即可同时完成测距和测向任务，从而确定飞机的位置。这类系统又称为塔康系统。

2. 惯性导航系统

惯性导航系统(INS,简称惯导系统)是利用加速度计测量飞行器的加速度并自动进行积分计算,获得飞行器瞬时速度和位置的导航系数。

惯性导航系统是目前大型飞机所使用的远程导航系统,这是一种不需地面导航台的自主式导航系统。惯性导航系统基于测量飞机的加速度而导出飞机的姿态、速度、航向等导航参数。

惯性导航系统主要由惯性敏感元件(加速度计)、角度测量设备(陀螺仪)、数字计算机和显示设备等组成,如图 7.20 所示。3 个自由度陀螺仪用来测量飞行器的 3 个转动运动;3 个加速度计用来测量飞行器的 3 个平移运动的加速度。计算机根据测得的加速度信号进行积分,计算出飞行器的速度和位置数据,并控制显示器显示各种导航参数,实现功能。组成惯性导航系统的设备都安装在运载体内,工作时不依赖外界信息,也不向外界辐射能量,不易受到干扰,是一种自主式导航系统。

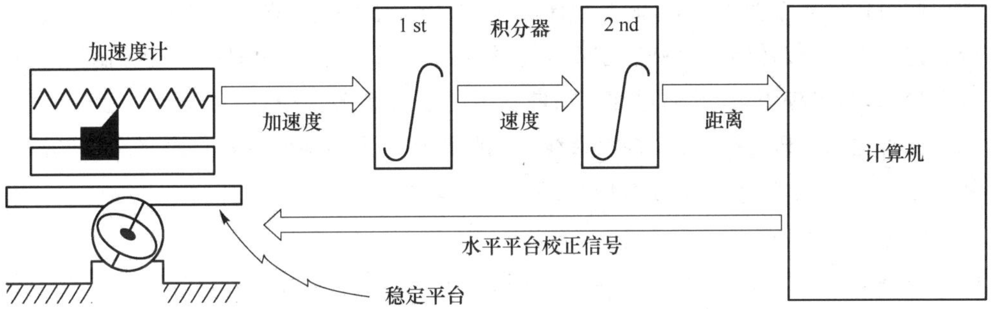

图 7.20　惯性导航系统示意图

图 7.20 所示为单自由度惯性导航系统。如果采用平面直角坐标系的两自由度导航系统,则可进行平面导航,但这是假设地球表面为平面时得出的结果。实际上地球是一个非标准的椭球形,因此,实际的惯性导航系统需要根据飞机所在位置的经纬度信息进行换算,才能得到真实的位置信息。此外,如果采用三轴惯性导航系统,还可得到高度参数信息。

上述导航系统是建立在机电陀螺平台上的,所以又称为平台式惯性导航系统。如果取消陀螺平台,而将三个加速度计直接安装在飞机上,并与三个机体坐标轴重合,同时安装绕三轴的角速度陀螺,同样可以实现惯性导航功能,这类惯性导航系统称为捷联式惯性导航系统。

与平台式惯性导航系统相比,捷联式惯性导航系统的构造更简单、质量更轻、性能可靠度更高,且便于维护。由于加速度计安装在机体上,要求它具备更好的抗冲击振动性能,对角速度陀螺的要求更高;由于要通过计算机建立数学模型代替机电平台,因此运算量更大,对机载计算机的要求更高。

惯性导航系统工作时不依靠外界信息,也不需要向外发射信号,因而不易受到外界干扰,是一种自主导航方式。但也存在一些问题,由于导航信息通过积分得到,每次使用前的初始状态需要进行校准,而且这种误差会随时间的增加而增大,长时间连续导航会影响导航精度。

3. 卫星导航系统

卫星导航系统(SNS)是一种特殊的无线电导航系统，即使用导航卫星替代地面导航台的导航方式。由于卫星位置高，信号覆盖面宽，因而比地面导航更容易实现全球导航定位。目前世界上较为完备的卫星导航系统包括：美国的卫星全球定位系统(GPS)、俄罗斯的全球导航卫星网(Glonass)、欧洲空间局的“伽利略”导航卫星系统和中国“北斗”导航卫星系统等。卫星导航系统包括导航卫星、地面站组和用户设备三大部分。

(1) 美国 GPS 系统

GPS 系统于 20 世纪 70 年代开始研制，1994 年完成建设。

GPS 系统由 21 颗主星、3 颗备份星，共 24 颗导航卫星组成，分布在与地球赤道成 55°夹角的 6 个轨道平面内，轨道高度为 20 000 km。每条轨道上有 4 颗卫星，每颗卫星的运行周期约为 12 h，以保证任一时刻、任一位置的地球表面上仰角 7.5°的空间范围内至少有 4 颗导航卫星，定位精度可达厘米级。

地面站组包括 4 个监控站，1 个上行注入站和 1 个主控站。监控站检测卫星及气象等数据，并经初步处理后传送给主控站。主控站汇集所有数据后进行运算处理，计算出卫星圆形轨道参数的变化，给出校正量，并通过注入站向各卫星注入信息(每天一次)。

用户设备包括 GPS 接收机和接收天线。接收机通过天线接收卫星信息，经过运算处理得到导航信息，并在显示器上显示导航信息。

(2) 俄罗斯 Glonass 系统

Glonass 项目由苏联于 1976 年启动，20 世纪 80 年代开始部署，1996 年 1 月投入使用。Glonass 系统同样由 21 颗工作卫星和 3 颗备用卫星组成。24 颗卫星分布在 3 个近圆形的轨道平面内，3 个轨道两两相隔 120°，每个轨道面有 8 颗卫星，同平面内的卫星相隔 45°，轨道高度为 19 100 km，轨道角为 64.8°，运行周期为 11.4 h。定位精度为 5～6 m。

(3) 欧洲“伽利略”系统

“伽利略”计划于 2002 年开始启动，2018 年全部卫星发射完成并组网，但由于种种原因，服务时断时续。2023 年 1 月宣布由 28 颗卫星组成的“伽利略”全球导航卫星系统高精度定位服务(HAS)已启动。“伽利略”系统由 30 颗卫星构成，原计划包括 27 颗工作星和 3 颗备用星，后又经过多次调整。2021 年在第十三届欧洲太空会议上提出卫星系统最终将从 26 颗增加到 30 颗。这些卫星分布于 3 个轨道面内，轨道高度为 24 126 km，轨道角为 56°，运行周期为 14h04min，定位精度不超过 1 m。商用服务开通局域增强服务时，其定位精度误差为 10 cm。该系统设有两个地面控制中心。

(4) 中国“北斗”系统

我国自 20 世纪 80 年代开始探索适合国情的卫星导航系统发展道路，逐步形成了三步走发展战略：2000 年底，建成“北斗”一号系统，向中国提供服务；2012 年底，建成“北斗”二号系统，向亚太地区提供服务；2020 年，建成“北斗”三号系统，向全球提供服务。到 2023 年 5 月，共计发射北斗卫星 56 颗。其中“北斗”三号系统采用混合星座模式，由 24 颗 MEO 卫星(地球中圆轨道卫星)、3 颗 IGSO 卫星(倾斜地球同步轨道卫星)以及 3 颗 GEO 卫星(地球静止轨道卫星）三种不同轨道的 30 颗卫星组成，可在全球范围内全天候、全天时为各类用户提供高精度、高可靠定位、导航、授时服务，并且具备短报文通信能力，定位精度为分米、厘米级别，测速精度 0.2 m/s，授时精度 10 ns。2035 年将建成以北斗为核心的综合定位导航授时体系。

4. 天文导航系统

天文导航是以已知准确空间位置的自然天体为基准，通过天体测量仪器被动探测天体位置，经解算确定测量点所在载体的导航信息。天文导航系统不需要其他地面设备的支持，所以具有自主导航特性，也不受人工或自然形成的电磁场的干扰，不向外辐射电磁波，隐蔽性好，定位、定向的精度比较高，定位误差不随时间积累，具有广泛的应用。

在低空飞行时因受能见度的限制较少采用天文导航系统，但对于高空远程轰炸机、运输机和侦察机进行跨越海洋，通过极地、沙漠上空的飞行时，天文导航系统则很适用。同时在航天器上得到更广泛的应用。

5. 图像匹配导航系统

图像匹配导航系统是利用地球表面的某些特征确定飞行器地理位置的导航方法。这些特征包括：地形起伏、无线电波反射、微波辐射、红外辐射和地磁场分布等。地理特征一般不随时间和气候的变化而变化，也难以伪装和隐藏。但采用图像匹配导航须预先测量飞行路线周围区域的地理特征。

6. 组合导航系统

随着航空航天技术的发展，导航技术应用越来越广泛，人们对飞行器导航精度的要求也越来越高。目前的无线电导航、惯性导航、卫星导航、图像匹配导航等系统都具有各自的优缺点。由此，出现了组合导航系统。组合导航系统就是采用两种或两种以上的导航方式进行组合导航，从而弥补不同导航系统的不足。进行组合的原则要求两种以上的导航方式之间应具有协作性和互补性，且具有合适的余度，以增加导航的可靠性。由于惯导系统的自主性，一般都将惯导与其他导航方式进行组合，如惯性/无线电导航系统、惯性/卫星导航系统、惯性/图形匹配导航系统、惯性/天文/无线电导航系统等。

7.2　飞行控制系统

飞行控制系统简称飞控系统，是飞机上的一个特殊系统，他不仅与人有着密切关系，又是机体不可分割的一部分，还与航电系统密切关联。飞控系统犹如人体的神经系统，使飞机按照指令完成飞行动作。

飞控系统是飞机上传递操纵指令，驱动舵面运动的所有部件的总和。飞控系统按照飞行控制指令，通过一定的控制技术与装置，对飞行器的飞行姿态和飞行轨迹实施控制，如图 7.21 所示。

飞控系统按照飞行控制指令的来源分为人工飞控系统和自动飞控系统。人工飞控系统的控制指令来自飞行员，自动飞控系统的指令则由飞控系统自动产生。以俯仰控制的人工驾驶与自动驾驶为例，其原理如图 7.22 所示。

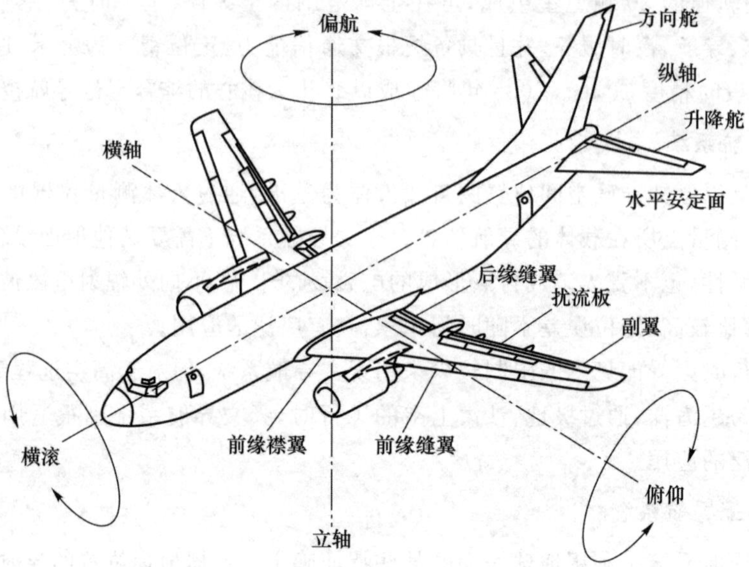

图 7.21　飞机绕三个轴的转动及操纵面

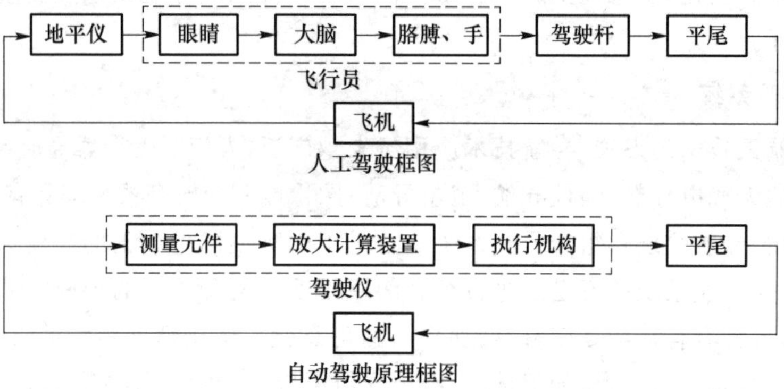

图 7.22　人工驾驶与自动驾驶原理框图

1. 飞行控制系统的作用

飞控系统的主要作用包括:控制飞行器的飞行姿态和质心运动,改善飞行品质,提高任务执行能力,减轻飞行员工作负担,保障飞行安全,增强飞行器整体性能等。

其中,控制飞行器的飞行姿态和质心运动的最主要的任务。飞机可绕 3 个机体坐标轴运动,如图 7.21 所示。根据飞行要求,要通过飞行控制系统改变其飞行姿态,如俯仰、偏航等;另外飞机飞行过程中会遇到各种干扰,一旦遇到扰动,基准姿态就会发生变化,必须通过一定的飞行控制,使飞机恢复到原始的姿态。

质心运动是指飞机的空间运动,一般用飞行轨迹和飞行速度来描述。通过飞行控制系统可使飞机按照要求完成爬升、俯冲、盘旋等动作,以及加减速运动等。

改善飞行品质是飞控系统的另一作用。通过改善飞机的阻尼特性、频率特性等,可提高飞机的稳定性;通过改善飞机的操纵、控制特性,可减轻飞行员的工作负担;改善人机界面,可提高人机效率。

2. 飞行控制系统的组成

飞控系统分为三个主要子系统：中央操纵系统，主要用于产生操纵指令，包括手操纵机构和脚操纵机构；传动系统，用于将重要操纵系统的控制指令传递至驱动系统，以使驱动系统能根据操纵指令驱动飞机进行运动；驱动系统，主要是驱动飞机各个舵面等的运动，保证飞机实现各种姿态的飞行以及正确的轨迹航向。

随着飞机尺寸、质量和速度的加大，即使使用气动补偿，驾驶杆力仍不足以克服铰链力矩，即靠飞行员力量难以控制操纵杆等。20 世纪 40 年代末，出现了液压助力器，实现了助力操纵。通过液压助力设备，可以有效地提高舵面的驱动效率，保证在一定飞行速度下，可以有效地驱动舵面。之后又出现了电驱动系统。为减轻驾驶员的劳动强度，又出现了自动飞行控制系统(AFCS)。一个典型的自动飞控系统包括：自动驾驶仪(AP)、飞行引导系统(FD)、自动油门系统(ATS)、自动配平系统、偏航阻尼系统(YD)等。现代飞机还装有飞行管理系统(FMS)，该系统的输出信号传送到自动飞行控制系统，完成飞机的导航和性能管理。

现代飞行控制系统一般由显示与控制装置、传感器、飞控计算机、伺服作动器、自测试装置、信息传输链以及接口组成。现代飞行控制原理如图 7.23 所示。

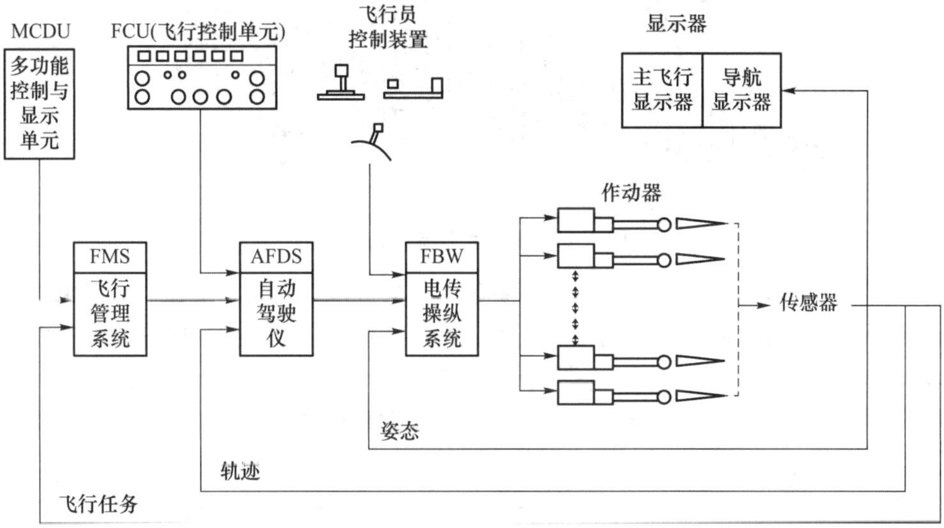

图 7.23　现代飞行控制原理图

3. 飞行控制系统的工作原理

飞行控制系统是个典型的反馈系统，其基本原理是通过控制飞行器的姿态、航向和速度，使飞机按照预定的轨迹安全飞行。具体地说就是根据综合控制信号，经过放大器将信号放大，并驱动舵机使舵面偏转，测量到的数据再通过反馈元件反馈，并与控制信号进行对比，使得飞机趋向指定状态，如图 7.24 所示。

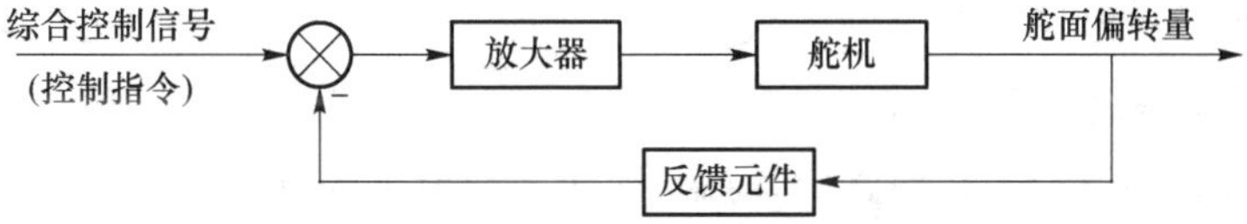

图 7.24　自动飞行控制系统原理图

综合控制指令可以是飞行员发出的，也可以是机载计算机发出的，经过多和舵面和油门等的协调控制，对飞机进行控制，飞行员可以随时干预和接管发出控制指令。

但，实际的控制系统还是比较复杂的，需要利用大量的相关学科知识，如气动、飞行力学、控制原理等进行统筹设计。

4. 自动着陆系统

着陆是飞机航行中非常重要的阶段之一。着陆时飞行员必须在短时间内完成许多要求很高的操作，特别是在机场区域能见度低的情况下，就需要由着陆控制系统提供正确的着陆航道信息，以及偏离情况，保证飞机安全着陆。

目前，民航机场主要采用的着陆系统有仪表着陆系统（ILS）、微波着陆系统（MLS）和查分全球定位自动着陆系统（DGPS）三类。

仪表着陆系统由飞机上的航向、下滑、指点信标接收机和指示器以及地面航向台、下滑台和指点信标台组成，如图 7.25 所示。

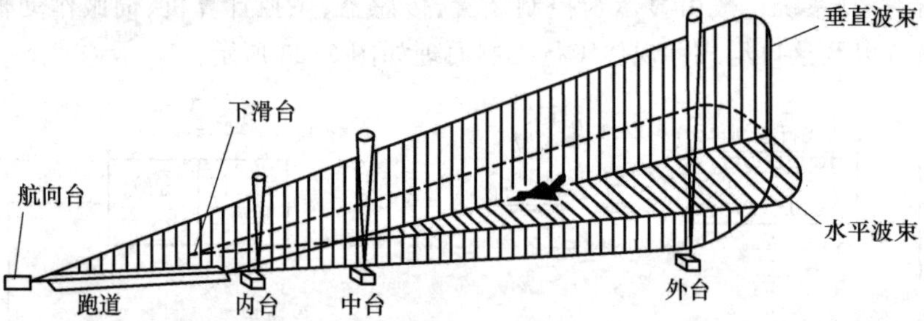

图 7.25　仪表着陆系统的原理

飞机在着陆过程中，飞行员根据航向台提供的下滑道信息和指点信标信息操纵飞机，调整飞机高度和航向，保持飞机在给定的下滑道内，并以一定的速度逐渐降低高度，直至安全着陆。

微波着陆系统是一种为飞机在进近和着陆阶段提供位置信息的微波引导系统。与仪表着陆系统对应，微波着陆系统在地面设置了方位台、反方位台和仰角台。为保证飞机实施软着陆，还设置了拉平台。

微波着陆系统还可装备数据分析系统，实现地面和空中的数据传输，传送当地气象条件、跑道长度等信息。微波着陆系统的测量精度高于仪表着陆系统，更适合自动驾驶仪进行自动着陆。但相对来说，微波着陆系统价格较高。

差分全球定位自动着陆系统在 GPS 基础上利用差分技术为用户提供更高的 GPS 精度。DGPS 把一台 GPS 接收机设置在已精确定位的点上组成基准台。基准台为附近的 DGPS 用户提供误差修正信息，并以此修正自身的 GPS 测量值，从而大大提高其定位精度。

差分全球定位自动着陆系统具有全球、全天候定位能力，系统设备比较简单，工作覆盖区域大，能指引飞机沿曲线、分段和全方位进场，可提供多种下滑轨迹，适合各种机型以不同的下滑角度着陆，并可同时引导多架飞机着陆。

5. 无人机控制系统

无人机的控制是一种“人在回路”的控制，即在飞行前事先规划和设定它的飞行任务和航路，在飞行过程中，地面人员可随时通过数据链路了解无人机的飞行情况，根据需要控制飞机的姿态和航路，及时处理飞行中遇到的特殊情况，甚至接管无人机的控制，以保证飞行安全和飞行任务的完成。图 7.26 所示为“捕食者”无人机的地面控制站。

图 7.26　“捕食者”无人机的地面控制站

无人机数据链路是无人机与地面站之间进行信息交互和控制的通道，失去链路的无人机就像断了线的风筝一样失去控制。数据链路分地面设备和机载设备两部分。地面设备部分包括天线、遥控接收机、遥控发射机、视频发射机和终端处理器，以及操纵和显示设备等；机载设备部分包括机载天线、遥控接收机、遥控发射机、视频接收机和终端处理器等。

对于远距离、长航时的无人机，为了克服地形阻挡、地球曲率和大气吸收等因素的影响，延伸链路作用距离，还需要在无人机和地面站之间增加一个或多个中继站，包括地面中继站、空中中继站和卫星中继站等。

7.3　机械电气系统

航空机械电气系统简称机电系统，是航空器上所有执行飞行保障功能的机械和电气设备的总称。机电系统是航空器上涉及范围较多、自身构造较复杂的一个系统。机电系统的作用就是保障飞行安全和机上所有系统和设备的正常工作。机电系统不仅直接影响飞机的整体性能，对飞机的可靠性、经济性和安全性也会产生重要影响。

机电系统通常由电源系统、液压系统、气压系统、飞行操纵系统、第二动力系统、燃油系统、环境控制系统、生命保障系统、机轮刹车系统、除冰系统等组成。根据飞机的使命和任务不同，有些飞机还有货运系统、空降空投系统、生活设施等。

1. 电源系统

电源系统分为发电和配电两部分，主要负责发电，并向用电设备提供符合要求的电能。飞机上使用的电源种类很多，如 28V 低压直流电源、恒速恒频交流电源、变速恒频交流电源、变频电源、270V 高压直流电源和大功率变频电源等。

发电系统由主电源、二次电源、辅助电源和应急电源组成。主电源由机载发电机和电源控制保护装置组成，发电机由发动机带动发电，直接或间接向机上大部分用电设备供电；二次电源是指经过电能转换，将主电源的部分电能转换为另一种电压、电流或频率的电能；辅助电源是指在地面用于维护机上电气设备和气动发动机，在飞行期间用于弥补主电源不足的电源。一般直流电源系统采用蓄电池作为辅助电源，交流电源系统采用辅助动力装置驱动的发电机作为辅助电源；应急电源是一个独立的电源，当主电源在飞行过程中发生故障时，应急电源可向机上的重要设备供电，保证飞机安全着陆。应急电源一般由蓄电池或应急发电机组成。

配电系统是指电能传输系统，用于将电能按需传送到用电设备，实现电能的传输和分配。

2. 液压系统

液压系统是以油液为工作介质，靠油压驱动执行机构完成特定操纵动作的整套装置。它由液压能源装置把驱动机构的机械能转变为机械能，并通过液压管道把液压动力输送到执行动作装置，再把液压动力变为机械能，以达到作动负载的目的。

现代飞机上大多有两套或多套相对独立的液压系统，分别被称为共用液压系统（或主液压系统）和助力液压系统。共用液压系统用于驱动起落架、襟翼、减速板、前轮转弯操纵、机轮刹车、风挡雨刷和燃油泵的液压马达等，同时还用于驱动部分副翼、升降舵和方向舵的助力器。助力液压系统仅用于驱动飞行操纵系统的助力器和阻尼舵机。

液压系统由液压源、控制装置、执行作动装置，以及液压油箱、管路、蓄压器和油滤等配套装置组成。

液压系统的重量约占飞机起飞重量的 2.5%，起飞重量越大，占比越小，反之则占比大，根据统计，大致在 1.8%～3.2%范围内。根据研究表明，减小液压系统附件和管路体积，以及减轻重量的最佳压力为 28～35 MPa。

3. 气压系统

气压系统又称冷气系统，是与液压系统功能相近的一个系统，它以压缩空气为工作介质，通过气压驱动执行机构完成相应的操作任务。

现代飞机大多装有两套气压系统，分别为主气压系统和应急气压系统。主气压系统完成以下经常性操作，如座机轮刹车、螺旋桨制动、舱门开启与闭合等，对于战斗机还有舱盖操纵和密封、航炮驱动和装弹、投弹、减速伞抛放等；应急气压系统主要完成一些应急安全操作，如冲压空气涡轮收放、座舱盖应急抛放、机轮应急刹车、襟翼和起落架应急放下（液压系统失效时）等。

气压系统由气压源、气压控制元件与执行元件以及管路、气滤、水分离器等组成。在一些飞机上，气压源就是压缩气瓶。气压系统工作原理与液压系统相似，但气压系统无须回气管路，因此，其结构简单，重量较轻，但传动没有液压系统稳定，冲击载荷较大，动态响应较慢。

气压系统主要用于一些轻型飞机，很多轻型飞机上没有设置液压和电力驱动系统，作动功能均由气压系统完成。在大型飞机上，气压系统一般只用于应急。

4. 飞行操纵系统

飞行操纵系统用来传递飞行员的操纵指令，使飞机各操纵面按指令规律偏转，产生气动操纵力和力矩，实现各种飞行姿态的稳定控制，是飞行控制系统中的执行环节。根据操纵指令传递过程，可分为机械传动操纵系统、可逆助力操纵系统、不可逆助力操纵系统和电传操纵系统等。

早期的飞机，操纵系统都是通过钢索或拉杆直接操纵舵面，飞行员都是通过杆力和杆位移直接感受舵面气动力的变化，控制飞机的运动。

随着飞行速度的提高和飞机尺寸与重量的增大，靠飞行员体力很难操纵飞机，因此，20 世纪 30 年代，出现了利用液压能源克服负载并驱动舵面偏转的液压助力器。在高速和重型飞机上首先采用了可逆助力(有回力)操纵系统，舵面气动载荷大部分由助力器来克服，只有一少部分传到驾驶杆上，使飞行员获得操纵力和产生位移的感觉。

20 世纪 50 年代以后，随着飞行速度的进一步提高，超声速飞机及全动平尾的出现，一方面，舵面铰链力矩及其变化范围变得很大，改变单位过载所需的杆力和杆位移随马赫数和高度的变化相当大；另一方面，跨声速焦点后移产生的低头现象引起杆力和杆位移反向，这些都使得可逆助力系统难以对飞机进行操纵，因此，出现了不可逆助力操纵系统。这种操纵系统就从液压助力操纵过渡到了全动力操纵系统，这种系统中，驾驶杆直接连接到作动器的伺服阀上，不再与操纵面发生直接的机械联系，由于这种形式下的气动载荷传不到驾驶杆，所以又称为无回力系统，杆力通过载荷感受机构提供。

由于飞机的飞行包线不断扩大，高空高速飞行阻尼明显变小，使得飞机出现动不稳定，纵向和横侧向的短周期振荡严重影响飞机的操纵性能。技术人员首先研制了阻尼器，起初只采用速度反馈，即飞行速度越高，阻尼越大，后面又增加了过载和迎角反馈，构成了增稳系统，也就是根据速度、过载和迎角的变化量来改变阻尼值，使得飞机遇到短周期干扰时，飞行更加平稳，且无需人为干预。但由于阻尼增大，自然就降低了飞机的操纵灵敏性。为此，后面在增稳系统的基础上，增加了来自驾驶杆的电信号，构成了控制增稳系统，这样既增加了飞机的安定性，又提高了操纵反应能力。但这里面各种增稳信号只占全部权限的一小部分，不超过 30%。

到了 20 世纪 70 年代，飞机性能要求越来越高，以机械操纵为主的控制增稳系统已无法满足要求，另一方面，由于计算机的飞速发展，以及现代控制理论和余度技术的发展，为全权限电传操纵系统提供了条件。至此，在新飞机设计中，飞行控制成为设计的基本要素，即为气动、结构、发动机之后的第四个要素。

在电传操纵系统的基础上，主动控制技术(ACT)可以实现控制增稳、放宽净稳定度、自动配平、飞行边界限制、直接力控制、阵风减缓、机动载荷控制、主动颤振抑制等功能。同时，电传操纵系统与火控、导航、推力矢量控制、飞行管理等系统交联构成了航空综合控制一体化系统。

5. 第二动力系统

第二动力系统是飞机上加装的一套或几套独立于主发动机的动力系统。第二动力系统主要满足主发动机快速启动、增大功率的需求；满足电源系统、空调系统的能源需求；优化发动机、液压泵等机载设备布局，满足系统综合化需要，在地面主发动机不工作时，向机上设备提供能源等。第二动力系统还可在主液压系统和主供电系统失效后，立即提供应急液压动力和应急电力，提高非机动自主保障能力。

第二动力系统一般是一种小型的涡轮发动机。辅助动力装置(APU)、应急动力装置(EPU)、综合动力系统(IPU/AEPU)和超级组合动力装置(SIPU)等均属于第二动力系统的范畴。SIPU 是 20 世纪末提出的概念，也是多电飞机所必需的关键系统之一。美国 F-22 的 SIPU 功率为 335 kW，可在 0～12 500 m 高度启动主发动机，在任何高度、速度、姿态下，联机后 5s 内提供应急液压动力和应急电力。

6. 燃油系统

顾名思义，燃油系统就是飞机上存储燃油并为各用油系统提供燃油的系统。燃油系统自飞机诞生之日起就是飞机的一个重要系统，但其演化速度并不快，直到近三十年才发生了较快的发展势态。

一架飞机完整的燃油系统包括两大部分：飞机燃油系统与发动机燃油系统。由发动机直接驱动的燃油泵之前的燃油系统均划归飞机燃油系统，发动机燃油系统划归到发动机的一部分，在此，只介绍飞机燃油系统的内容。

飞机燃油系统的功能主要包括以下四个方面：存储、供油、平衡和冷却，即存储飞行所需燃油，保证安全可靠地向发动机和APU供油，调整飞机重心，冷却飞机其他系统。

飞机燃油系统一般由燃油箱、燃油管理系统、加/放油系统、供/输油系统等组成。此外，防火、防爆也是燃油系统的主要技术要求。

美国F-22的燃油系统代表了燃油系统的发展方向，它不仅采用了超声波测量技术，还将环境控制系统的热负荷纳入燃油冷却系统，燃油成为冷却飞机系统和发动机的主要介质。

7. 环境控制系统

环境控制系统简称环控系统，是保障飞机上乘员正常生活、设备正常工作所需环境条件的整套装置。环境控制系统的具体作用就是控制座舱空气的温度和压力以及它们的变化速率，还包括空气的流量、流速、湿度、洁净度和噪声等。

环境控制系统由引气系统、加温和制冷系统、空气分配系统、调节控制系统和显示设备等组成。引气系统为座舱增压和通风提供气源，加温和制冷系统用于调节舱内温度，空气分配系统将通风空气均匀地输入座舱内部，调节控制系统用于舱内压力、温度、湿度以及供气的调节。

自从20世纪50年代出现了升压式空气循环冷却技术后，环境控制技术也得到飞速的发展。波音787采用的是电环控系统，用电动机为客舱增压，用电热方式进行机翼防冰，基本上不需要从发动机引气，打破了环控系统从发动机引气的惯例。

8. 生命保障系统

生命保障系统是保证飞行员正常工作，并在发生事故的情况下能够保全机上人员生命的一系列关键装备，主要包括供氧装置和个体防护装备等。

供氧装置主要保证生命生存所需空气的氧含量，一般采用高压氧气、液氧或化学氧作为气源。

此外还有救生电台、水上漂浮装置、自救工具等装备，以及战斗机配备的抗荷服、个体防护服、防护头盔等。弹射救生系统等也属于生命保障系统的一部分。

9. 机轮刹车系统

机轮刹车系统是飞机上一个具有独立功能的重要系统，由刹车控制和机轮刹车装置两部分组成。其作用是承受航空器在地面的静载荷和动态冲击载荷，在着陆刹车滑跑过程中吸收飞机动能，使飞机快速降低速度，并对起飞、着陆、滑行进行有效的制动和控制。

机轮刹车系统从机械防滑刹车、电子防滑刹车到数字防滑刹车，刹车效率不断提高。现代飞机广泛采用自动刹车、多余度控制、实时监控，以及航向与刹车综合控制等技术，有效提高了飞机的防滑刹车性能。碳/碳复合材料、陶瓷刹车材料等各种新材料的采用，也进一步提高了刹车性能，降低了系统重量，延长了使用寿命。

10. 除冰系统

除冰系统是飞机上用于防冰、除冰、风挡消雾(除雨)等一系列设备的总称。

飞机结冰(积冰),特别是飞行中结冰(积冰)危害非常严重。结冰(积冰)不仅会引起气动外形变化,还会增加飞机重量,造成操纵性和稳定性下降、仪表指示失常、发动机推理下降,甚至停车等一系列严重问题,甚至导致灾难性的后果。飞机风挡起雾、上霜、积雨等,虽然不及机体结冰产生的后果那么严重,但也会影响飞行安全。因此,飞机除冰系统至关重要。

目前,飞机上采用的防冰、除冰方法,主要有机械法、液体法和加热法等。飞机积冰的成因和规律、防冰/除冰结构设计、方法研究,以及结冰探测技术和设备/防冰/除冰新材料、新方法的研究都是现在研究的热点。

11. 其他系统

根据飞机用途的不同,还有飞机货运系统、空投空降系统、机上生活设施以及机载武器系统等各类专用系统。

货运系统是运输机专有的系统,主要负责货物的运进、运出,并对货舱内进行摆放和固定。货运设备分为集装货运设备和散装货运设备两类。集装货运设备一般由起重机(含绞车)、传输装置、限动锁紧装置、拦阻装置和辅助装置等组成;散装货运设备一般由起重机(含绞车)、传输装置、系留装置、拦阻装置和辅助装置等组成。

一些客机也有部分舱室作为货舱,主要用于散装运输,所以相对比较简单。

空降空投系统是大型运输机的独有系统,主要由伞具和货台两部分组成。一般将人员空投称为空降。空投方式主要有三种:将从大型运输机上空投重型装备称为重装空投,这类空投会显著改变飞机重心位置,需要强大的飞机控制系统做保障;将从地面 500～1 500 m 高度实施的,速度一般为 260～400 km/h 的空投称为标准空投;将从地面 3～7 m 高度实施的空投称为超低空空投。

标准空投系统一般由牵引伞、主伞、主伞脱离锁、货台等组成,为保证空投装备的完好,有的货台下还加装了反冲火箭或缓冲装置;超低空重装空投系统一般只有牵引伞和货台系统,如图 7.27 所示。

图 7.27　美军运输机超低空空投轻型坦克

机上生活设施是运输机和民用飞机必不可少的,主要为乘员提供必备的生活保障条件,改善人机环境,提升乘员生活品质,提高飞行人员工作效率。

机上生活设施主要包括：飞行员/乘客座椅、厨房设备、盥洗间设备、水系统、文化娱乐系统等。随着生活水平的提高和文明程度的提高，人们对空中生活质量的要求越来越高，机上生活设施越来越受到重视，已成为提高航空器，尤其是民航干线飞机市场竞争力的重要因素。

武器装备系统是军用航空器的核心功能系统，也是构成空中力量战斗力的核心要素之一。机载武器系统是军用航空器上的武器与相关装置组成的综合系统，其基本功能是对目标进行探测、识别和跟踪，投射或发射航空器上挂载的武器，攻击和摧毁敌方目标。

机载武器系统根据其作战使命和任务不同存在不同，但就功能而言，机载武器系统可分为以下三个部分。

① 航空火力控制系统：用于机载武器的瞄准、控制和管理；

② 悬挂发射装置：用于机载武器的安装、运载、发射和投放；

③ 机载武器：用于直接杀伤、摧毁目标，或完成特定攻击任务。

机载武器经过百余年发展，数量由少到多，射程由近到远，口径由小到大，威力由弱到强，精度由差到好，效能由低到高，已成为现代战争的重要因素之一。

总之，航空机电系统已成为现代航空科学技术的重要领域，航空机电系统将重点朝着系统综合化和多电/全电化两个方向发展，而且综合化和多电化两者之间高度关联，相互促进，彼此激励，为航空器的发展提供可靠的功能保障。

思考题

1. 简述航空电子系统的组成和作用。
2. 飞机的高度分为哪几类？各用何种高度表进行测量？
3. 简述陀螺的特点及其在仪表中的作用。
4. 机载通信设备主要包括哪些？
5. 简单雷达由哪些部分组成？
6. 主要的导航方法有哪些？
7. 为什么组合导航中都要包含惯性导航方式？
8. 简述人工驾驶和自动驾驶原理上的异同。
9. 飞行控制系统是由什么组成的，其作用是什么？
10. 简述自动飞行控制的原理。
11. 如何理解无人机控制系统是“人在回路”的控制？
12. 机械电子系统的组成有哪些部分？

第 8 章　民用飞机

第一次世界大战后，民用航空得到了迅速的发展，民用飞机也得到了快速的发展。民用航空，是指使用航空器从事除了国防、警察和海关等国家航空活动以外的航空活动，民用航空活动是航空活动的一部分，同时以“使用”航空器界定了它和航空制造业的界限，用“非军事”等性质表明了它和军事航空等国家航空活动不同。

第一次世界大战后，民用航空得到了迅速发展。1945 年，54 个国家签署了关于国际航空运输的《芝加哥公约》，成为现行国际航空法的基础；1947 年，国际民航组织(ICAO)成立，同年 5 月成为“联合国”的一个专门机构，标志着民用航空步入正轨。

随着民用航空的发展，逐步对市场进行了细分，民用航空分为商业(公共)航空和通用航空两类。

商业(公共)航空也被称为运输航空是指以航空器进行经营性的客货运输的航空活动。这类运输服务主要由国内和国际干线客机、货机和客货两用飞机，以及国内直线运输机完成。它的经营性表明是一种商业活动，以营利为目的，同时它和公路运输、铁路运输、水路运输，还有管道运输一起构成了交通运输系统，对国民经济发展起着巨大的作用。

通用航空是指使用民用航空器从事公共航空运输以外的民用航空活动，包括从事工业、农业、林业、渔业和建筑业的作业飞行，以及医疗卫生、抢险救灾、气象探测、海洋监测、科学实验、教育训良、文化体育等方面的飞行活动。

8.1　民用干线客机及其发展

干线客机通常是指在客流量大的城市之间的干线上执行飞行任务的民航客机。国际干线飞机载客量都在 150 座以上，通常航程在 5 000 km 以上。干线客机大多是中远程的高亚声速喷气客机，大体可分为 150 座、200 座、300～500 座几个级别，空客 380 的载客量已经超过 500 座。300 座以上的客机的机身直径大(一般大于 3.75 m)，客舱通常有两个通道，称为宽体客机。

世界上有能力生产大型干线飞机的有美国、俄罗斯、乌克兰和欧洲等，大型干线飞机的生产不仅是国家的需要，也是一个国家国力的象征。随着 C919 的成功投入运营，中国也进入了干线飞机强国之列。

自 20 世纪 50 年代初喷气客机问世以来，基本每隔 10 多年就出现一批具有不同技术特点的干线运输机。至今，喷气干线飞机的发展已经进入第五代飞机。

第一代喷气干线飞机于 20 世纪 50 年代投入航线运营，代表机型有美国的波音 707、DC-8 和苏联的图-104 等客机。其主要技术特点是采用涡轮喷气发动机作为动力装置和使用带后掠角的机翼代替以往的活塞式发动机和直机翼，从而极大提高了飞机的巡航速度和客运量，使航空公司的运营效率大为提高。

第二代喷气干线飞机于 20 世纪 60 年代开始投入航线运营，代表机型有美国的波音 727、波音737、DC-9,英国的“三叉戟”和苏联的图-154。其主要的技术特点是装有低涵道比涡轮风扇喷气发动机,降低了油耗,提高了中近程航线运营的经济性,各系列型号覆盖了从100～180座的各个座级,满足了中近程航线的运输需求。

第三代喷气干线飞机包括20世纪70—80年代投入使用的众多机型,包括美国的波音747、波音757、波音767、DC-10、L-1011,欧洲的A300B、A310,以及苏联的伊尔-86等为代表的宽体飞机。这一代飞机的技术特点是采用改进的高涵道比涡扇发动机,使油耗改善5%以上,还逐步采用了超临界机翼、减小机翼后掠角、加大机翼展弦比、增大机翼相对厚度,从而改善飞机的巡航气动效率,并采用新的铝合金材料以减轻结构重量。这些措施有效降低了飞机的直接使用成本,提高了运营效率。此外,在20世纪80年代,为了占领波音727、波音737早期型(波音737-100/200)、DC-9等一批150座级的中短程老龄飞机退役而出现的市场空缺,美国的波音公司和麦道飞机公司分别利用新技术推出波音737-300/400/500和MD-81/82/83/87/88等机型。欧洲空客公司则“以新制胜”,首次在民机上采用电传操纵等一系列新技术研制了A320机型。

第四代喷气干线飞机从20世纪90年代开始陆续投入航线运营,机型以美国的波音777、波音737NG(波音737-600/700/800/900/900ER),欧洲空客的A330/A340,俄罗斯的图-204,以及伊尔-96为代表。空客公司最新机型A380的工程研制工作始于20世纪90年代中期,2000年底项目正式启动,于2007年10月投入运营。第四代飞机采用宽体机身以增加载客量,机翼进一步加大展弦比或加装翼梢小翼来提高巡航效率;在动力装置上采用推力大、油耗低、停车率低、污染小、噪声低的涵道比7～9的先进高涵道比涡扇发动机;在机体结构上广泛采用轻型结构材料,加大复合材料用量,波音777和A380的复合材料用量占总结构重量的比重分别达12%和25%,远高于过去机型3%的复合材料用量,较大幅度地减小了飞机的结构重量;客舱宽敞舒适;驾驶舱仍采用在第四代飞机上广泛采用的双人驾驶体制,使用电传操纵系统,用先进液晶平板显示器代替过去飞机上的阴极射线管显示器,所有主要的飞行、导航及发动机信息数据都显示在6块大型屏幕上,有效减轻了飞行员的工作负担。

进入21世纪,以波音787和空客A350XWB为代表的第五代干线飞机出现在世人面前。这一代飞机非常强调客舱的舒适性;采用先进计算流体力学设计,融合式翼梢小翼的三维一体化机翼,提高了飞机的空气动力性能和巡航效率;在动力装置上采用推力大、油耗低、环保的涵道比为9～11的先进高涵道比涡扇发动机,油耗比同类型现役飞机低20%以上;最显著的技术特点是在机体结构上大量增加复合材料用量,波音787和A350XWB飞机的主机身结构所用复合材料分别占总结构重量的50%和52%,远高于大型干线飞机的传统用量(目前最高水平在25%左右),显著减轻了飞机的结构重量,复合材料机身部件的采用,提高了机体的可维修性;采用开放式结构的中央计算机取代传统的数十个独立总线,控制整个飞机的航电和通用系统,提高了飞机系统的可靠性;首次采用电刹车系统,将环控系统由传统的发动机引气系统驱动改为电驱动;驾驶舱仍采用双人驾驶体制,使用电传操纵系统,采用更大尺寸的双屏液晶平板显示器,并采用垂直状态显示模式以显示飞机航迹的相关数据,可以加入增强视景系统和三维合成视景系统,进一步减轻了飞行员的工作负担。

此外,庞巴迪宇航正在研制的110座级和130座级的C系列飞机将是第五代飞机中窄体飞机的先驱者,C系列飞机代表着窄体飞机未来的技术发展方向,其采用先进的发动机技术和复合材料技术,发动机涵道比将达到10～11。目前,美欧还在研制的翼身融合体民用客机,将带来民用飞机划时代的革命。

波音公司和空客公司对世界干线运输市场的未来发展趋势持不同的观点，波音认为，为了满足旅客对快捷旅行方式的偏好，航空公司将会开通更多的点到点航线，这些航线绕开大型枢纽机场，直飞二级城市；未来航班的频率将会增加，飞机的尺寸趋于缩小；由于大型枢纽机场普遍存在拥堵问题，大型飞机较长的过站时间会加剧机场的拥堵，所以波音公司预测大型飞机的需求量远低于空客公司的预测。而空客公司坚持认为，未来飞机平均尺寸呈现增大的趋势，采用 A380 等大型飞机通过一个航班载运更多的乘客，才是解决机场和航线拥堵的有力手段，所以其对于大型飞机需求量的预测值远高于波音公司。

1970 年 8 月，国家正式下达文件进行国产大飞机研制工作，这项工程便被以文件下达的年月命名为 708 工程。来自全国航空工业 300 多个单位的各路精英被调集参与研制任务，后来该机被命名为“运 10”。

“运 10”是我国飞机设计首次从 10 吨级向百吨级冲刺，这种量级的放大和跳跃会出现“尺度效应”，需要重新找到解决的途径。许多结构和系统，甚至概念和方法都遇到了许多新的挑战。

经过 164 次复杂的试验，1980 年，一架我国拥有完全知识产权的大型喷气式客机出现在人们面前，“运 10”成为中国第一架按英美适航条例设计的国产飞机。

“运 10”飞行最远航程为 8 600 km，最大时速达 930 km，最大起飞重量为 110 t，最高飞行升限超过 11 000 m。该机还在被称为“空中禁区”“死亡航线”的西藏，连续 7 次试飞，均获得成功。但由于种种原因，最终于 1986 年 “运 10”研制计划彻底终止。

在中国飞机史上，发展大型客机项目，是党中央、国务院作出的一项重大战略决策，是中国科技发展的重中之重，是《国家中长期科学和技术发展规划纲要（2006—2020 年）》确定的 16 个重大专项之一。让中国的大飞机飞上蓝天，既是国家的意志，也是全国人民的意志。

2008 年，中国商用飞机有限责任公司（中国商飞公司）成立，总部设在上海，员工 8 300 多人，是实施国家大飞机重大专项中大型客机项目的主体。中国商飞公司确定了“一个总部，六大中心”的布局，由设计研发中心承担了中国首次自主研制的 C919 客机的工程设计任务和技术抓总责任。

C919 是中国继“运-10”后自主设计的第二款国产大型客机。C 是 China 的首字母，也是中国商用飞机有限责任公司英文缩写 COMAC 的首字母，同时还立志要跻身国际大型客机市场，要与 Airbus（空中客车公司）和 Boeing（波音）一道在国际大型客机制造业中形成 ABC 并立的格局。第一个“9”的寓意是天长地久，“19”代表的是中国首型大型客机最大载客量为 190 座。“C919”未来的型号可命名为“C929”，其中“29”代表这一机型的最大载客量为 290 座。

C919 客机于 2016 年 4 月 11 日开始全机静力实验；2017 年 5 月 5 日在上海浦东机场首飞成功；2022 年 9 月 29 日获得中国民用航空局颁发的型号合格证，同年 11 月 29 日民航华东地区管理局向中国商飞公司颁发 C919 飞机生产许可证；2022 年 12 月 9 日，首架 C919（编号 B-919A）正式交付；2022 年 5 月 28 日，执飞上海到北京往返航班，完成其商业飞行的处女秀；2022 年 8 月 2 日第二架 C919（编号 B-919C）正式投入“沪蓉快线”双机商业运营。

干线飞机由于载客多，设备先进，是航空运输的主力，但它只能在设备齐全、有足够强度和长度的跑道的大型机场起降。

8.2 支线客机及其发展

支线客机通常是指100座以下的小型客机，一般设计座位为35～100座，主要用于承担局部地区短距离、小城市之间、大城市与小城市之间的旅客运输。我国使用的支线飞机还有：运-7、运-8、多尼尔、肖特-360、萨伯、冲-8、新舟-60等。

支线航空兴起于20世纪60年代，但发展速度很快，特别是在美国1978年对民航运输业采取“放松管制”政策后，发展更加迅速。20世纪70年代后期以来，支线运输有了很大发展，出现了多种专为支线运输研制的支线客机。

航空运输呈不断增长的趋势，导致航线和机场拥挤问题日益突出，由于新建或扩建机场都受到用地紧张、保护环境等因素的限制，又由于支线航空公司开辟了中小城市间的直接通航业务，使航段长度增加，旅行时间延长。致使支线飞机研制出现大型化的趋势，越来越多地采用了100座左右的喷气式支线客机。

20世纪80年代使用的支线客机大部采用涡轮螺旋桨发动机，目前一般30座以下的支线飞机多采用涡桨发动机，90座以上的支线客机均采用涡扇发动机，50～70座的支线客机采用涡桨和涡扇两种发动机共存。在国际航空运输业中，涡桨支线客机虽有生存空间，但是喷气式客机已占据市场的主导地位。

支线飞机全球主要制造商为加拿大庞巴迪公司和巴西航空工业公司。中国以ARJ21为代表的支线客机，已然成为支线航空的后起之秀。

ARJ21飞机项目于2002年1月启动，同年4月获中国国务院批准，正式进入研制阶段；由中国航空工业一集团进行设计，2002年9月成立中航商用飞机有限公司，成为ARJ21新一代支线客机研制的责任主体和经营主体，并于2008年5月整体进入中国商用飞机有限责任公司；2007年12月21日，首架ARJ21-700总装下线；2008年11月26日成功首飞；2014年12月30日，ARJ21-700型飞机获中国民用航空局颁发的型号合格证，成为中国首款按照国际标准自主研制的喷气支线客机并通过中国民航局审定，也向世界宣告中国拥有了第一款可以进入航线运营的喷气客机，并具备了喷气民用运输类飞机的研制能力和适航审定能力；2015年11月19日交付成都航空；2016年6月28日，ARJ21首架交付机正式投入运营，执飞成都双流至上海虹桥航线；2022年12月18日，ARJ21正式交付海外客户印尼翎亚航空（TransNusa），这是中国的喷气式客机首次进入海外市场，迈出商业运营新步伐。目前。ARJ21已有多个衍生机型，载客量超过1 000万人次。

8.3 通用航空及其发展

通用航空业是以通用航空飞行活动为核心，涵盖通用航空器研发制造、市场运营、综合保障以及延伸服务等全产业链的战略性新兴产业体系。

1986年之前，我国将通用航空称为“专业飞行”。根据1981年颁布的《中国民用航空专业飞行工作细则》的规定，专业飞行是指用装有专用设备的飞机进行农业、林业、航空探矿、航空摄影、海上飞行、人工降水等作业项目的飞行。1986年，国务院颁布《国务院关于通用航空管理的暂行规定》（国发〔1986〕2号），正式将“专业飞行”改名为“通用航空”，明确了通用航空行业管理机构，从事通用航空活动需要履行的报批手续，从事通用航空经营活动的审批管理程序和要求等。

通用航空发展最早，也是发展最完善的无疑是美国。美国通用航空的发展史可以追溯至第一次世界大战时期，是一战以后被过剩的航空器和飞行员促成的。1926 年的《空中商务条例》制订了早期通用航空的规章。二战时期，美国进一步成为全球最大的飞机制造商和出口国。1939—1945 年，美国生产了 32.4 万架飞机，是全球航空业的霸主。二战爆发后，美国开启了战时培训计划和国民飞行员训练项目，培训出约 43 万名飞行员。同时，私人飞行、公务飞行、飞行表演和实用类航空等市场需求不断增加，通用航空成为极具价值的产业。

二战后，美国逐渐完善通航设施，减少通航限制，推动通用航空市场快速发展。首先，1944 年美国民用航空局就着手建立了一套可容纳 50 万架飞机的空管系统，为即将爆发的通用航空市场做好准备。接着，美国政府逐步将 85%的空域划归民用，并从 20 世纪 70 年代起，将私人飞机的主要活动空间——3 000 米以下空域划归为非管制区。私人飞机无需预交飞行计划即可飞行。并且，美国各地政府和私人机构修建了上千个通用小机场。这些举措为美国通航产业发展提供了不可或缺的动力。

1979 年，美国商务部出台《统一产品责任法案》，要求通航飞机制造商对产品负有终身责任(约 40 年)，导致制造商面临大量安全诉讼和高额赔偿，使得美国通航产业一度陷入低谷。直到《通用航空振兴法案》将通用飞机的产品责任减少到 18 年，才使美国通航产业发展重新回到正轨。

2007—2009 年的次贷危机对美国通用航空也又是一次打击。直至 2013 年，美国前总统奥巴马签署《小型飞机复兴法案》，要求 FAA(联邦航空局)对轻型飞机的认证标准和认证程序进行调整和简化，从而降低飞机及相关设备的升级改造成本和新飞机价格，并且鼓励技术创新。

美国通用机场数量全球之最，是通用航空产业链的基础。根据 Statista 数据，2020 年美国有接近 2 万个机场，其中公共机场 5 217 个，私人机场 14 702 个。美国仅公共机场数量就远超世界机场数量排名第二的国家——巴西拥有大约 4 000 多个机场。除美国，全球机场数量排名前二十的国家加起来大约有 1.77 万个机场，而前三十名国家的机场数量也才 2 万左右。2022 年，我国运输机场总数达到 254 个，通用机场数量达 399 个。

美国通用飞机数量庞大，涉及各领域，如公务飞行、出租飞行、空中旅游、医疗救援等应用场景。除此之外，试验机数量也在增加，试验机主要是用于各种类飞机、零部件、材料等在研发过程中的模拟实验。试验机的增加说明市场正在为了应对不同需求场景而设计生产性能适合的飞机，助力通用航空产业更好发展。

飞机和飞行员是通航产业的基础，美国飞行员数量在 2016 年后回升，主要得益于学员执照的增加。从结构来看，2021 年美国共有飞行驾驶员执照 72 万本，除了占比最多的学员执照外，航线运输驾驶员执照占比 22.75%，私人飞机驾驶员执照占比 22.41%。

美国通用飞机制造占全球市场份额的六成，营业额超百亿美元。2000 年，美国通用飞机出货量全球占比接近 9 成，营业额占比 63.4%。2021 年，美国通用飞机制造营业额进一步增长至 139.72 亿美元，占全球市场的 59.4%。虽然出货量占比有所下降，但营业额占比仍接近 6 成，美国还是世界最大的通用飞机生产国。

时至今日，经过百年发展，通用航空产业不仅为美国交通运输业做出了巨大贡献，也成为美国经济发展的核心产业之一。2015 年 1 月，美国联邦航空局 FAA 发布的《民航对美国经济的影响》报告，指出“2012 年，美国与民航相关的经济活动创造了 1.5 万亿美元，支撑了 1 180 万个工作岗位，收入 4 594 亿美元。民航经济占美国 GDP 的 5.4%”。根据其数据汇总，2012 年，美国民航经济产业规模中，商业运输 2 636 亿美元、通用航空 272 亿美元、机场运营 528 亿美元、飞行器制造 1 800 亿美元、航空快递 626 亿美元，间接经济活动 5 273 亿美元。通用航空产业虽然本身规模不及商业运输，但通航产业对飞行器制造和以旅游业为代表的间接经济活动具有很强的外部性，是高附加值的产业。

中国的通用航空的雏形可从冯如先生 1911 年回国研制飞机算起。1931 年 6 月 2 日，浙江省水利局租用德国汉莎航空公司的梅塞施密特 M18-D 型飞机在钱塘江支流浦阳江进行航空摄影，揭开了中国通用航空历史的新篇章。但由于外国入侵和长期战乱，严重阻碍了通用航空事业的发展。

新中国成立以后，中国的通用航空事业又经历了漫长的成长之路，大致经历了开创与起步、挫折与徘徊、转折与恢复，以及调整与发展四个阶段。

开创与起步期(1951—1965 年)。1951 年 5 月，中央军委民航局首次调用一架 C-46 飞机，执行广州市防止蚊蝇危害的飞行任务，开创了新中国通用航空事业。1952 年，经国务院批准，中国民航组建了第一支通用航空飞行大队——军委民航局航空农林队，中国的通用航空正式起步。之后，航空摄影、航空探矿、航空护林、航空造林，以及灭虫、施肥、除草等作业相继开展起来。

挫折与徘徊期(1966—1976 年)。1966 年，轰轰烈烈的“文化大革命”开始了，政治浪潮冲击各个行业，通用航空也毫无例外地受到影响。正常的生产秩序被打乱，民航的干部队伍、科技力量受到空前的摧残和难以估量的损失。

转折与恢复期(1977—1991 年)。1976 年 10 月粉碎“四人帮”后，中国结束了十年动乱，我国的经济建设进入了一个新的发展时期。但当时通用航空的能力有限，无法满足各部门对通航的需求。1978 年，十一届三中全会后，各项经济建设事业重新走上健康发展的道路，通用航空事业也出现了新的曙光。1980 年 3 月 15 日，国务院、中央军委决定民航不再由空军代管，划归国务院直管，使民航运输和通用航空可更好地利用经济手段，按经济规律办事。1986 年 1 月 8 日国务院发布《国务院关于通用航空管理的暂行规定》，进一步对通用航空活动进行规范。从此，通用航空进入了转折与恢复时期。除中国台湾地区外，全国各省、自治区、直辖市都开展了通用航空作业，服务对象遍及工、农、牧、渔等各个行业，作业项目涉及 10 大类 100 多项。这一时期，通用航空得到了全面的恢复，基本满足了用户的需求。

调整和发展期(1991 至今)。20 世纪 80 年代开始，特别是改革开放以来，中国的航空运输业进入持续快速的发展时期。但通用航空发展却不是一帆风顺的，1991—1996 年，通用航空的发展层出现低谷期。其原因主要包括：国家宏观经济政策影响、内部管理体制落后、设备陈旧以及人员大量转向航空运输等。1995 年 12 月召开了全国民航通用航空工作会议，并做出了《中国民航总局党委关于发展通用航空若干问题的决定》。《决定》下发后，经过几年的努力，通用航空作业量有所回升。1997 年起，通用航空公司积极转换经营机制、加强经营管理，通用航空的生产状况出现转机。2003 年 1 月 10 日国务院、中央军委发布《通用航空飞行管制条例》成为我国通用航空飞行管理的基本依据。近年来，相继出台了一系列鼓励通用航空发展的相关政策，《通用航空经营许可管理规定》进一步降低准入要求，简化通航经营许可证载明事项数量;《通用航空短途运输管理崭新办法》明确通航短途运输的定义和经营范围、条件和运营要求、突出对消费者权益的保护,以及运输企业锂电池运输安全管理要求等;《国家综合立体交通网规划纲要》明确构建城市群内部快速空中交通网络;《十四五通用航空发展专项规划》明确提出到 2025 年,通用航空飞行总量达到 450 万小时,在册通用航空机场数达到 500 个。通用航空有人机企业数量达到 750 家、无人机企业数量达到 18 000 家;《扩大内需战略规划纲要(2022—2035)》提出“释放通用航空消费潜力”和“积极推进支线机场和通用机场建设”,从消费和建设两个方面支持促进通用航空发展。从政策方面大力支持通航相关产业的发展,进一步加大“放管服”力度。

2005 年 10 月 29 日,中国第一架拥有自主知识产权的 4～5 座级轻型多用途通用飞机小鹰 500,在北京人民大会堂取得型号合格证,成功通过中国民用航空局的型号适航审查。近年来,无人机的研发、生产和应用得到了大力发展。2022 年,我国通用航空在册管理的通用机场数量达 399 个,在册航空器总数达 3 486 架,民用直升机数量 850 架,注册无人机数量 95.8 万架,获通航经营许可证的通航企业 661 家,各项指标均出现明显增长趋势。

目前,我国通用航空行业集中度较低,行业内企业虽多,但市场竞争激烈。总体上看行业分布不均、企业规模普遍不大,尚未形成规模化、专业化、高效化的运营团队,运营能力弱,商业模式单一,抗风险能力不强的问题。还有待于进一步优化和发展。

8.4　客机与货机的区别

飞机分为客机和货机,客机和货机有什么不同吗?从严格意义上来说,客机和货机本身都是运输机的一种,但通常会把货机称为运输机。客机和货机确实有很多不同的地方,大致区别有以下几点:

① 装载对象不同。客机主要用于载人,虽然也有一定的货舱,但主要运送行李和小件货物;货机主要用于运载货物,一般是指商业飞行的民用货运飞机;而军用运输机主要用于装备运输,也可承担人员投送任务。

② 追求目标不同。客机将安全、舒适、经济放在首位;货机主要追求经济性;军用运输机重点追求装载能力,对成本的要求可适当放松。

③ 客机一般都可以改型为民用货运飞机,比如目前很多用于民航的客机都有对应的货运飞机型号,如波音 737、747、757、767、空客 330、350、380 等。另一方面将使用时间较长面临退役选择的客机改装为货运飞机,其成本仅为全新货机的 20%～30%也成为客改货的一个重要原因。

④ 军用运输机的机身强度要求和对跑道的要求不同。对于军用运输机来说,由于往往需要在恶劣的环境下起降和飞行,机身强度比较高,对起飞降落的机场跑道要求比较低。

⑤ 机翼布局不同。军用运输机基本都是采用上单翼布局,民航客机基本都采用下单翼布局。军用运输机要应付野外、临时机场的起降,跑道条件相对恶劣,采取上单翼的设计有利于飞机应付简易跑道的恶劣条件,安全起降;结构简单,稳定性好;货舱离地面高度较低,适合快速装运大型军事装备;另外,也是为了保证飞机货舱能有较大的连续空间,不会因机翼承力结构穿过机舱,而影响机舱的空间。下单翼的飞机横穿机身,可提高结构强度,但会把下舱室分为前后两段,不利于大型装备的装卸,但下单翼可以作为应急撤离的通道,特别是水上迫降时

可充当浮筒的作用,为乘客撤离提供有利条件;发动机离地较近,便于维护和检修;由于有下单翼的阻隔,传至机舱内的噪声会大大降低,提高了乘坐舒适性。

思考题

1. 根据市场细分,民用航空分为哪两大类。
2. 简述 C919 的含义。
3. 简述干线客机和直线客机的异同。
4. 客机和货机的主要区别有哪些?

第9章　现代飞机新技术

飞机的研发、试验、制造、使用、维修和管理等活动涉及的学科门类众多、覆盖面广，是一个综合性的系统工程，飞机技术水平往往代表一个国家的最高工业水平。

20世纪30年代，诞生了系统工程的概念，目前系统工程已成为一个独立的学科。国际系统工程学会（INCOSE）将系统工程定义为："一种使系统能成功实现的跨学科的方法和手段。系统工程专注于：在开发的早期阶段，就定义客户需求与所要求的功能，将需求文件化；然后在考虑完成问题，即运行、成本、进度、性能、培训、保障、试验、制造和退出问题时，进行设计综合和系统确认。系统工程以满足用户需求的高质量产品为目的，同时考虑所有用户的业务和技术需求。"

9.1　航空科学技术研究

现代航空工程是一种系统工程，是运用系统工程理论与方法进行分析、组织、管理和控制的工程。在整个航空系统工程中，科学研究始终是放在第一位的。

航空科学技术研究是指为获取航空工程项目所需的新知识、新产品、新材料、新技术、新工艺等而进行的一系列研究活动。

科研活动一般分为三类，即基础研究、应用基础研究和应用研究三类。

基础研究是以认识事物本质和获取更多知识为目标的研究。基础研究主要解决自然界的公理性问题，并非专注于某个工程项目和对象。基础研究成果一般不会立即得到应用并产生回报，但却是推动技术进步的基础。基础研究大多以国家为主统一布局和筹划，公共科研机构和高校是基础研究的主体，成果向全社会公布，并与全社会共享。但现在越来越多的企业开始重视基础研究并将其布局延伸到基础研究领域。

应用基础研究是指那些方向已经比较明确、利用其成果可在较短时间内取得工业技术突破的基础性研究，应用研究中的理论性研究工作也称为"应用基础研究"。

应用研究是指为获得新知识而进行的创造性研究，主要针对某一特定的目的或目标。该研究是为了确定基础研究成果可能的用途，或是为达到预定的目标探索应采取的新方法（原理性）或新途径。其成果形式以科学论文、专著、原理性模型或发明专利为主，用来反映对基础研究成果应用路径的探索。

例如，1966年，英籍华裔科学家高锟提出了管道纤维的理论，这就是基础研究。1969年美国康宁公司的三位工程师研制成功第一根高度透明的石英玻璃光纤，这就是应用基础研究。康宁公司继续研发出各种实用的光纤产品，这就是应用研究。其结果是2009年高锟获得诺贝尔物理学奖，光纤推动了激光通讯等的发展；康宁公司成为世界上最大的光纤光缆制造商，世界500强企业之一。这就是三者的关系。

针对航空科研活动来说，可分为航空基础研究——与航空直接相关的或有重点潜在价值的新原理、新概念、新方法的研究；航空应用基础研究（也称为预先研究）——无明确型号的共性技术和聚焦特点需求的研究和验证，以完成型号立项前的技术准备；航空应用研究——针对某航空型号研制进行的新方法、新技术，以及验证研究。

9.2 设计技术

设计是指设计师有目标有计划地进行技术性的创作与创意活动，将某种规划或设想通过特定的形式表达出来的过程。飞机设计是综合利用现代科学技术的成果，以系统工程的方法，用工程技术语言(图样和技术文件等)形式，规定和约束技术事项，以指导飞机的制造、试验和使用的过程，同时涉及大量设计理论、方法和工具的应用。

飞机设计的主要内容包括气动设计、结构设计、动力设计、系统设计、性能设计与分析等方面。飞机设计是个反复权衡、寻优迭代的过程，也是个折中、综合的过程，因此具有极大的挑战性。

9.2.1 气动设计

气动设计的主要任务是研究飞机的气动布局，选择翼型和机翼、尾翼及操纵面的形状与参数。

1. 气动布局

气动布局是指各气动承力面的安排形式。全机的气动特性取决于飞机各承力面的相互位置、相对尺寸和形状。简单地说，就是要明确负责保证飞机稳定性和操纵性的辅助承力面前翼(鸭翼)、平尾以及垂尾和主要负责产生升力的主承力面机翼的相互关系问题。

常用的气动布局形式包括常规布局、鸭式布局、无尾布局或“飞翼”布局，以及三翼面布局，如图 9.1 所示。

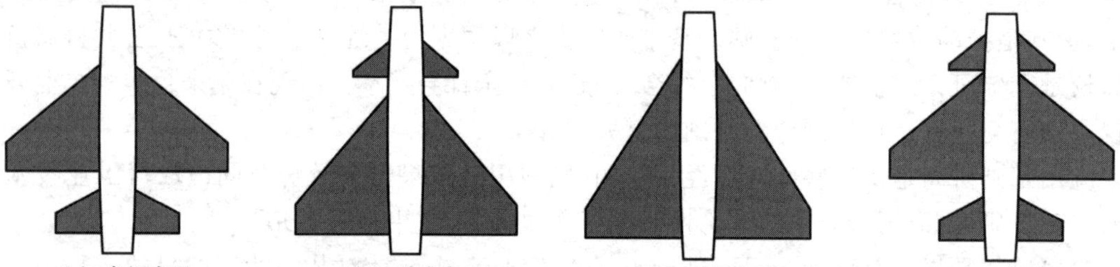

(a) 常规布局　(b) 鸭式布局　(c) 无尾布局　(d) 翼面布局

图 9.1　四种气动布局形式

(1) 常规布局

常规布局是最常见的，水平尾翼(水平安定面)在机翼之后的布局形式。常规布局兼顾了高速和低速性能，是应用最多的一种气动布局形式。

20 世纪 60 年代，美国诺斯罗普公司为提高 F-5 战斗机的机动性，在常规布局机翼翼根前部增加了一个大后掠的边条，本是为使机体横截面的分布更加符合面积律的要求，减小跨声速时的激波阻力，但意外发现加装了边条翼后，不仅减小了飞机跨声速时的波阻，而且大迎角时的升力还加大了 10%，极大改善了飞机的瞬时转弯性能。后经进一步研究表明，这种升力增量是由边条翼产生了涡流影响机翼翼面气流而形成的。这种大后掠的狭长小机翼，就称为边条翼。采用边条翼后，在大迎角下，边条产生脱体涡，不仅产生涡升力，还改变了基本翼流场，提高了大迎角特性，如图 9.2 所示。

(2) 鸭式布局

鸭式（又称前置翼、前翼）布局是指水平尾翼（水平安定面）移到主翼之前的一种气动布局形式。根据鸭翼距气动中心（或机翼）的距离，可分为近距鸭翼和远距鸭翼两类。

近距鸭式布局，即鸭翼与机翼的距离比较近。随着漩涡空气动力学的发展，瑞典的贝尔伯姆教授最先发现近距鸭式布局在大迎角时，鸭翼很容易诱导出稳定的脱体涡，涡流流过机翼上表面，与机翼以及飞机后体流场发生耦合效应，能够在很大程度上减小机翼上表面的压力，从而使得飞机的升力显著提高，如图 9.3 所示。同时可以延迟飞机机翼的失速，提高飞机的失速迎角，使得飞机具有良好的过失速稳定度。另外，鸭翼诱导的脱体涡可以和气动弹性剪裁后的后掠翼耦合作用，有助于机翼产生接近椭圆的展向压力分布，从而减小飞机的飞行阻力。不过在超声速飞行时，由于流场的复杂性等原因，近距鸭式布局飞机的阻力一般要比远距鸭式布局大得多。总的来说，近距鸭式布局主要优点是能够提升飞机在大迎角飞行时的飞行性能，以及改善飞机的起降性能。

图 9.2　计算机模拟的 F-18 边条翼产生的流场

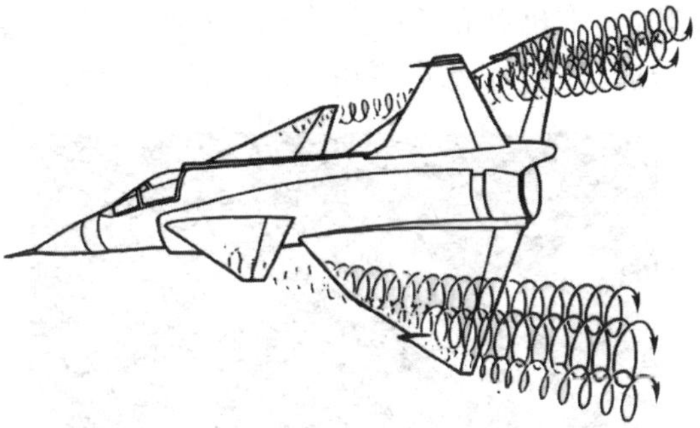

图 9.3　鸭翼产生脱体涡流过机翼上表面

鸭翼距主翼较远，距质心的力臂较长的布局，称为远距耦合鸭式布局。此布局下，脱体涡增升的作用也还存在，但是已经比较弱了。鸭翼的设计主要考虑全机操纵性和升阻比方面。为了保证飞机的纵向稳定性，鸭翼面积通常比近距鸭式布局的小得多。由于鸭翼产生的是正升力，属于主动力控制，并且远距鸭翼的控制力臂也很长，因此鸭翼不需要偏转很大的角度就能取得良好的控制效果。这样在高速飞行时，阻力就非常小。

相比于近距鸭式布局，远距鸭式布局的流场要简单得多，早期的带鸭翼飞机也多为此布局。相比于近距鸭式布局，远距鸭式布局的优势在于阻力小，流场相对比较简单，适合超声速飞行。

早在 1903 年，莱特兄弟的“飞行者 1 号”飞机使用的就是前翼配置，但是在莱特兄弟以后，大部分飞行器采用尾翼配置。一个可能的原因是要避免使用莱特兄弟的专利，另一个主要原因是使用前翼配置较不容易稳定，早期的技术较不发达，使用前翼很难设计，尤其民航机对稳定性的要求非常高，所以也不可能采用前翼配置。

20 世纪 60 年代，XB-70 超声速实验机采用前翼配置证明前翼配置的可行性，加上前翼的操控性比较好，所以近几年来，许多先进战机常常采用前翼设计，如苏-47。当然也是有客机使用前翼的例子，如图-144。

(3) 无尾布局或“飞翼”布局

无尾布局是指只有一对机翼，不设置平尾和鸭翼的飞机布局形式。它的俯仰平衡和操纵靠机翼后缘的升降副翼来完成。无尾飞机以其良好的隐身性能、敏捷性和便于装载货物等优点吸引了人们越来越多的兴趣。由于取消平尾和机身载荷减小，结构重量轻，降低了阻力。但是，为保持飞机平衡须付出一定的阻力代价；并且起飞着陆性能较差。为了改善起飞着陆性能，无尾飞机通常采取较大的机翼面积。将飞机重心移到气动中心之后，可克服配平阻力大的缺点，再配以前缘增升装置，进一步改进机动性和起飞着陆性能。所以，无尾翼飞机实际上只是无水平尾翼的飞机，如图9.4(a)所示。

在无尾布局的基础上，再将垂尾取消，就像一个飞行的机翼，所以称为“飞翼”布局。早在第二次世界大战期间，美国和德国就开始研究飞翼布局的飞机。现代采用飞翼布局的最新式飞机就是美国B-2隐身轰炸机，见图9.4(b)。由于飞翼布局没有了水平尾翼和垂直尾翼，升阻比较大，且雷达反射波很弱，B-2飞机在雷达上的反射面积只有同类大小飞机的1/100。但“飞翼”布局飞机的最大问题就是稳定性和操纵性，需要有一套较好的电传飞控系统作为支撑。B-2飞机在机翼后缘布置了8片舵面，采用一套新的控制系统进行3个轴向的力矩控制，还有一个舵面位于后缘中央用于阵风载荷减缓。

(a) 无尾布局的幻影2000

(b) 飞翼布局的B-2轰炸机

图9.4　无尾布局和飞翼布局

(4) 三翼面布局

三翼面布局是在正常式布局的基础上增加一个水平前翼而构成(即前翼＋机翼＋平尾)，因此，它综合了正常式和鸭式布局的优点，经过仔细设计，有可能得到更好的气动特性，特别是操纵和配平特性。F-15加前翼构成三翼面布局(AFTI-15布局)，其机动性改善是显著的。

常规布局加一个水平前翼构成三翼面布局(前翼，机翼，平尾)，其不仅能保持近距鸭翼脱体涡对机翼有利干扰，而且三翼面同时操纵提高了操纵效率，减小了配平阻力。三翼面布局可实现飞机直接力控制及保证足够的低头恢复力矩，改善大迎角特性，提高最大升力，而且减小了主翼面承受的过载，如图9.5所示。俄罗斯把苏-27加小前翼改为舰载型，又把苏-27加大前翼改成苏-35，其机动性得到更大提高，主要得益于升力的增加。

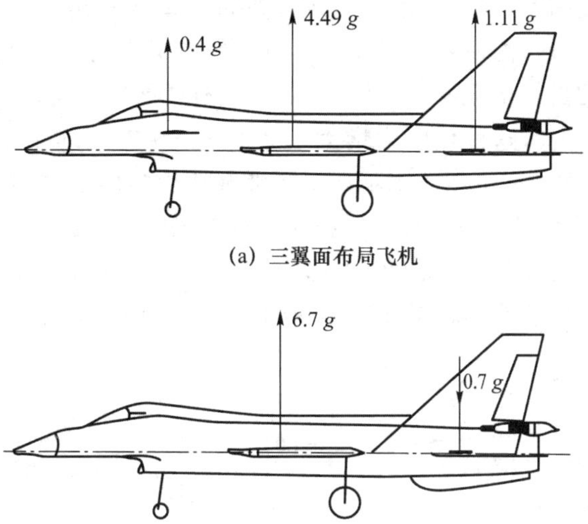

(a) 三翼面布局飞机

(b) 常规布局飞机

图 9.5 三翼面布局与常规布局受力对比

实际上，上述四种气动布局中也有很多的变化，且除上述四种基本的气动布局以外，还可能产生其他的新的气动布局形式。

2. 翼型设计

通常，飞机的升力主要是由机翼产生的，而确定机翼升阻力特性的重要因素之一就是翼型。

随着航空科学的发展，世界各主要航空发达的国家建立了各种翼型系列。美国有 NACA 系列，德国有 DVL 系列，英国有 RAF 系列，苏联有 ЦАГИ 系列等。由于 NACA 翼型系列的资料比较丰富，飞行器上采用这一系列的翼型也比较多。这些翼型的资料包括几何特性和气动特性，可供气动设计人员选取合适的翼型，如图 9.6 所示。

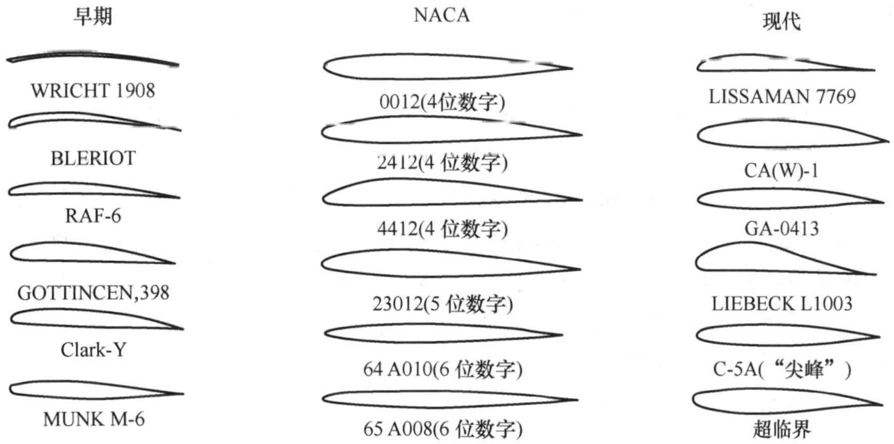

图 9.6 常见翼型

低速翼型一般具有相对厚度较大，相对弯度较大的特点。NACA 4 位数翼型族和 5 位数翼型族都是典型的低速翼型。

随着飞行速度的提高，出现了适用于较高速度的一些翼型族，称为层流翼型，它的前缘半径较小，最大厚度位置靠后，能使翼型表面上尽可能保持层流流动，以便减小摩擦阻力。

随着飞行器速度的进一步提高，流过翼面的流速有可能超过当地声速，这时流动中会出现激波，还可能引起流动分离，这都使阻力增大。20 世纪 60 年代，英国的 H・H・皮尔赛和美国的 R・T・惠特科姆发现有可能找到不产生激波或产生较弱激波的跨声速翼型。他们和荷兰的 G・Y・纽兰德分别设计了“超临界翼型”“尖峰翼型”和“拟椭圆翼型”等跨声速翼型。超临界翼型的特点是头部比较丰满，上表面中部比较平坦，下表面尾部上凹。因此压强分布也比较平坦，没有显著的高峰，并能比较平缓地减速到亚声速（或仅出现较弱激波），升力系数较大，如图 9.7 所示。

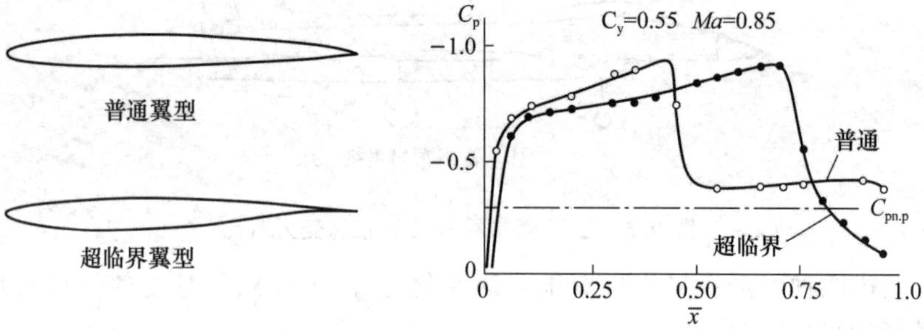

图 9.7　常规翼型与超临界翼型比较

以超声速飞行的飞行器，为了减小波阻常采用尖前缘的对称翼型。常见的翼型有菱形、六面形和由上下两圆弧组成的双凸翼型。由于飞机要在低速到高速的整个范围内飞行，翼型的选用必须兼顾高、低速特性，而且采用后掠可使超声速飞机的机翼保持亚声速前缘，所以大多数超声速飞机仍采用小钝头的亚声速翼型。而超声速导弹主要用作超声速飞行，因此弹翼多采用超声速翼型。

众多的翼型为飞机设计提供了方便，但并非一定能找到完全合适的标准翼型，这时应根据特定的需要对某一接近的翼型进行修型处理。

3. 机翼外形设计

决定飞机升阻力特性的还有机翼外形。在机翼设计的过程中，首先就要满足飞机性能的要求，包括：在起飞、着陆和空中机动状态下有尽可能大的升力及高的升阻比；在巡航状态和大速度下有尽可能小的气动阻力；在全包线范围内有良好的纵向和横向操纵安定性，特别是在低速时要有线性的俯仰力矩特性、较高的副翼效率及横向特性。其次是要满足强度和气动弹性的要求，也就是使机翼具有足够的结构刚度和较轻的结构重量及较大的颤振速度。

机翼外形对飞机气动特性的影响很大的，其中包括展弦比、后掠角、安装角、上反角等一系列重要参数。一般情况下，随着马赫数的增大，机翼展弦比减小，以减小超声速阻力，后掠角加大，但过大的后掠角会使结构重量变大。

9.2.2　主动控制技术

主动控制技术（Active Control Technology），是由美国率先提出的一种飞机设计和控制技术。从飞机设计的角度来说，主动控制技术就是在飞机设计的初始阶段就考虑到电传飞行控制系统对总体设计的影响，充分发挥飞行控制系统潜力的一种飞行控制技术，如图 9.8 所示。

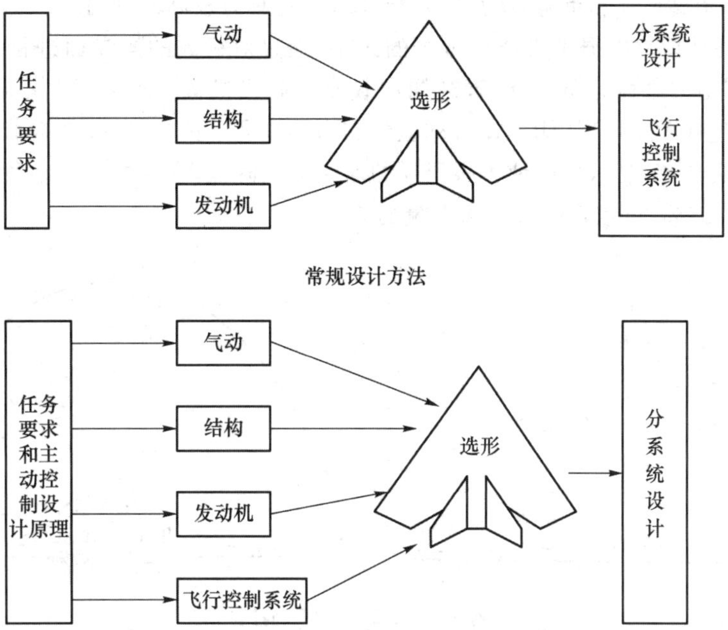

常规设计方法

主动控制技术设计方法

图 9.8　常规设计方法与主动控制技术设计方法的区别

在传统的飞机设计中，并不考虑飞行控制系统的协调和提高整机性能的作用。因此，设计出来的飞机即使不加任何飞行控制设备也必须是稳定可飞行的。所加的飞行控制系统只应用在飞机可能提供的控制面（升降舵、方向舵和副翼等）上，且从安全考虑其操纵权限还要受到严格限制。所以，这种飞行控制只能算是"被动"式控制，基本功能是辅助飞行员对飞机进行姿态和航迹控制。

主动控制技术利用闭环反馈控制原理，解决了仅靠气动布局和结构设计难以解决的飞机性能提高难题。同时，主动控制技术也直接推动形成了一种新的设计概念，就是在设计之初，就把闭环控制技术和气动、结构、动力一同作为设计基本要素，使飞机总体布局具有了更大的空间，因此称为随控布局技术（Control Configured Vehicle，简称 CCV）。

主动控制技术包括结构主动控制和飞行主动控制两部分，主要包括以下几个方面：

① 放宽静稳定度。传统飞机必须设计成静稳定的，即重心必须在气动焦点之前，且留有足够的裕度。

对于静稳定的常规布局飞机，在亚声速状态，飞机本身具有一定的低头力矩（俯仰力矩为负），为克服这一力矩，需要升降舵向上偏转，使平尾产生一个向下的负升力以保持飞机纵向平衡，此升力与翼身组合体升力正好相反，降低了总升力。为此需要在结构、气动方面付出较大的代价，使飞机尺寸加大、重量加大、阻力加大。放宽静稳定度就是将重心后移，甚至移到气动焦点之后（静不稳定），通过电传飞控系统的增稳能力，保持飞机的稳定性。

在超声速状态，无论普通构型的飞机还是放宽静稳定性的飞机，一般都具有作用在重心之后的翼身组合体升力矢量。因为放宽静稳定度的飞机的重心比普通飞机的重心更靠后,这样为配平由于翼身组合体升力引起的负俯仰力矩所需要的尾翼向下载荷比普通飞机要小,因而就可以大大减小尾翼尺寸和重量,使其在超声速状态也具有较高的升力。

② 控制机动载荷。根据飞机任务过载的大小,通过对机翼的操纵面进行主动偏转控制,来自动调整机翼上的载荷分布,以改善结构承载或提高飞机机动性,如图 9.9 所示。B-52 飞机飞行时,根据过载大小,将外侧副翼对称上偏和内侧襟翼下偏,可以改变载荷的分布,使得翼根载荷加大,翼尖载荷减小,从而使翼根所受的弯矩大大降低,在同样的机动条件下,可使翼根弯矩减少 10%~15%,可减轻机翼结构重量的 5%。

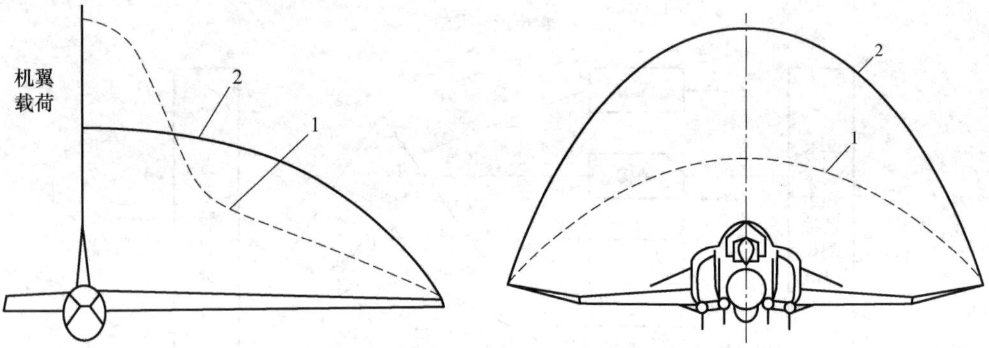

1—常规设计; 2—机动载荷控制

(a) 大型飞机(降低翼根弯矩)　　(b) 战斗机(增大升力系数)

图 9.9　机动载荷控制的作用

③ 控制突风载荷。在飞机的适当部位安装加速度计等测量设备,测得阵风或大气紊流等干扰信号,这些信号经过计算机分析和处理,生成相应的控制指令来控制相应的操纵面(如鸭翼)偏转,从而增加飞机的状态阻尼。这一控制过程可使因阵风或大气紊流引起的机翼升力变化减小,防止飞机产生较大颠簸、增加结构疲劳、降低乘客的乘坐舒适性、影响武器投射精度。

美国的 B-1 轰炸机在座舱下机身两侧安装了一对下反角为 30°的操纵面,操纵面可以偏转 ±20°。当遇到突风时,将两操纵面对称偏转可产生垂直控制力,而差动偏转可以产生横向控制力。

9.2.3　结构设计

航空器结构是指由多个零件构成,能够承受载荷和应力及变形,并满足规定强度、刚度要求的结构体。飞机结构设计的主要任务包括:全机结构布局——确定各部件的主承力结构形式及传力路线,布置主要受力结构件,并选择结构分离面等;选择结构元件参数——在结构布局的基础上选择并优化各结构元件的尺寸及材料等;结构细节设计——在结构元件优化的基础上,对结构的细节(如开孔、连接、圆角等)进行具体设计。

1. 结构设计要求

结构设计的基本原则只有两条。一是结构传力合理,力求综合承载;二是力求重量最轻。

飞机结构设计的具体要求包括:

①满足静强度要求,也就是能承受飞机所受的各种载荷,包括飞行时和起飞着陆等地面

载荷。

② 满足飞机的使用寿命要求。

③ 满足耐振与耐噪要求，飞机在工作中会产生很大的振动和噪声，而这些振动和噪声无疑对飞机是有损伤的，所以飞机的设计必需满足这些要求。

④ 满足结构外形要求，飞机对外形要求严格，因此在布局设计中要充分考虑这一点。

⑤ 满足颤振和气弹要求。由于飞机结构并非完全刚性的，因此在气动力的作用下势必产生弹性变形，弹性变形就产生恢复力矩而影响气动力和惯性力。这种气动力和弹性变形的交互影响就会产生振动，这就是气动弹性问题。如果不加以控制，将对飞机造成非常大的影响，甚至造成结构断裂。因此必须考虑抑制颤振的问题。

⑥ 满足生存力要求。飞机和一般的机械不一样，一旦出现问题就可能出现机毁人亡的事故，而飞机不可能百分之百的可靠，因此，必须考虑到万一出现问题如何能提高飞机，特别是成员都生存力的问题。

⑦ 满足工艺性要求。在论证阶段就要考虑工艺水平的要求，同时，在现有工艺水平下，设计时也要充分考虑工艺的要求。比如原来一些飞机的梁是采用整体厚板料或型材硬抠出来的，而现在可以采用薄壁铸造或 3D 打印等方式完成。内部空心的零件原来是无法加工出来的，现在也可以加工了。

⑧ 满足维护性和可靠性要求。飞机不是百分之百可靠的，那么就要为每一个零部件分配可靠性指标，我们将零部件分为易损件、可维修件和不可维修件。对于易损件必须要安排在比较方便更换的地方，而可维修件一般就要安排在比较方便拆卸和维护的地方等。

⑨ 满足经济性要求。不管是民机还是军机都存在经济性的要求。比如 F22 是一架好飞机，但因为太贵了无法满足经费的要求，所以又研制了 F35 等。

⑩ 对于军机来说，还要满足隐身性能要求。军机的隐身性我们已经在前面介绍过了，这里不再赘述。

2. 飞机所受载荷

飞机结构设计主要取决于飞机所受到的外载荷。飞机的外载荷就是飞机在飞行、起降以及地面滑跑和停放时所受的外力，包括气动力，以及起降、滑跑与停放时受到的地面反作用力等。飞机设计水平的好坏，通常可用结构重量因数(系数)来衡量。结构重量因数用飞机结构重量与飞机正常起飞重量之比的百分数来表示。经历了百余年的发展，战斗机的重量因数从35%降到 28%。但在设计中载荷如何确定非常关键。由此，引出几个关键术语。

① 使用载荷：指飞机飞行过程中实际可能遇到的最大载荷，也称限制载荷。

② 设计载荷：指为保证飞行安全，必须留有一定的安全余度，结构必须要能承受高于使用载荷的负载。这个载荷称为设计载荷或极限载荷。

③ 安全系数：就是给定的安全裕度。这个值与许多因素有关如对材料性能稳定性的判断、结构失效的形式、使用环境等。一般安全系数可定为 1.5。

计算飞机载荷的依据包括重量、气动构型和飞行包线等。

3. 结构设计思想的演变

飞机的结构设计思想来源于飞机的使用实践，对飞机设计不断提出的更高、更新的要求促使飞机设计思想不断地发展和演变，这是飞机发展史上的一大特点。这种演变，对军用机而言，主要取决于飞机的作战性能、生存力、生产成本和使用消耗等全寿命成本的要求；对民机而言，特别重要的是安全性和经济性。就其发展过程看，大致可划分为5个阶段。

(1) 静强度设计阶段

自20世纪前期开始，飞机结构都按静强度要求进行设计。设计中通常采用设计载荷法，设计载荷为使用载荷乘以安全系数。静强度设计准则为结构材料的载荷极限(或称极限承载能力)大于等于结构的设计载荷，即认为结构安全。

(2) 静强度和刚度设计阶段

随着飞机飞行速度和战术技术性能要求的提高，要求采用阻力系数较小的薄翼型，使气动弹性问题变得突出起来。因此，要求结构不仅要具有足够的静强度，而且还应有足够的刚度，以避免结构处于结构共振点附近，也不能出现过大结构变形以至影响飞机的性能，并能满足设计中对颤振临界速度(动气动弹性问题)和静气动弹性问题提出的刚度要求。

(3) 强度、刚度、疲劳安全寿命设计阶段

第二次世界大战以后的十年中，世界各国的军用和民用飞机相继出现因疲劳破坏而造成的灾难性事故，尤以1945年英国“彗星”I号客机连续两次坠入大海引人注目。之后大量的分析和研究表明，只按静强度、刚度设计的飞机并不安全。随着飞机使用寿命的提高(这40余年来，战斗机的使用寿命由1 500飞行小时提高到了5 000～8 000飞行小时；运输机的使用寿命由2 000飞行小时提高到30 000～60 000飞行小时)，加之高强度材料的应用(一般疲劳性能较差)和使用应力水平的提高均增加了结构疲劳破坏的可能性。因此飞机设计在静强度、刚度基础上，又引入了抗疲劳的安全寿命设计思想。安全寿命设计思想从50年代起延续至今。

(4) 强度、刚度、损伤容限和耐久性

自60年代末期起的几年当中，原按疲劳安全寿命设计的多种美国空军飞机出现了某些断裂事故。由事实看出，按安全寿命设计并不能确保飞机的安全。因为它没有考虑到结构在使用之前，由于材料、生产制造和装配过程中已存在有不可避免的漏检的初始缺陷和损伤，加之当时使用的高强度或超高强度合金的断裂韧性降低等，这些缺陷、损伤于使用过程中在重复载荷作用下将不断扩展，直至扩展失控造成结构破坏和灾难性事故。因此，美国空军于1971年的军用规范中提出了安全寿命/破损安全设计思想作为过渡性措施，曾得到广泛应用。1974—1975年美国颁布了第一部损伤容限设计规范。损伤容限设计概念承认结构在使用前就带有初始缺陷，但必须把这些缺陷或损伤在规定的未修使用期内的增长控制在一定的范围内，在此期间，受损结构应满足规定的剩余强度要求，以保证飞机结构的安全性和可靠性，同时不致使飞机结构过重。损伤容限结构分为两种结构类型，一种为破损安全结构类型，另一种为缓慢裂纹扩展结构类型，其中：

① 破损安全结构。所谓破损安全即指有某个结构元件破损后，其残余结构尚能承受一定的载荷，并在下一次检查前不会出现结构破坏；检查出此破损后，应加以维修或更换。

② 缓慢裂纹扩展结构。缓慢裂纹扩展结构通常适用于不可检测处的结构，此时要求在整个使用寿命期内，裂纹应缓慢发展，以使其不会达到临界裂纹长度。最后通过损伤容限试验加以验证。到80年代末，美国逐步放弃了安全寿命概念，而用按耐久性考虑的经济寿命取代安全寿命。

(5) 结构可靠性设计阶段

结构可靠性设计是指在产品设计过程中，为满足产品可靠性要求，将产品性能指标和可靠

性指标进行综合分析与设计的过程，目的是通过可靠性分析与可靠性评估，从产品结构、材料、工艺、使用条件等方面不断优化可靠性设计方案，消除潜在故障模式，使设计的产品满足预期性能要求和可靠性要求。

可靠性设计技术的发展，是从军方作战成功率的需求开始的，围绕装备故障的消除和维修成本的控制，从设计经验到设计方法，再上升为标准化设计要求，即经验→方法→标准，从而形成标准化的可靠性设计与分析工作项目，指导人们在产品设计过程中通过可靠性设计与分析，挖掘和明确产品潜在的隐患和薄弱环节，系统性和有针对性地进行可靠性设计。

随着人类对机器的需求不断增加，机械可靠性设计也将面临更多的挑战和机遇。在未来的发展中，其有以下三大趋势：

① 多学科交叉。在未来的机械可靠性设计中，需要涉及多个学科领域的交叉，例如材料学、工程学、计算机科学等。只有通过多学科的交叉，才能够使机械产品达到最优化的设计。

② 数据化可靠性设计。随着大数据的兴起和人工智能技术的发展，数据将成为机械可靠性设计的核心。在未来的机械可靠性设计中，将会利用数据分析方法，从大数据中提取机械产品的关键信息，并通过数据化分析得出最优的解决方案。这将极大增强机械产品的可靠性和生产效率。

③ 智能化。随着人工智能技术的不断发展，机械产品将变得更加智能化，机械可靠性设计也需要适应智能化的趋势。未来的机械可靠性设计需要考虑到人工智能技术在设计中的应用，从而实现机器之间的互联和共享，甚至代替人类进行某些操作。

9.2.4　“五性”与环境适应性设计

为保证飞行安全，提高航空器使用效能，必须从设计阶段就把可靠性、维修性、测试性、保障性和安全性（合称“五性”，英文简称 RMTSS）要求融入产品当中，一是新研制的航空器达到所期望的 RMTSS 水平。近年来，军用航空器对环境适应性的要求越来越高，成为传统“五性”之外的“第六性”。

9.3　航空制造

制造是将原材料和零部件转化为成品的过程。制造业起源于石器时代。从新石器时代简单的工具，到今天复杂的智能工厂，制造业经过千年的发展，蜕变成了由技术驱动的创新行业。

航空制造指按航空器的设计要求制造航空器的过程，是根据设计要求将原材料加工、组装成航空器的工业活动。航空制造的含义很丰富，即可是指专门从事航空成套技术装备加工、生产的产业；也可指用作航空器加工、生产、装配等的技术；也可指航空制造工程。

由于航空产品与一般机械产品的不同，决定了航空制造和一般机械制造存在很大的区别。现代航空制造是装备制造业中最复杂、覆盖技术门类最多的一个领域，往往代表了一个国家相应制造业的先进水平。航空制造对航空工业发展乃至国民经济发展具有非常重要的作用。

航空制造总是随着新材料、新工艺、新技术的重大突破，航空器的发展不断促进制造技术的发展，制造技术的发展又为航空器的发展提供了新的基础和保障。航空制造是航空事业发展的技术基础。

航空器有着近乎苛刻的精度要求、质量要求、可靠性和安全性要求等，需要大量先进技术作为支撑。历史上,因制造技术“拖后腿”而牺牲航空器性能的例子并不鲜见,因制造技术的突破而使航空器性能提升的例子更是不胜枚举。

航空制造技术是航空器研发过程中的核心环节之一,新技术的应用、科学的工程管理、合理的工艺选择都将直接缩短研发周期和降低成本。

此外,航空制造业历来都是先进制造技术云集的领域,代表一个国家的最高制造水平。其在国民经济系统中具有很强的带动性和可扩散性,产生的拉动效应,远超在航空产业链中的价值。

9.3.1 航空制造过程

传统的焊工制造过程需要经过毛坯制作、零件加工、装配、试验测试等阶段。

(1) 毛坯制造

毛坯制造是零部件制造的首道工序,指采用铸、锻、焊和下料等方法,将原材料制作成毛坯的过程。由于航空零部件的高要求,因此采用大量先进工艺和专用加工装备,例如,等温锻造、差压铸造、液态模锻、摩擦搅拌焊、化学铣、对称铣、精密钣金成型、近净成型和超塑成形等精密制坯技术。

(2) 零件加工

零件加工是将毛坯加工成零件的过程,传统的零件加工方式分为冷加工和热加工两类。其中,冷加工包括:车、铣、刨、磨、钳、钻、冲、钣金和铆等无须对毛坯进行加温的加工方式;热加工包括:铸造、锻造和热处理等,热加工方式必须对毛坯进行加温,通过加温改变材料的微观结构和性能。随着科技的进步和航空工业的进步,又出现了很多新的加工方式,如括电解、电脉冲、电火花、化学铣、激光束、电子束、离子束等特种加工,以及铸、锻等加工。。

传统的零件加工方式都是采用去除材料的方式进行的,又称为减材制造,但减材制造对一些复杂结构零件进行加工难以实现,且浪费大量材料,制造自由度存在一定的局限。为解决这些问题,出现了增材制造方式,即 3D 打印方式。增材制造基于计算机辅助设计(CAD)模型,通过逐层添加材料的方式来构建物体,是一种先进的制造技术,特别适用于结构复杂,批量不是太大的场合,如航空制造。但增材制造也存在一定的缺陷,如尺寸精度和粗糙度难以与减材制造相比等。

(3) 装　配

装配是将加工好的零件组装成构件、部件和整机的过程,分为构件装配、部件装配和总装配。构件装配是将一组零件装配成比较简单的构件,如翼梁、翼肋、隔框等;部件装配是将一组零件和构件装配成比较复杂的部件,如机翼、平尾、垂尾、机身等;总装配是将所有部件(包括电子、电气部件等)组装成整架飞机的过程,总装配有时也分为初装和总装两道工序。

(4) 试验测试

无论是加工好的零件、装配完成的构件、部件还是整机,均需要进行相关的试验测试,以评价产品质量和功能特性是否符合设计要求。整要架飞机装配完毕后,需要进行各种地面和控制的试验,试验合格的飞机方可出厂交付。新飞机还要经过严格的静力破坏试验,以及试飞前进行全机各系统的地面试验和检查。

发动机制造过程与飞机机体的制造相近,但由于发动机的工作环境特殊,性能要求高,其制造难度甚至超过飞机的机体。能长时间在高温高速运转条件下工作的盘件制造尤为重要,设及大量热加工与特种加工技术。

航空制造还涉及大量电子与电气制造、装配与试验工作，一般过程包括：选配元器件组装电路板，组装设备单元，进行封装或加固处理，组建成设备或分系统，然后进行系统性能调试和测试。

9.3.2 航空制造的特点

航空产品既是一种机械产品，又与一般的机械产品有着很大的区别。由此，就决定了航空制造与一般机械制造存在较大的区别，其主要特点如下：

(1) 系统复杂程度高，结构复杂，技术门类多

由于航空产品应用领域的特殊性，导致航空制造业呈现系统高度综合的产业特点，系统间构成了复杂庞大的关系网，并在精度上有高标准、严要求。航空制造产业零部件种类繁多，零部件数量达到 500 万量级，不仅需要各种形式的制造技术，而且要求零部件之间具有很高的协调性。

航空产品的研发较其他行业相对复杂，美国兰德公司研究了 1965—2000 年美军采购战机的相关历史数据后发现，制约防空系统创新理念落地的瓶颈问题在于复杂度管理能力。其中，在新的防务产品带来的价值增长中，与复杂度管理相关的影响因素占 5 成左右。航空航天系统从设计、集成到测试所耗费的时间大于集成电路、汽车制造。不考虑通货膨胀因素，从 20 世纪 60 年代至今，航空航天系统开发费用增长率达 8～12 倍，其他两个产业却没有明显增长。

由于航空器构件的表面曲面尺寸大，精度要求高，需要采用不同于一般机械制造的技术手段，如用成套的模线样板系统来保证其准确性、一致性和互换性。但随着数字化设计和制造一体化技术的应用，这类技术有望被新技术取代。

(2) 多品种、小批量和定制化

航空产品包括飞机、发动机及各类机载设备等，其品种多，型号和批次多达几十种，但单一型号的飞机年产量却往往不超过百架，是典型的多品种、小批量、个性化、变批量生产模式，具有改进型性多、更新换代快的特点。这就要求生产制造具有高度的柔性和应变能力，且具有强烈的自动化需求，增加了生产体系的构建和运营成本，同时对生产设施的高度柔性化和智能化，以及生产运营过程的精益化提出了很高要求。

(3) 生产制造过程工艺路线长，产品制造和装配要求高

作为高价值产品，航空产品工件生产制造工序多，误差积累的环节多。航空行业的机械加工往往需要突破零部件尺寸大、结构复杂、刚性弱、材料难加工和加工精度要求高等一系列复杂制造难题。航空产品装配过程以人工为主，大部件精准对接，表面接插控制和零部件协调操作对操作人员来说难度大。在制造数据管理中，产生的数据模型体量庞大，从时间与准确性上对数据控制有严格要求。

(4) 生产组织管理复杂，供应链协同难度大

航空产品从设计试验到生产制造，跨越产业链不同的企业，这些企业地理位置分散，属于典型的跨企业跨地域协同，带来产业链协同的难度较高，不方便管理。负责生产的单位层级多、配套链长。成品供应商遍布世界各地，联系不便。供应链—产业链难以协同一致是航空制造业发展的主要瓶颈问题。

按照标准的供应链管理模型，制造业产品的生产从供应商到核心企业再到客户都具有采

购、生产、配送和退货等环节的协同迭代，是较长的价值创造协同过程。不同产业对产业链、供应链和价值链三链协同的关注点差异较大。流程制造业和电子等行业往往关注采购、库存，这些行业供应链中采购成本占比较大；食品等行业关注物流和运输，特别讲究时效性；国防装备的供应链则提出安全可控、充足保障、柔性敏捷等要求。而作为离散制造业的航空航天行业，由于自身产业特点，往往强调总集成商牵引的上下游协同，重点为精准供应链和精益化生产，通过追求生产均衡，实现从产品总装、部件/系统到一配、二配供应链的精准协同，并寻求供应链、产业链和价值链协同下的最优能力配置。

9.3.3 航空制造关键技术

航空制造技术可按照制造对象不同，大致分为机体制造、发动机制造、机载设备制造和支持产品制造的工艺装备制造。

1. 机体制造技术

随着航空技术的发展，航空器的功能越来越多、机构越来越复杂，机体结构也就变得越来越复杂。飞机制造面临的问题主要是大型零部件和薄壁零部件的制造和装配问题。除传统的制造技术以外，现代航空器机体的关键技术主要包括以下几个方面。

(1) 先进复合材料结构的制造技术

复合材料因其各向异性的特点被越来越多的机型所采用。按照结构重量占比，美国 F-35 的复合材料占比约为 36%，波音 787 和空客 350 的复合材料占比超过了 50%，而且碳纤增强树脂基复合材料已越来越多地从非承力构件向主承力构件扩展。

目前，复合材料结构件加工已经由手工剪裁、铺叠，发展到了数控下料、自动铺叠和缠绕，并成为复材大型蒙皮、翼梁、机身壁板、框等主承力件整体成型的标准制造技术。先进复合材料制造技术主要涉及多种制造工艺，包括预浸、压缩、注射、聚合等。树脂转移成型(RTM)技术将干的碳纤维带预先铺在模具内，然后在一定温度和压力下，向模具内注入树脂，并进入热压罐进行固化，节省了预浸工序。在此基础上，采用真空工艺的辅助树脂转移成型(VARTM)技术，可使成型产品获得更高的可重复性和精度。俄罗斯 MS-21 的机翼采用了一种真空囊膜技术进行复合材料成型方法(OOA)，该技术特别适用于建造大型主要结构元件，可使成本更低，生产周期更短，品质更高，如图 9.10 所示。

图 9.10 MS-21 复材机翼主体铆接前后

(2) 大型金属整体结构件制造技术

飞机的主承力构件,如机翼、机身壁板、大梁、加强框、油箱等,广泛采用整体金属结构,与传统的铝合金铆接结构相比,结构效率提高 3 倍,抗疲劳能力提高 4～6 倍。

金属整体结构制造技术包括制坯、超塑成型、精密铸造、高速高效数控加工,以及化学铣削和焊接等技术,是现代航空制造中的关键技术之一。其中精密铸造技术可使大型钛合金和铝合金结构铸件达到近无余量成型,是轻量化、精确化、长寿命、低成本成品发展的重要基础技术;采用更多的整体构件,以铸代焊、代锻、代组装,可提高最终产品的结构完整性和性能;高速高效数控加工广泛用于起落架、框、梁,以及大型蒙皮内表面的铣削,如图 9.11 所以;化学铣削加工费用低、加工精度高、无需数控机床和铣削工具,特别适用于钣金件减重以及双曲度蒙皮壁板的制造,且不产生残余应力。

图 9.11　加工完成的机翼壁板

(3) 钣金件制造技术

飞机钣金制造技术是航空制造工程的一个重要组成部分,是实现飞机结构特性的重要制造技术之一。飞机壳体主要是钣金件铆接结构,在飞机上钣金零件众多,据统计,战斗机中超过 1 万件,轰炸机超过 4 万件,大型运输机甚至超过 6 万件。钣金零件数量占整机零件数量的 40%～50%,加工工时占全机总工时的 10%～20%。钣金是最传统的制造工艺,但随着飞机钣金件材料的发展和结构的高空度化和复杂化,精密钣金制造成为飞机制造的关键技术之一。钣金制造包括镜面蒙皮成型、壁板喷丸成型、钛合金钣金精密成型、橡胶囊液压成型,落压成型和数控柔性制造技术等。

喷丸成型是目前最适合机翼和机身整体壁板成型的方法,它是利用高速的球形弹丸喷射表面层,使之产生塑性变形的飞机钣金特种工艺加工方法。其最大的优点是不受零件长度限制,可以成型其他方法无法加工的复杂曲面,可以提高工件的疲劳强度和抗应力腐蚀性能。喷丸成型过程已实现计算机控制,并成为现代航空制造中的一项标志性技术,如图 9.12 所示。喷丸成型是一种形成复杂的空气动力曲线较好的方法。这种工艺还可用来矫正复杂零件由于机加工或热处理产生的扭曲变形。

(4) 连接与装配技术

航空制造中装配连接和装配的工作量很大。连接与装配技术分为机械连接、铰接、铆接等。原来大量采用的人工铆接,现在已越来越多的被机器人钻铆和自动钻铆装配取代。随着铰接、焊接、整体结构和复合材料结构的发展，机械连接呈减少的趋势。

图 9.12　采用预应力喷丸成型的 A380 机翼下壁板

目前，装配生产中大量采用数字化工艺规划、虚拟装配、在线测量、定位及监控技术，以及移动装配流水线等技术。与汽车行业的流水线不同的是，脉动装配生产线可以设定缓冲时间，对生产节拍要求不高，当生产某个环节出现问题时，整个生产线可以不移动，或留给下个站位去解决，当飞机的装配工作全部完成时，生产线就脉动一次。图 9.13 为 F-35 的脉动式总装线。

图 9.13　F-35 的脉动式总装线

自动化装配技术，可实现总装过程中大部件的钻孔、定位、连接、测量和对接的自动化。通过使用激光跟踪仪，以及面向跟踪仪设计制造的柔性、自动对接平台，可极大减少所需工装数量，显著缩短装配时间。

2. 发动机制造技术

图 9.14 为 PW4000 发动机。航空发动机的工作存在高温、高压、高速旋转等特点，对于结构的强度、耐高温、抗腐蚀、抗疲劳和可靠性等要求非常苛刻。因此发动机的制造难度要比飞机机体制造的难度更大，精度和质量的要求更高。高温型发动机采用大量新材料和新结构，如宽弦空心叶片、整体叶盘等。这些新材料和新结构的零部件用传统的制造技术难以完成，必须采用先进的制造技术和独特的解决方案。

图 9.14　PW4000 发动机

(1) 精密制坯技术

精密制坯(又称近净成型)技术广泛用于发动机零件毛坯制备,与普通的制坯技术相比,不仅材料的利用率高,加工量小,加工时间短,而且力学性能得到显著提高。精密制坯技术主要有:叶片定向凝固和单晶精密铸造、精密锻造、粉末冶金等静压制坯、精密辊轧技术等。

(2) 特种加工技术

特种加工技术主要指高能量束为代表的加工技术,包括:①激光加工,用于在耐热合金、复合材料、陶瓷机构上加工精密小孔、切割和焊接等;②电子束和离子束加工,通过电子束透镜产生的电子束和利用高能离子束流来制孔、切割、焊接和喷涂;③电加工,包括电解切割、电解磨削等电化学加工,以及电火花切割等电热加工技术;④磨粒流加工,利用高分子硅树脂聚合物磨粒对工件进行研磨抛光,用于整体叶轮叶型、轮盘榫槽、齿轮型面、模具型腔、交叉孔道的内表面抛光、去毛刺等。

(3) 先进焊接技术

焊接是航空发动机制造中的主要连接技术之　。利用先进焊接技术加工的先进焊接结构,可以显著提高发动机性能、寿命和可靠性,并减轻发动机的重量。目前航空发动机制造中应用的先进焊接技术包括电子束焊接、真空钎焊、扩散连接、惯性摩擦焊接,以及线性摩擦焊接等。

(4) 表面工程技术

表面工程技术是将零件表面经过预处理后,通过表面涂覆、表面改性或多种表面技术复合处理,改变固体金属表面或非金属表面的形态、化学成分、组织结构和应力状况,以获得表面所需性能的系统工程。在现代发动机制造中,表面工程技术得到越来越多的应用。表面工程技术包括喷丸强化、等离子喷涂、气相沉积、激光表面合金化、挤压强化,以及常规热表面处理等技术。

(5) 复合材料制造技术

采用复合材料制造发动机部件可以提高发动机的性能和可靠性。航空发动机制造中,不仅有纤维增强树脂基复合材料,金属基复合材料、陶瓷基复合材料也越来越多地得到应用。一些航空发动机的风扇机匣和风扇叶片等就采用了纤维增强树脂基复合材料。复杂曲面预制体设计技术、复合材料异形结构高精度制备技术、复合材料结构多尺度建模与精细化仿真以及复合材料机匣的包容性设计准则等都是复材应用的研究重点。

3. 机载设备制造技术

新型飞机的性能要求对机载设备提出了更高的要求，机载设备须高度集成化和综合化，更加小型化和轻量化，并具有更高的可靠性和可改进性，同时要求降低成本和全寿命周期费用。这必将使机载设备从材料、结构到精度都发生很大变化，带来机载设备制造技术的升级。

(1) 精密、超精密加工技术

该加工技术主要包括主轴转速 10 000～40 000 r/min 为代表的高速数控加工、亚微米及超精密加工技术和复合超精密加工技术，以及纳米级超精密加工技术。

(2) 航空微电子制造技术

航空微电子制造技术主要包括混合集成电路制造技术、微组装技术等。

(3) 焦平面阵列传感器制造技术

焦平面阵列传感器制造技术主要包括照相平板印刷技术与选择性刻蚀工艺、亚微米及精度和扫描焦平面制造技术、利用集成电路技术制造凝视焦平面阵列以及激光刻蚀和离子注入等工艺。

(4) 微机电系统制造技术

微机电系统制造技术主要包括整体微机械加工技术和表面微机械加工技术、三维微机械制造技术。微机电系统制造技术的核心在于通过微纳尺度结构实现传感器、执行器等器件的集成化生产。

4. 航空工艺装备

航空工艺装备是指在航空产品制造过程中，用于完成各种加工、检测、组装等工艺操作的设备和工具的总称。

航空工艺装备种类繁多，根据其功能和用途可分为以下几类：①加工设备：包括数控机床、车床、铣床、钻床、磨床等，用于完成航空产品的各种加工工艺。②检测设备：包括三坐标测量机、光学测量仪、超声波探伤仪等，用于对航空产品进行各种检测和测试。③组装设备：包括自动化组装线、手动组装工位等，用于完成航空产品的组装工艺。④特殊设备：包括激光切割机、电火花加工机、等离子切割机等，用于完成航空产品的特殊加工工艺。

9.3.4 现代航空制造工程

人类历史上制造经历了从手工业阶段、蒸汽动力时代、电动力时代到信息经济时代四个阶段。随着 20 世纪中叶，工业领域出现了多种新的制造工程模式，从根本上改变了传统制造工程的面貌，并催生了现代化制造工程体系。在众多的现代化制造工程和管理模式中，与航空工业关系比较密切的有：计算机集成制造（Computer Integrated Manufacturing，CIM）、精益制造（Lean Production，LM）、敏捷制造（Agile Manufacturing，AM）、快速响应制造（Rapid Respouse Manufacturing，RRM）、虚拟制造（Virtual Manufacturing，VM）、智能制造（Intelligent Manufacturing，IM），以及制造成熟度（Manufacturing Reasdiness Levels，MRL）管理等。

1. 计算机集成制造系统

计算机集成制造系统（Computer Integrated Manufacturing System，CIMS），又称现代集

成制造系统。CIM 是一种组织、管理和运行现代制造类企业的理念，它将传统的制造技术与现代信息技术、管理技术、自动化技术、系统工程技术等有机结合，使企业产品全生命周期各阶段活动中有关的人/组织、经营管理和技术三要素及其信息流、物流、和价值流三流有机集成并优化运行，以达到产品(P)上市快(T)、高质(Q)、低耗(C)、服务好(S)、环境清洁(E)，进而提高企业的柔性、健壮性、敏捷性，使企业赢得市场竞争

CIMS 是一种基于 CIM 理念构成的数字化、信息化、智能化、绿色化、集成优化的制造系统，它是信息时代一种新型生产制造模式。高度的信息化和集成化是 CIMS 的显著特征。

信息化要求企业从设计、制造、管理等产品全寿命周期的各个阶段实现数字化、虚拟化和网络化。通过信息集成、过程和资源优化，实现物流、信息流、价值流的协调并行运行，从而提高企业的市场应变能力和竞争能力。

集成化包括信息集成、过程集成和企业集成，反映了自动化的广度，即把制造工程系统自动化控制的空间拓展到市场、产品开发、产品设计、加工制造、质量检验、市场销售、售后服务等制造企业运行的全过程。

2. 精益制造

精益制造(LM)源自日本丰田公司的一种管理哲学和生产模式。20 世纪末，波音、洛·马、空客等公司将其引进到飞机的总装和部装生产线中，将传统的批量装配生产方式改为单件流生产方式，采用脉动式生产线(见图 9.15)，极大缩短了飞机的总装时间，降低了制造成本，提高了装配质量。

LM 的主要特征是面向用户，以人为中心，以精简生产过程为手段，以产品零缺陷、低成本为最终目标。LM 追求的是尽善尽美地生产出用户满意的产品，实现零库存、最大限度地减少在制品和不生产附加值的环节，使制造资源得到合理配置和有效利用，从而获取最大经济效益。

LM 将流水作业和分散工序生产方式改为建立独立完成生产任务的综合工作组，并赋予它充分的权利和自由度，最大限度地发挥每个人的创造性和积极性。管理层只要求工作组按质、按量、按时、按成本要求交出合格的产品，其他工作均由工作组自主管理。

3. 敏捷制造

敏捷制造(AM)源于美国国防部为了指定 21 世纪制造业发展而支持的　项研究计划。该计划始于 1991 年，有 100 多家公司参加，由通用汽车公司、波音公司、IBM、德州仪器公司、AT&T、摩托罗拉等 15 家大公司和国防部代表共 20 人组成了核心研究队伍。此项研究历时三年，于 1994 年底提出了《21 世纪制造企业战略》。在这份报告中，提出了既能体现国防部与工业界各自的特殊利益，又能获取他们共同利益的一种新的生产方式，即敏捷制造。

AM 是在具有创新精神的组织和管理结构、先进制造技术(以信息技术和柔性智能技术为主导)、有技术有知识的管理人员三大类资源支柱支撑下得以实施的，通过所建立的共同基础结构，对迅速改变的市场需求和市场进度作出快速响应。AM 比起其他制造方式具有更灵敏、更快捷的反应能力。

AM 的目的可概括为："将柔性生产技术，有技术、有知识的劳动力与能够促进企业内部和企业之间合作的灵活管理(三要素)集成在一起，通过所建立的共同基础结构，对迅速改变的市场需求和市场实际做出快速响应"。从这一目标中可以看出，AM 实际上主要包括三个要素：

生产技术、管理和人力资源。

图 9.15　美国 F-22 飞机的脉动生产线

4. 快速响应制造

快速响应制造(RRM)是针对市场需求,以最快的速度实现产品开发,并在获取制造资源信息的基础上,迅速产生相应的制造工艺和实施敏捷化生产,力求以最少的时间和最低的成本提供高质量的产品所设计的技术和方法。

RRM 以快速、可变和动态响应为目标,以数字化、集成化、模块化、柔性化和敏捷化为基本技术特征。其中,快速指缩短研制周期和减少返工的新产品的快速研发技术、快速工艺准备技术、快速低成本制造技术、快速检测技术等;可变和动态响应指增强新产品研发的柔性,柔性包括两个方面:一是系统适应外部需求变化的能力,即可变性;二是系统适应内、外环境变化和各种干扰的能力,即动态响应能力。

5. 虚拟制造

虚拟制造(VM)是一种利用计算机仿真技术和虚拟现实技术来模拟产品制造过程的方法。它能够在产品设计开发的各个阶段把握产品制造过程的实况,找出各个阶段可能出现的问题,有效地协调设计与制造环节的关系,以寻求企业效益的最大化。虚拟制造充分利用了新一代技术,打破了传统的空间概念,组成扁平化的组织模式,能够快速地适应市场,降低研发周期和研发成本,适应现代制造业对产品的时间、质量、成本、服务的要求,促进敏捷制造的发展。全流程虚拟制造系统主要由虚拟设计、虚拟生产及闭环控制三部分构成。

6. 制造成熟度管理

为适应航空产品高要求、高风险和小字样等特点与保证工程任务顺利完成的要求,以及适应多型号任务并举的发展局势,20 世纪 70 年代,由美国航空宇航局(NASA)突出了度量技术风险的工具——技术成熟度(TRL)。2001 年,美国三军联合制造技术委员会提出了制造成熟度模型,2009 年 5 月,美国国防部颁布了制造成熟度手册,主要针对降低产品制造风险和制造成本，强调产品生产规范化程度和批量生产能力两方面，共分为 10 个等级。

生产环节规范化程度是指产品关键生产环节的识别以及控制的规范化程度。

批量生产能力是指产品生产规模、连续稳定生产能力及其经济性。

制造成熟度着眼于制造系统实现最终目标的能力，在多个维度上对制造风险进行综合衡量，统一了描述制造风险的语言，成为监控和降低制造风险的管理工具。

技术成熟度和制造成熟度的界定和等级划分大致相同，但在不同国家、不同行业又有一定的差异。根据美国国防部颁布的《技术成熟度等级手册》(2005 年 3 月)和《制造成熟度等级手册》(2009 年 5 月)相关规定，技术成熟度(TRL)和制造成熟度(MRL)等级定义如表 9.1 所列。

表 9.1　技术成熟度(TRL)和制造成熟度(MRL)等级定义

TRL	定　义	MRL	定　义
1 级	基本原理被发现或报告	1 级	确定制造基本原理
2 级	技术概念或用途被阐明	2 级	确定制造概念
3 级	关键功能或特性的概念验证	3 级	开发和验证制造概念
4 级	实验室环境下的部件或试验模型验证	4 级	具备实验室环境下生产技术验证件的能力
5 级	相关环境下的部件或试验模型验证	5 级	具备相关生产环境下生产零部件原形的能力
6 级	实验室环境下的系统/子系统模型或样机验证	6 级	具备相关环境下生产原型系统或子系统的能力
7 级	模拟使用环境下的系统样机验证	7 级	具备典型生产环境下生产系统、子系统或部件的能力
		8 级	试生产能力通过验证，准备进入小批量生产
8 级	实验系统完成试验验证	9 级	小批量生产能力通过验证，准备进入大批量生产
9 级	实验系统完成使用验证	10 级	大批量生产能力通过验证，转向精益生产

9.3.5　航空制造的发展热点

进入 21 世纪以来，航空制造模式不断创新，先进技术大量涌现，重点以非热压罐技术为代表的复合材料结构制造、以 3D 打印为代表的增材制造技术、以微机电系统(MEMS)为代表的极端制造和方兴未艾的智能制造为核心支撑，衍生出了一系列的发展热点，包括轻量化、整体化新型冷却结构件制造技术、新材料构件制造技术、航空发动机制造技术新工艺、航空发动机零部件的无损检测技术、面向零件制造过程的专业化成套制造技术和以信息化技术为纽带，建立数字化工厂等。

9.4　航空材料

航空材料是制造航空器、航空发动机和机载设备等所用各类材料的总称。

航空材料是研制生产航空产品的物质保障，也是使航空产品达到人们期望的性能、使用寿命与可靠性的技术基础。由于航空材料的基础地位，以及其对航空产品贡献率的不断提高，航空材料与航空发动机、信息技术成为并列的三大航空关键技术之一，也是对航空产品发展有重要影响的6项技术之一。美国空军在《2025年航空技术发展预测报告》中指出，在全部43项航空技术中，航空材料重要性位居第2。此外，航空先进材料技术还被列为美国国防四大科技(分别为信息技术、材料技术、传感器技术和经济可承受性技术)优选项目之一，是其他三项技术的物质基础及重要组成部分。航空材料与航空产品一直是相互推动、共同发展的，“一代材料，一代飞机”是航空发展史的真实写照。

9.4.1 航空材料的分类

根据不同的分类方式，航空材料分类见表9.2。

表9.2 航空材料分类表

分类方式	类 别	说 明
按组成和机构特点	金属材料	以金属元素为基的材料，如碳素钢、低合金钢和合金钢、高温合金、钛合金、铝合金、镁合金等
	高分子材料	一类由一种或几种分子或分子团(结构单元或单体)以共价键结合成具有多个重复单体单元的大分子材料，如塑料、纤维、橡胶、涂料、黏合剂等，可部分取代金属、非金属材料
	无机非金属材料	包括除金属材料、有机高分子材料以外的几乎所有材料，如陶器、瓷器、砖、瓦、玻璃、水泥、耐火材料以及氧化物陶瓷、非氧化物陶瓷、金属陶瓷、复合陶瓷等新型材料
	复合材料	由两种或多种材料组成的多相材料。一般指由一种或多种起增强作用的材料(如纤维、微粒)与一种起黏结作用的材料(如树脂、金属基体)结合制成的具有较高强度的结构材料。复合材料与其对应基体相比具有更高的机械性能，如碳纤维环氧树脂复合材料
按使用性能	结构材料	以力学性能为主，用于各种受力构件和支撑构件的材料
	功能材料	以物理、化学性能为主，通过光、电、磁、化学、生化等作用后，具有特定功能的材料，如超导材料、压电材料等
按应用对象	飞机材料	指构造飞机机体的材料，主要是机身机构件所需材料，包括结构钢、轻金属材料和复合材料等
	发动机材料	指构造发动机物理实体的材料，主要是高温、高速选装件所需材料，如各类高温合金、高温树脂基复合材料，金属基复合材料等
	机载设备材料	指构造机载设备物理实体的材料，主要是电子设备所需的功能材料
	机载武器材料	指构造机载武器物理实体的材料，主要是特需的功能材料
按发展形态	传统材料	指按照传统分类方式，具有一定使用性能和使用对象的材料
	新型材料	指突破原有分类方法、采用不同制备方法或具有新特征、新功能的材料，如隐身材料、纳米材料、智能材料、生物材料等

9.4.2 航空材料的一般特点

航空材料是研制生产航空产品的物质保障，与航空技术关系极为密切，与一般材料相比，具有以下特点。

(1) 轻质高强、高温耐蚀

航空产品特殊的工作环境对航空材料提出“轻质高强、高温耐蚀”的特殊要求。航空工业有一句口号叫作“为减轻每一克重而奋斗”，反映了减重对于航空产品的重大经济意义。而且材料减重对飞机减重的贡献也越来越大，所以轻质高强是航空材料必须满足的首要性能要求。“高温耐蚀”的“高温”是指航空材料要能耐受较高的工作温度。对于机身材料，气动加热效应使机身表面温度升高，需要结构材料具有较好的高温强度；对于发动机材料，要求涡轮盘和涡轮叶片材料要有好的高温强度和耐高温腐蚀性能。“耐蚀”是指航空材料要有优良的抗腐蚀性能，主要是指抗应力腐蚀的能力。

(2) 高的质量要求

航空器是技术密集、高集成度的复杂产品，只有采用质地优良的航空材料才能制造出安全可靠、性能优良的飞机和发动机。航空产品的多样性和小批量生产，导致了航空材料研制和生产上的多品种、多规格、小批量、技术质量要求高等特点。

(3) 低成本航空材料

新型号的先进飞机价格不断攀升，航空技术领先的国家和地区都先后对航空产品提出了“买得起”的要求。而材料在航空产品的成本和价格构成中占有相当份额，所以科学地选材和努力发展低成本材料技术是航空材料发展的重要方向。

(4) 长寿命、高安全性

安全是航空活动的头等大事，因此，长寿命、高安全性自然是航空器重要的选材标准。对于金属材料而言，除具有高的比强度、比刚度以外，还要有较好的断裂韧性；对于有机材料而言，要进行一系列自然老化和人工加速老化试验，以确定其寿命保险期；对于复合材料而言，要深入研究其破坏模式、寿命和安全性。

9.4.3　主要结构材料

构造飞机结构的材料即为飞机结构材料。不同的结构对结构材料的要求是不一样的，各类结构材料本身的特性也存在差异。

1. 结构材料的选择

结构材料的基本作用是承受结构载荷和保持结构形状不变。由于飞机不同部位承受的载荷不同，对结构材料的力学性能要求也不尽相同，如表 9.3 所示。

表 9.3　飞机主要部位与材料性能要求的关系

结构部位	重要性能要求
上翼面	压缩强度、刚度、损伤容限
下翼面	疲劳、损伤容限
机身上蒙皮	扭转、疲劳
机身下蒙皮	疲劳、腐蚀
机身桁条	疲劳、压缩强度
机身框架	刚度、疲劳、压缩强度

续表 9.3

结构部位	重要性能要求
机翼梁、肋	压缩强度、刚度
平尾上翼面	拉伸强度
平尾下翼面	压缩强度
垂尾	拉伸机压缩强度

总体来说，结构材料的选择标准主要包括：轻质、高强度、高刚度、高韧性、抗疲劳、低裂纹扩展速率和抗腐蚀等。对于复材还要求具有良好的湿热性能。

现代先进结构材料已从单纯承力向多功能方向发展，许多先进结构需要采用多功能结构材料才能实现。此外，现代飞机的结构材料还要求具有全寿命周期的维修成本低、材料来源广、便于加工制造、“绿色”环保，以及可无害化处理等特点。空客 A380 结构材料选用如图 9.16 所示。

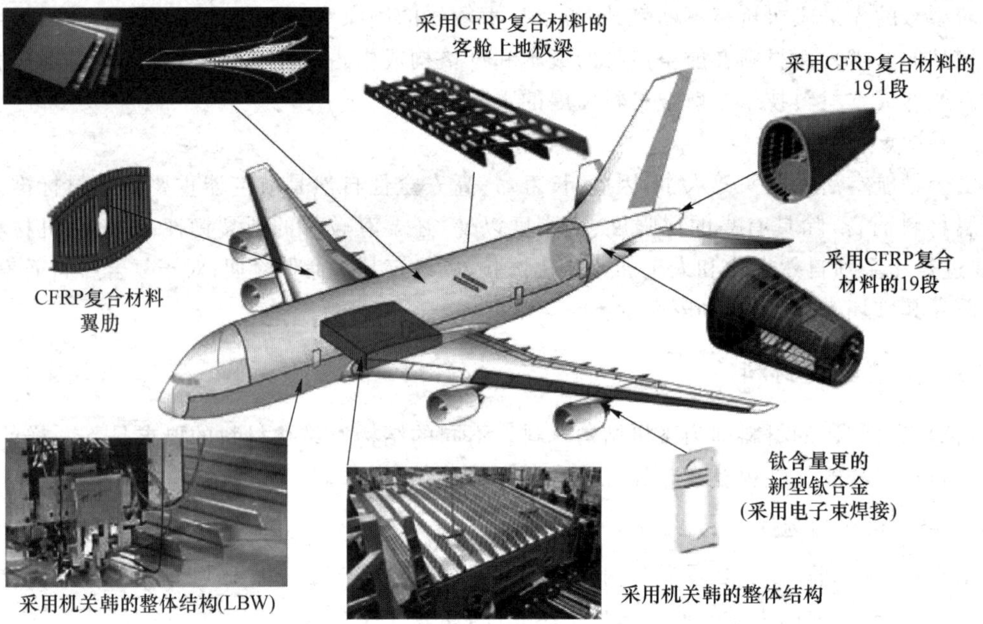

图 9.16　A380 客机结构材料选用示意图

2. 常用结构材料及其特点

常用的结构材料很多，有合金钢、铝合金、钛合金、镁合金和复合材料等。

(1) 合金钢

合金钢在结构材料中占重要地位。与普通钢材比较，合金钢材具有较好或特殊的性能，如高强度、高韧性、高淬透性、耐磨性、耐腐蚀性、耐热性、耐低温性、热强性和红硬性等，同时工艺简单、成本低，适合制造承受大载荷的结构、起落架和主梁等构件。发动机中的很多零件也是用高强度钢或渗碳钢制造的。

(2) 铝合金

铝合金是以铝为基添加一定量其他合金化元素的合金，是轻金属材料之一。铝合金除了保持了纯铝密度小、塑性好、抗腐蚀、导热导电性好等优点外，还具有较高的比强度、比刚度和良好的力学性能、工艺性能。大多数铝合金都适合进行切削、压力加工成型和铸造成型，是飞机的传统结构材料。

(3) 钛合金

钛合金是用钛和其他金属制成的合金金属。钛合金密度小，但其强度却接近于钢，具有比强度高、耐腐蚀性好、耐热性高等特点，被广泛用作飞机和发动机的结构材料。但钛合金也具有加工成型困难、成本较高的缺点。

(4) 镁合金

在现有金属中，镁合金的密度最小。钛合金的比刚度、比弹性模量与铝合金、合金钢大致相同，主要用于制造刚性好的零件。同时，镁合金具有良好的机械加工性，多用于飞机主要受力的构件。此外，镁合金对石油和碱类物质有很好的抗腐蚀性，可用于制造油管、油箱等。

(5) 复合材料

复合材料的密度低、刚度和强度高，抗疲劳性能和减震性能较好，而且可对其进行力学性能设计，使其成为各项异性材料，因此，在航空器上的应用越来越多。现代飞机使用各种各样的复合材料越来越多。复合材料在飞机上的占比越来越大，金属基、陶瓷基复合材料在热部件中使用的潜力巨大。

9.4.4 新型航空材料

新型航空材料特指那些在发展中性能更为优异的翼肋航空材料，包括按照人的意志，通过物理分析、材料设计、材料加工、试验评价等一系列研究过程，所创造出来的新型材料。新材料技术对科技创新和产业发展十分重要，堪称发明“之母”。具有重大潜力的新型航空材料包括高温结构材料(如铌硅系合金、钛基复合材料和陶瓷基复合材料等)、低成本复合材料、纳米材料和智能材料(如形状机翼材料、智能聚合物表皮材料等)。

9.5 航空试验

航空试验是指航空器在研制、生产、使用和维护保障过程中所进行的一系列试用、验证、测试、检验以及相应的分析活动。

航空试验与航空设计、航空制造技术构成了发展航空工业的三大主要技术支柱，三大技术相互依存、相互促进，缺一不可。现代科学技术的发展无不依赖于先进的试验条件和设备，航空技术的发展也不例外。随着航空技术的发展，试验技术已不再局限于过去那种验证性作用，还能进行概念性的先期论证，成为揭示事物运动变化规律的重要手段和科技人才施展智慧才能的舞台，同时也是领导实施科学决策不可或缺的条件。

航空试验技术是一门多学科综合应用技术，涉及的技术领域众多。试验技术贯穿于航空产品研制、生产的全过程，是覆盖航空产业各领域的一项基础性技术。随着计算机技术、控制理论和信息技术的提高，作为试验技术佼佼者的仿真技术已得到了飞速发展，已成为方案论证、初步设计和科学决策的重要手段。

航空工程规模庞大，不确定性因素众多，通过试验可以发现设计缺陷，帮助研发人员及时纠正，并确定系统的性能水平。

航空试验可按其特点具有不同的分类。

按照试验地点环境，航空试验可分为地面试验和飞行试验；

按照航空器研制的时间顺序，航空试验分为研制试验与评价试验、使用试验与评价；

按照专业领域，航空试验可分为空气动力学试验、结构强度试验、环境试验、寿命及可靠性试验、维修性与保障性(RMS)试验等；

按照系统体系，航空试验可分为电子系统试验、飞行控制系统试验、机电系统试验、武器系统试验和动力系统试验等。

1. 地面试验

地面航空试验是指在实验室、试验场或停在地面的航空器上所进行的航空试验。与飞行试验相比，地面试验更容易控制试验条件，便于安装试验设备、试验效率高、试验成本低，且操作、使用方便。但地面环境必竟有别于空中飞行环境，其试验结果往往需要通过飞行试验的最终验证。地面试验主要包括空气动力学试验、结构强度试验、环境试验、寿命及可靠性试验、维修性与保障性试验、航空电子试验、飞行控制系统试验、机电系统试验、航空发动机试验，以及机载武器系统试验等。

2. 飞行试验

飞行试验简称试飞，是飞行条件为真实、模拟或虚拟的试验。飞行器及其动力装置和机械设备在真实的飞行环境条件下进行的试验。飞行试验是航空科技发展和应用研究中的重要环节，不仅是航空器鉴定的重要手段，也是探索未知航空领域的重要方法。飞行试验贯穿于航空基础研究、型号研究及使用全过程，对航空工业全局有着举足轻重的影响。

飞行试验一般按照任务性质分为研究性飞行试验和型号飞行试验。其中，研究性飞行试验是利用航空器探索未知领域、研究新技术、验证新理论和为研制新型号提供依据的飞行试验。型号飞行试验是以型号产品(包括飞机、发动机、机载系统与设备等)为试验对象，侧重于检验其性能与可靠性。

型号飞行试验又可按照任务和时间分为首飞、鉴定试飞、使用试飞、出厂试飞和验收试飞等。

飞行试验的特点具有综合性强、风险性高、耗资巨大和周期漫长等特点。

9.6 航空技术基础

航空技术基础是我国科技管理工作中约定俗成的称谓。航空技术基础泛指支持航空产品研发、制造和航空产品发展所需的全部基础性、支撑性技术工作，主要指那些具有基础性、广泛性和通用性特征的技术工作，包括航空计量、航空测试、航空标准化，以及质量管理与可靠性等工作。

1. 航空计量

航空计量是航空领域中的计量，是以计量和计量学为基础，围绕航空产品的研发、生产、使用、维护等过程中的测量需求，以保证测量值准确统一为目标而开展的科学技术研究和应用活动。航空计量涵盖了先进测量技术研究、测量标准装置创建、计量技术规范制定、标准量值传递、测试设备(仪器)的量值溯源与评估,以及围绕产品质量管控而实施的计量监督管理等。航空计量是一项十分重要的基础性航空技术。

我国将计量技术分为几何量、热学、力学、电磁学、无线电电子学、时间频率、光学、声学、化学、电离辐射 10 大专业。此外,还有 6 项支撑这些专业的技术基础,包括:通用计量术语、物理量和计量单位、数据处理与统计分析、测量不确定度评定、测量质量保证和保证计量质量。

航空计量的专业内容与一般计量专业具有共性,又有航空工程需求所决定的一些特色内容。由于航空科技创新快、产品更新换代快等产业发展特点,航空计量不仅涵盖了上述计量技术,还需要跨专业、跨学科的综合计量,如航空数字化制造与装配计量,风洞、飞机地面试验台、航空发动机试车台等大型航空试验系统计量,航空专用测试设备(仪器)计量,飞机导航与定位系统、大气数据测试系统、隐身测试系统等特殊专业计量等,内容繁多,技术要求极高。

为满足未来航空发展的需求,航空计量正向着复杂系统综合校准、极值量计量、动态校准和量子计量等方向发展。

2. 航空测试

航空测试是指在航空科学技术活航空产品的研制、生产和使用中,对测试队形进行测试、分析和状态评估的相关活动。航空测试技术是在航空测试活动中所采用的相关技术、设备的总称,是达成航空测试目的的主要手段。

航空测试的主要作用包括:获取实验或试验、产品生产或使用维护中的定型、定量数据或信息,进行分析和评定,用来验证新理论、新方法、新方案的正确或可行性;确定或验证被测对象的性能或当前状态;发现或预测产品的故障,提出合理的修正或维修建议等。

航空测试按照其技术原理,可分为声测试技术、光测试技术、电测试技术、磁测试技术、机械测试技术、理化测试技术、材料成分和化学分析测试技术等多个类别;按照其工作流程,可分为信号失去、数据采集、信息传输、信息存储、信息处理、信息显示和数据分析等类别。

航空产品一般都属于高新技术产品,加之航空产品系统复杂、技术要求高、使用环境恶劣等因素,使得航空测试和普通民用测试相比,具有一些显著特点,包括:测试设备具有更高的精度、速度、分辨率、带宽、稳定性和可靠性要求;外场测试设备具有适应各种恶劣环境条件的能力,便于携带和运输,容易组装和拆卸,便于作战部署;能满足飞机各系统飞行动态测试的需求,甚至要测试飞行器的隐身、导航与制导等性能的特殊测试能力;满足飞行器各系统在高空、高压、高温、高转速条件下的特种测试要求;测试设备具有体积小、重量轻、测试参数多、存储量大、远距无线传输、空地测试一体化等特点;需要进行无损探伤和检测;

随着电子技术、计算机技术的发展,航空测试技术正向着数字化、智能化、模块化、总线化、网络化、虚拟化、综合化、无线化、动态化、并行化、测控管一体化、通用化、标准化、小型化等方向发展。同时,测试软件技术在测试技术中的地位越来越重要,并将发挥越来越大的作用。

3. 航空标准化

航空标准化是国家标准化工作的重要组成部分,是指为了获得航空科研、生产、使用的最优秩序,而制定的航空工业行业标准,或推行与航空工业相关的其他标准,并监督标准实施的过程,以及推行航空产品通用化、系列化、组合化等一系列活动。

航空工业行业标准(HB)是指以航空产品及其过程、服务为队形所制定的,航空工业全行业共同使用和统一执行的技术文件。其由国务院有关行政主管部门制定，并报国务院标准化行政主管部门备案。当同一内容的国家标准公布后，则该行业标准即行废止。

中国现行的标准体系构架由国家标准(GB)、国家军用标准(GJB)、行业标准、地方标准、企业标准等不同层级组成。国家标准又分为强制性标准(GB)和推荐性标准(GB/T)两类。航空工业行业标准是行业标准的一类。到2023年底，中国共批准设立了75类行业标准，备案行业标准共80 828项。标准编号通常由标准代号＋标准序号＋年代号＋标准名称组成，如HB6648-1992《飞机拦阻钩装置通用规范》。

此外，还包括由国际标准化组织(ISO)、国际电工委员会(IEC)、国际电信联盟(OTU)等四十多个国际组织制定的国际标准，由国际标准化组织确认并颁布，在世界范围内统一使用。

航空标准的作用包括：为航空产品科研、生产、使用提供技术依据；有利于保证产品的质量，提高产品效能；避免重复劳动，节省资源，提高工作效率；优化产品种类，减少研制经费；便于引进和固化并推广先进技术。航空标准化工作的主要任务包括制定标准、宣传贯彻标准和监督实施标准等三大主要任务。

航空标准化的发展将主要呈现以下3大特点：一是高新技术航空装备的标准愈加受到重视；二是信息技术标准将成为航空标准化的重要领域；三是航空标准化工作管理将向现代化和网络化发展。

4. 可靠性与质量管理

航空产品是可靠性要求最高、质量要求最高的工业产品之一。“安全可靠、质量第一”是航空可靠性和质量管理工作追求的目标。

可靠性与质量管理的内容繁多，将在第10章中进行论述。

思考题

1. 如何理解航空科学技术？
2. 飞机设计的主要内容有哪些？
3. 超临界翼型和普通翼型的主要区别是什么？
4. 何谓主动控制技术？
5. 进行结构设计的基本原则是什么？
6. 简述使用载荷、设计载荷和安全系数的概念。
7. 如何理解结构设计思想的演变。
8. 飞机设计的五性包括哪些？
9. 航空制造主要经过哪些过程？
10. 航空制造的特点有哪些？
11. 航空材料的一般特点有哪些？
12. 航空试验如何分类？
13. 航空表转化发展的三大特点是什么？

第 10 章　可靠性与质量管理

10.1　基本概念

10.1.1　可靠性、维修性与质量的定义

可靠性是产品在规定的条件下、在规定的时间内完成规定功能的能力。“三个规定”是理解可靠性概念的核心。

维修性是指在规定的条件、时间、程序和方法等约束下完成维修的能力。

质量是反映实体满足明确或隐含需要能力的特性综合。在质量管理过程中，“质量”的含义是广义的。除产品质量之外，还包括工作质量。

产品质量是产品的一组固有特性满足顾客和其他相关方要求的能力。

10.1.2　可靠性的评价

为了评价零部件、机器、系统等的可靠性，必须对可靠性制定有效的指标，并加以量化作为衡量可靠性的尺度，表示产品总体可靠性水平高低的各种可靠性指标称为可靠性评价尺度(也称为特征量)。衡量可靠性的尺度主要有可靠度、失效率、平均寿命度、有效度、重要度等。

(1) 可靠度

可靠度(reliability)可定义为“产品在规定的条件下和规定的时间内，完成规定功能的概率”，通常用 R 表示。考虑到它是时间 t 的函数，所以又可表示为 $R(t)$，称为可靠度函数或可靠度分布函数，是累积分布函数。它表示在规定的使用条件下和规定的时间内，无故障的发挥规定功能而工作的产品占全部工作产品(累积起来)的百分率，因此，可靠度 $R(t)$ 的取值范围是

$$0\leqslant R(t)\leqslant 1$$

与可靠度相对应的是不可靠度，它表示“产品在规定的条件下和规定的时间内，不能完成规定功能的概率”，因此，又称为失效概率，记为 F。失效概率 F 也是时间 t 的函数，故又称为失效概率函数或不可靠度函数，并记为 $F(t)$。它也是累积分布函数，也可称为累积失效概率。显然，它与可靠度呈互补关系，即

$$R(t)+F(t)=1$$

如数字电压表工作 24 小时的可靠度为 0.98，即意味着多次抽取一定数量的该产品样品，在规定条件下工作 24 h，平均有 98%能保持全部产品性能处于有效的工作状态。

(2) 失效率

失效率又称故障率，是指在某一时刻尚未失效的产品，在该时刻后，单位时间内发生失效的概率，一般记为 λ，也是时间 t 的函数，故记为 $\lambda(t)$，称为失效率函数、故障率函数或风险函数。失效率定义为

$$\lambda(t)=\lim_{\Delta t\to 0}P(t\leqslant T\leqslant t+\Delta t\mid T>t)$$

它反映了 t 时刻产品失效的速率，也称为瞬时失效率。

失效率的观测值是指在某时刻后单位时间内失效的产品数与工作到该时刻尚未失效的产品数之比。平均失效率是指在某一规定时间内失效率的平均值。

失效率曲线反映了产品总体整个寿命期失效率的情况。失效率曲线的典型情况如图 10.1所示，有时也形象地称之为浴盆曲线。

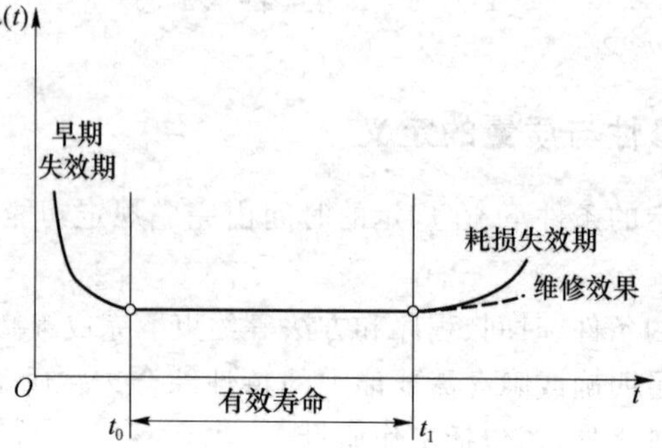

图 10.1　典型的失效率曲线

失效率随时间的变化可分为以下三部分：

1) 早期失效期

早期失效期的失效率曲线为递减型。产品投入使用的早期，失效率较高而下降很快，主要是由于设计、制造、存储、运输等形成的缺陷，以及调试、磨合、启动不当等人为因素所造成的。由于上述原因，一些产品跨越其早期失效期后，失效率趋于稳定。到 t_0 时，失效率曲线已开始变平，t_0 以前称为早期失效期。针对早期失效期的失效，应尽量设法避免。

2) 偶然失效期

偶然失效期的失效率曲线为恒定型，即 $t_0 \sim t_1$ 间的失效率近似为常数。失效主要是由非预期的过载、误操作、意外的天灾及一些尚不清楚的偶然因素所造成。由于失效原因多属偶然，故称为偶然失效期。偶然失效期是能有效工作的时间，这段时间称为有效寿命。

3) 耗损失效期

耗损失效期是递增型。在 t_1 以后，失效率上升很快，这是由于产品已经老化、疲劳、磨损、乳化、腐蚀等所谓耗损原因所引起的，故称为耗损失效期。针对耗损失效的原因，应该注意检查、监控、预测耗损开始的时间，提前维修，如图 10.1 中的虚线所示，以延长有效寿命。当然，若维修需要花费很大，而延长寿命不长，则不如报废更经济。

(3) 平均寿命

平均寿命是寿命的平均值。对于不可修复的产品，其寿命是指它失效前的工作时间，用平均无故障时间(Mean Time To Falure，MTTF)来衡量；对于可修复的产品，其寿命是指相邻两次故障间的工作时间，用平均故障(失效)间工作时间(Mean Time Between Failure，MTBF)来衡量。

(4) 可靠寿命、中位寿命和特征寿命

产品可靠性与它的使用期限有关，可根据可靠度要求的不同来定义寿命值。

可靠寿命(可靠度寿命)就是指可靠度为给定值时的工作寿命;

可靠度 $R=50\%$的可靠寿命,称为中位寿命;

可靠度 $R=e^{-1}$的可靠寿命,称为特征寿命。

(5) 可靠性评价尺度之间的关系

可靠性评价尺度中,$R(t)$、$F(t)$和 $\lambda(t)$是三个基本函数,只要知道其中一个函数,则所有其他的评价尺度均可求得。$R(t)$和 $F(t)$的关系很明确,$R(t)$和 $\lambda(t)$之间关系如下:

$$R(t)=e^{-\lambda t} \quad 或 \quad \lambda \leqslant \frac{-\ln R}{t}$$

10.1.3　维修性的评价

维修度是指维修产品元件或系统在规定的使用条件下和规定的时间 t 内,按规定的程序和方法实施维修时,保持或恢复能执行规定功能状态的概率,又叫可维修度,一般用 $M(t)$表示。其是对维修性的评价尺度。

有效度是指对可维修产品在某时刻 t 之前维持其功能的概率,一般用 $A(t)$表示,对不可修复产品,有效度就是可靠度。

10.1.4　可靠性和质量管理的关系

产品质量和可靠性不是相互独立的,可靠性是产品质量的重要组成部分,但并非可靠度越高产品质量就越好,其存在密切的相互关系,如图 10.2 所示。有的资料中又将环境适应性进一步分解为基本可靠性和任务可靠性,其中基本可靠性就是产品在规定条件下无故障的持续时间或概率;任务可靠性就是产品在规定的任务剖面内完成规定功能的能力。其实本质是一样的。

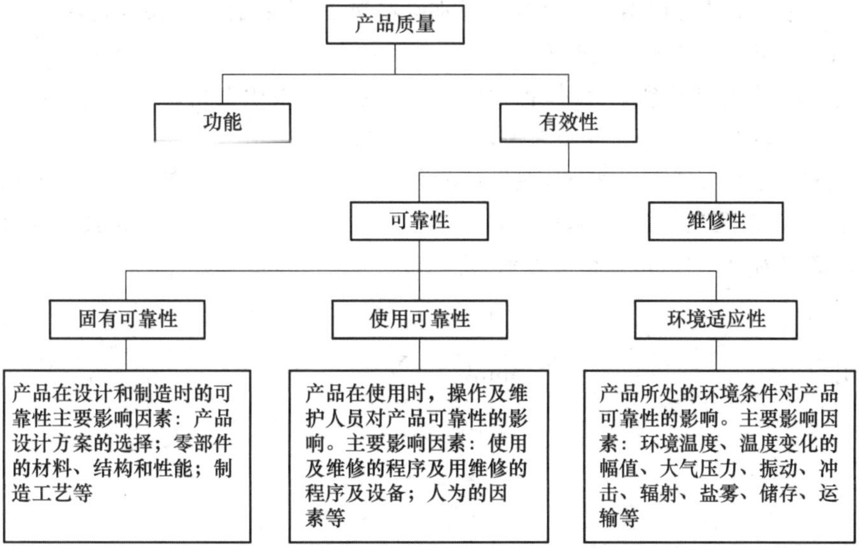

图 10.2　产品质量的组成

10.2 可靠性分析与设计

1. 结构元件可靠性分析与设计

结构元件和电子元件等不同，结构元件除了材料性能的影响外，主要是在外力的作用下发生疲劳断裂。从结构元件的可靠性分析和设计出发，进行可靠性分析时，首先要确定疲劳载荷，并对材料疲劳强度进行描述，再应用相关理论，如概率疲劳累积损伤理论、疲劳寿命预测理论等对其进行分析。

可靠性设计是以满足元件可靠度要求为目的的设计过程。结构元件的每一个常规的强度和刚度要求均可转换为对应的可靠性要求，结构元件的可靠性设计实际上是元件可靠度计算的反问题。

2. 结构体系可靠性分析与设计

大多数产品都是由很多元件组成的，比如飞机从大的部件来说就包括机身、机翼、尾翼（平尾、垂尾）起落架、飞控系统等，每个部分还可以继续往下分。显然，结构系统的可靠性问题就是多个元件的可靠性问题的总和。由此可见，结构系统的可靠性问题要比元件的可靠性问题复杂得多。

结构体系可靠性分析，就是在外力作用下，确定体系结构和失效模型，计算整个结构体系失效概率或失效概率上下界的过程。

结构体系可靠性设计，是指设计人员应用自然规律，通过分析、综合和创造思维将设计要求（系统要求）转化为一组能完整描述系统的参数（文档或图纸）的活动过程。

电子系统中的各个元件一般都是通过串联、并联来连接的，所以相对来说，电子系统的可靠性指标分配相对简单。但结构可靠性就不那么简单了，它具有一些特点，包括：

① 元件通常不是简单的串、并联。

② 体系内一个元件达到临界时，各元件的内力通常会发生变化。

③ 要考虑元件之间的相关性和失效模式的相关性。

④ 失效模式通常认为是串联的，但设计的若干临界元件并不存在简单的串并联关系。

结构体系，特别是飞行器结构，通常是以结构重量最小为目标的，因此其可靠性也是根据这一目标来确定的，它的基本方程可表示为：

设计变量： $x=\{x_1,x_2\cdots X,x_n\}$

目标函数： $\min W=\sum_{i=1}^{n} w_i$

约　　束： $Rs \geqslant Rs*$

$$g(x)\leqslant 0$$

$$h(x)=0$$

实际上，就变成了一个优化的问题。

结构体系可靠度的分配方法包括：

① 等可靠度分配法：用于串联结构；

② 比例分配法：用于有原结构试验数据的结构；

③ 加权分配法：根据各子体系重要性、复杂性、技术水平、工作时间、工作环境来分配。

结构体系可靠性设计的原则很大程度上与其他设计思想产生的设计原则是一致的，主要包括：

一、结构要有适当的余度。为了保证结构有足够的可靠性，特别是具有抵抗由于结构中部分元件失效而导致整个结构破坏掉能力，结构应具有一定数量的静不定度，具有合理的静不定度分配。多路传力和多重元件就是很好的方式，如图 10.3 所示。

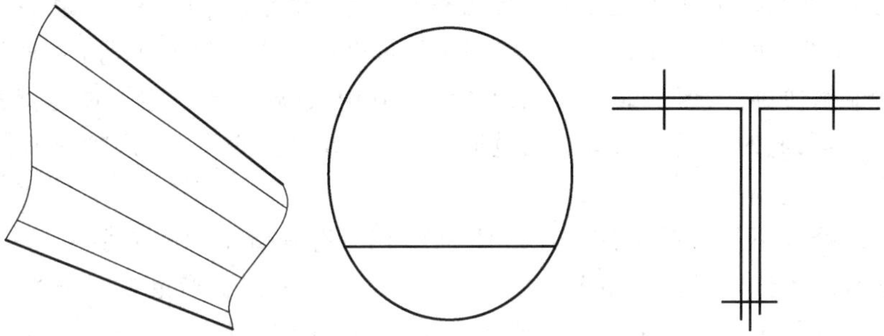

(a) 机翼壁板分成多块　(b) 机身地板加强结构　(c) 轴力杆三重结构

图 10.3　波音飞机的三个损伤容限设计措施

二、各个元件的可靠性指标应大致接近。可靠性指标过高自然会造成结构重量加大，而且一旦结构破坏，某结构的可靠性指标再高也没有用。一般来说，人们希望可靠性指标比较接近，相对来说重量小的元件指标略大，重量大的指标略小；关键性元件，指标略大，次要元件指标略小。

10.3　维修性设计

有些产品一旦出现问题就不能维修了，要直接报废，比如二极管等，有些产品经过一定的维修仍然可以正常工作。

维修性设计是产品设计时，设计师应从维修的观点出发，保证产品一旦出故障，能容易地发现故障，易拆、易检修、易安装，即可维修度要高。

在产品设计时，通过可靠性设计，可减少产品出现故障的次数，但不能保证产品不出故障，也不说明在出现故障之后能不能修好或需花多长时间、多大代价才能修好。可维修性好的产品，能在最短的时间，以最低限度的资源（人力与技术水平、备件、维修设备和工具等）和最低的费用，经过维修使产品恢复到良好状态。可维修性既是产品可靠性的必要补充，又是产品维修保障决策的重要依据。维修工作的核心是保证产品的有效性。产品结构的简单性、可互换性（系列化、通用化、标准化）、安全性、识别标记（防差错）等，既是对可维修性的重要设计准则，又是判断产品可维修性好坏的重要标准。只有当这些要求（其中包括一些量化指标）得到满足，可维修性才会有保证。产品的可维修性是设计时赋予的一种特性，又受人的因素和环境条件等的制约。产品人/机结合好、对环境适应能力强，可极大提高维修工作质量和效率，又可降低消耗。

由于元件的可靠性有高有低，自然就希望简单的、不影响全局性能的一些元器件可靠性可以适当放低一些，一旦有问题，可以通过更换或简单地维修即可保证整个结构的性能保持不变，这样可以极大降低成本。比如，一些密封圈很容易磨损，如果非要实现等寿命设计，那么密封圈不仅要设计得非常复杂，而且需要一些特殊的材料，甚至难以保证，这时，就可以通过定期更换的方式解决。此外，还可通过以下几种方式提高飞机的维修性：

① 采用先进的综合监控和诊断设备。采用先进的仪器，使之随时监控设备的运行状态，发现问题及时报告故障原因、部位等，甚至可以预先提醒故障征兆，以预防故障的发生。

② 配备便携式多功能查询终端。产品的故障类型很多，一旦发生故障，靠人工查找将非常困难，可通过一些简单的便于携带的仪器去查找问题，或者通过用户输入状态来查找故障。

③ 为飞机提供地面支援系统。每架民用飞机都会有一本厚厚的手册，上面记录了很多可能遇到的问题和解决办法，但并非所有的故障都在其中，这就需要机组人员能依靠自己的知识来发现和解决问题，有时飞机上只有一名驾驶员，无法分身去查资料，这时地面给予支持就非常重要了。

可靠性与维修性不是互不相关或者相对立的，两者存在着密切的关系。

可靠性设计和维修性设计是事前预防，从不同的角度来保证产品的可靠性。前者着重从保证产品的工作性能出发，力求不出故障或少出故障，在方案设计和结构设计阶段就设法消除危险与有害因素；后者则是事后解决问题，从维修的角度考虑，一旦产品发生故障，其本身就能自动及时发现故障，并且显示故障或发出警报信号，并能自动排除故障或中止故障。

10.4 结构可靠性试验

可靠性的数据不是自己想当然给定的，很多数据需要通过大量试验得到。

可靠性试验是航空试验的重要部分。可靠性试验的主要目的有以下三种：

① 获取材料性能数据试验。比如材料的弹性模量 E 的分布、强度极限 σ_b 的分布、疲劳极限 σ_e 的分布、断裂韧性 KIC 的分布等，这些数据都是可靠性分析与设计不可缺少的基本数据。但大多数情况下，只要知道这些参数的均值就可以了。

② 对比试验是为了考察所使用的材料或结构在某些方面与原材料或原结构有所变动而产生的变化，或为了对比较新材料与旧材料、新结构与旧结构的性能差异而做的试验。例如，热处理的温度稍有不同时，对材料性能是否有所改变等。这在今后的科研工作中也经常会用到对比试验。

③ 鉴定和定型：结构的鉴定、定型试验一般不可能重复多次，航空结构一般都比较复杂，而且价格很高，他们的鉴定、定型试验大多为单件或极小子样的试验，此时可按可靠性要求多做一些数字模拟试验和仿真试验。

可靠性的试验可以按照试验环境、试验对象、试验应力和试验目的的不同进行分类。

按试验环境分：现场试验，实验室常规环境试验，实验室模拟环境试验；

按试验对象分：材料性能试验，元构件性能试验；

按试验应力分：静强度试验，动强度试验，疲劳、断裂试验；

按试验目的分类：基本性能数据试验，对比试验，鉴定、定型试验。

10.5　质量管理

质量管理是指确定质量方针、目标和职责，并通过质量体系中的质量策划、质量控制、质量保证和质量改进来使其实现的所有管理职能的全部活动。

1. 质量管理的演变

质量管理有 3 个阶段，即质量检验阶段、统计质量控制阶段和全面质量管理阶段。

(1) 质量检验阶段

20 世纪前，产品质量主要依靠操作者本人的技艺水平和经验来保证，属于“操作者的质量管理”。20 世纪初，以 F·W·泰勒为代表的科学管理理论的产生，促使产品的质量检验从加工制造中分离出来，质量管理的职能由操作者转移给工长，是“工长的质量管理”。随着企业生产规模的扩大和产品复杂程度的提高，产品有了技术标准(技术条件)，公差制度(见公差制)也日趋完善，各种检验工具和检验技术也随之发展，大多数企业开始设置检验部门，有的直属于厂长领导，这时是“检验员的质量管理”。上述几种做法都属于事后检验的质量管理方式。

(2) 统计质量控制阶段

1924 年，美国数理统计学家 W·A·休哈特提出控制和预防缺陷的概念。他运用数理统计的原理提出在生产过程中控制产品质量的“6σ”法，绘制出第一张控制图，并建立了一套统计卡片。与此同时，美国贝尔研究所提出关于抽样检验的概念及其实施方案，成为运用数理统计理论解决质量问题的先驱，但当时并未被普遍接受。以数理统计理论为基础的统计质量控制的推广应用始于第二次世界大战。由于事后检验无法控制武器弹药的质量，美国国防部决定把数理统计法用于质量管理，并由标准协会制定有关数理统计方法并应用于质量管理方面的规划，还成立了专门委员会，并于 1941—1942 年先后公布一批美国战时的质量管理标准。

(3) 全面质量管理阶段

20 世纪 50 年代以来，随着生产力的迅速发展和科学技术的日新月异，人们对产品的质量从注重产品的一般性能发展为注重产品的耐用性、可靠性、安全性、维修性和经济性等。在生产技术和企业管理中要求运用系统的观点来研究质量问题。在管理理论上也有新的发展，突出重视人的因素，强调依靠企业全体人员的努力来保证质量以外，还有“保护消费者利益”运动的兴起，企业之间市场竞争越来越激烈。在这种情况下，美国 A·V·费根鲍姆于 20 世纪 60 年代初提出全面质量管理的概念。他提出，全面质量管理是“为了能够在最经济的水平上、并考虑到充分满足顾客要求的条件下进行生产和提供服务，并把企业各部门在研制质量、维持质量和提高质量方面的活动构成一体的一种有效体系”。

中国自 1978 年开始推行全面质量管理，并取得了一定成效。

2. 统计质量管理向全面质量管理过渡的原因

统计质量管理向全面质量管理过渡的原因主要有三个方面：

第一，它是生产和科学技术发展的产物。20 世纪 50 年代以来，随着社会生产力的迅速发展，科学技术日新月异，工业生产技术手段越来越现代化，工业产品更新换代日益频繁，出现了许多大型产品和复杂的系统工程，如美国曼哈顿计划研制的原子弹(早在 20 世纪 40 年代就已经开始)，海军研制的“北极星导弹潜艇”，火箭发射，人造卫星，以至阿波罗宇宙飞船等。对这些大型产品和系统工程的质量要求极大提高了，特别对安全性、可靠性提出的要求是空前的。安全性、可靠性产品质量概念占有越来越重要的地位。如，宇航工业产品的可靠性和完善率要求达到 99.999 9%，即这项极为复杂的系统工程在 100 万次动作中，只允许有一次失灵。它们所用的电子元件、器件、机械零件等，持续安全运转工作时间要在 1 亿小时至 10 亿小时。以“阿波罗”飞船和“水星五号”运载火箭为例，它共有零件 560 万个，假设它们的完善率只在 99.9%，则飞行中就将有 5 600 个机件要发生故障，后果不堪设想。又如美国某项航天工程，仅仅由于高频电压测量不准，一连发射四次都没有成功。对于产品质量如此高标准、高精度的要求，单纯依靠统计质量控制显然已越来越不适应，无法满足要求。因为，即使制造过程的质量控制得再好，每道工序都符合工艺要求，而试验研究、产品设计、试制鉴定、准备过程、辅助过程、使用过程等方面工作未纳入质量管理轨道，不能很好衔接配合、协调无序，则仍然无法确保产品质量，也不能有效地降低质量成本，提高产品在市场上的竞争力。这就从客观上提出了向全面质量管理发展的新要求。而电子计算机这个现代化工具的出现及其在管理中的广泛应用，又为综合系统地研究质量管理提供了有效的物质技术基础，进一步促进了它的实现。

第二，随着资本主义固有矛盾的加深与发展，随着工人文化知识和技术水平的提高，以及工会运动的兴起等，为了缓和日益尖锐的阶级矛盾，资本家对工人的态度和管理办法也有新的变化，资产阶级管理理论又有了新的发展，在管理科学中引进了行为科学的概念和理论，进入了“现代管理”阶段。“现代管理”的主要特点就是要管好人，必须更加注意人的因素和发挥人的作用。认为过去的“科学管理”理论是把人作为机器的一个环节发挥作用，把工人只看成一个有意识的器官，如同机器附件一样，放在某个位置上来研究管理，忽视了人的主观能动作用。现在则要把人作为一个独立的能动者在生产中发挥作用，要求从人的行为的本质中激发出动力，从人的本性出发来研究如何调动人的积极性。而人是受心理因素、生理因素、社会环境等方面影响的，因而必须从社会学、心理学的角度研究社会环境、人的相互关系以及个人利益对提高工效和产品质量的影响，尽量采取能够调动人的积极性的管理办法。在这个理论基础上，提出了形形色色的所谓“工业民主”“参与管理”“刺激规划”“共伺决策”“目标管理”等新办法。这种管理理论的发展对企业各方面管理工作都带来了重大影响，在质量管理中相应出现了组织工人“自我控制”的无缺陷运动，质量管理小组活动，质量提案制度，“自主管理活动”的质量管理运动等，使质量管理从过去限于技术、检验等少数人的管理逐步走向多数人参加的管理活动。

第三，在资本主义市场激烈竞争下，广大消费者为了保护自己的利益，买到质量可靠、价廉物美的产品，抵制资本家不负责任的广告战和推销的伪劣品，成立了各种消费者组织，出现了“保护消费者利益”的运动，迫使政府制定法律，制止企业生产和销售质量低劣、影响安全、危害健康等，要企业对提供的产品质量承担法律责任和经济责任。制造者提供的产品不仅要求性能符合质量标准规定，还要保证在产品售后的正常使用期限中，使用效果良好，可靠、安全、经济，不出质量问题。这就在质量管理中提出了质量保证和质量责任的问题，要求制造厂建立贯穿全过程的质量保证体系，把质量管理工作转到质量保证的目标上来。

3. 质量管理的原则

质量管理有 8 大原则。

原则 1：以顾客为关注焦点；

原则 2：领导作用；

原则 3：全员参与；
原则 4：过程方法；
原则 5：管理的系统方法；
原则 6：持续改进；
原则 7：基于事实的决策方法；
原则 8：与供方的互利关系。

思考题

1. 简述可靠性、维修性和质量的定义。
2. 如何评价可靠性？
3. 如何评价维修性？
4. 简述可靠性和质量管理的关系。
5. 为什么说结构可靠性分析比元件可靠性分析复杂？
6. 何谓维修性设计？
7. 质量管理有哪三个阶段？

第 11 章　成本系统工程

随着现代科技的发展,飞行器的性能越来越高、应用越来越广泛。然而,制造和维护飞行器所需的成本也越来越高,成本控制成了制造商和使用者都必须面对的问题。

11.1　成本的含义

成本是商品经济的价值范畴,是商品价值的组成部分。人们要进行生产经营活动或达到一定的目的,就必须耗费一定的资源,其所费资源的货币表现及其对象化称之为成本。中国成本协会(CCA)和美国会计学会(AAA)对成本都有规范的定义。用比较通俗的话来解释,成本是指生产活动中所使用的生产要素的价格,成本也称生产费用。

2003 年末,正当人们以各种方式纪念航空百年的时候,当今飞得最快的"协和"号超声速大型客机,结束了 27 年的飞行历程,退出了市场营运。"协和"号退出的原因是多方面的(如外部噪声的环境污染等),但其中最重要的原因之一是技术先进的"协和"始终没有为市场所认可和接纳。其巨大的研制费用投入和高昂的飞机营运成本,使得航空公司的机票价格居高不下,难以被广大用户所接受。航班乘座率非常低,最终不得不被市场所淘汰。

2004 年 2 月 23 日,美国国防部宣布,取消一项原计划耗资 390 亿美元的新型武装侦察直升机 RAH-66(科曼奇)的研制项目,其主要原因是耗资太多,该项目至今已耗资 69 亿美元,仅研制出 6 架原型机。RAH-66 是世界直升机史上最先进的直升机,它采用了大量先进技术,包括先进无轴承复合材料旋翼和涵道尾桨,全复合材料机身结构,具有优良的抗弹击能力和耐坠毁能力的高生存力设计,全隐身设计,高度集成航电系统和武器火控系统,具有防核生化渗透能力,以及良好的维护、维修和保障能力等。故而,其单机价格从原来预计的 1 210 万美元,飙升到 5 890 万美元,若再配套全任务设备,其出厂价高达 8 900 万美元一架。尽管美国经济实力居世界第一,美军方也感到无法承担这样价格高昂的武器装备。尽管已经投入了高达 69 亿美元的研发费用,也不得不忍痛割爱,终止了这个已经进行了 21 年多的研发计划。

F-22 具有良好的隐身性、超声速巡航能力、一体化航空电子系统、敏捷性以及作为制空权所需的对空、对地致命的打击和支援性。但每架飞机生产成本要 1.3 亿美元(还不含研制费用,)。2009 年 4 月 6 日,奥巴马政府时任国防部长盖茨宣布,国防部将向国会建议删减许多大型武器采购计划,包括在制造生产的 187 架 F-22 战机完成后,减少乃至停止生产这一昂贵战机。当然这里还包含了另一层意思,就是 F-22 已经超过了当时所需飞机的水平,暂时不需要进行这么大的投入。之后就研制了 F-35。

这一切都说明了成本是市场导向的重要因素。

11.2　成本系统工程

系统论的创始人 L·V·贝塔朗菲的学说"整体大于各部分的总和"。成本不是单一存在的，任何产品都存在成本问题，而且受到前期产品成本的影响或对后期产品的成本产生影响。因此说成本工程是一个复杂的系统工程。

在企业的经营活动中，通过对企业产品全寿命发生的成本进行控制，达到取得企业最佳效益，才能增加市场竞争能力的战略目标。反之，离开这个系统整体，对个别生产经营环节上的成本进行控制，则会出现个别环节上的成本降低，而导致其他环节成本的升高，使降低产品总成本的努力失去作用。故而，必须把产品成本管理看作一个系统工程来考虑、对待。

既然在企业经营活动中的成本管理是一个客观存在的系统，那么，根据成本管理的内在规律，通过系统工程的方法，对这个系统实施系统工程的管理就构成了成本系统工程。

企业实施成本系统工程意义在于：

① 总体上看，市场已从卖方市场转向买方市场，激烈的市场竞争导致获取正常利润的难度越来越大。国有企业只有丢掉仅靠国家从财政、税收、贷款的优惠政策中获得效益的不切实际的幻想，通过努力降低产品成本费用等措施，才能获得竞争、生存和发展的机会。

② 在市场化步伐进一步加快的背景下，企业必须通过对全社会乃至全球成本优势的组合，才能较好获得个别成本的优势。成本管理由孤立单项管理向系统整合、系统优化的方向发展；由主要考虑生产性领域，包括产品设计、物料采购、生产计划、制造、销售和服务在内，向最终产品市场价格最优，全部寿命期使用成本最低的目标发展，追求系统综合成本优势。

加入 WTO 后，企业将直接面对国际竞争，国内市场和国际市场已经成为一个整体，只有加强企业经营管理，降低成本，才能增强市场竞争力，在国际市场（包括国内市场）上生存下来，并得到发展。

11.3　成本的组成

根据产品成本在全寿命期中发生的阶段，成本系统工程的组成包括：开发成本，生产、使用成本，管理成本、质量成本及使用成本。

(1) 开发成本

开发成本即新产品、新技术研究开发（R&D）的费用，一般包括预研、设计、试制、鉴定等摊销费用。不同产业开发成本占总成本的比重有很大的区别。高科技产业开发成本所占比重较大，如软件开发成本占总成本的 70%～80%，航空飞行器产业占总成本比重的 20%～30%，汽车占的比重为 10%～20%。

产品开发一般具有 3 种模式：自行开发、国外引进、自行开发和国外引进相结合（或称引进与消化）。另外，对现有产品的改进、改型是一种投资少、周期短和效益高的开发方式。

(2) 生产成本

生产成本亦称制造成本，是指生产活动的成本，即企业为生产产品而发生的成本。根据生产力三要素（生产工具、劳动者和生产资料），在产品生产阶段产生的成本可细分为生产工具成本（生产设备采购和生产线技术改造，其中折旧费就是对生产工具成本的摊销），人力成本（工资、劳动保险、劳动保护等费用），采购成本（外购原材料、零部件的费用），还有维持企业生产所必需的风、水、电、气等运行成本和运输费用成本。

(3) 管理成本

管理成本包括流动资金周期天数、库存量、财务费用三大部分。财务费用包括企业生产经营周期内发生的利息支出、汇兑净损失、金融机构手续费，以及筹资发生的其他财务费用，还包括为管理、生产经营运作过程发生的财务支出等。

(4) 质量成本

为确保和保证满意质量而导致的费用，以及没有获得满意的质量而导致的有形或无形的损失费用。质量成本分为预防成本、鉴定成本、内部损失成本和外部损失成本。

(5) 使用成本

使用成本是购买者在使用产品过程中所发生的一切费用，包括产品使用期内的运行、维护、修理、更换零件等的成本。使用成本和产品的研究开发成本、生产成本、管理成本和质量成本构成产品的寿命周期成本。

对于一般企业来说，企业生产出的产品一经卖出，后续主要就是一定的售后服务费用，且在售后服务中还可以获得收入，典型的就像汽车4S店，可为车主提供良好的保养、保修等服务外，通过大量的非免费服务项目获得更大的利润空间。

从行业特征和成本的角度看，航空业不仅需要具有较高的固定和流动成本，还必须拥有相应的飞机、机场、飞行保障和后勤机械设备等。以航空公司为例，在这些硬件保证的前提下，航空公司还具有与其他行业不同的表现特征，首先，航空公司的业务流程具有其独特性，是航空业成功的关键成功因素。因为航空业的业务流程中各个环节不能隔离开来，必须有机联系在一起，进行系统化的运营才能构建起组织的竞争力；其次，航空公司要求在订票、准时、安全、采购、服务特色、后勤保障和机械维修等方面研发的系统化管理和有机整合；再次，航空公司需要大量擅长专业化知识的高级员工，不仅需要高级的飞行员，还需要多样化的服务技能和能够承担多种责任的工作团队。从飞机导航、空间信息传递、特色服务到包裹的处理，都必须在系统化、整合化和一体化的工作流程中相互配合，才能完成任务并达到目标。

美国是世界上经济较发达的国家，其各行业市场大多属于成熟市场。对于航空业来说，美国的航空业更是一个相当成熟和竞争激烈的市场，从事航空业务历来都存在极大的挑战。因此，采用最优成本提供者战略是其最佳选择。这一战略的成功运营既需要整个企业全方位地降低成本，也能够满足个性化的需求。

可通过一些飞机的操作成本来体会生产使用成本的重要性。美国军用飞机使用成本的报告中，将军用飞机操作成本定义为“维修费用、零件成本、仓库和现场维护、合同服务、工程支持和人员工资”，再加上一些“杂项费用”，从而形成一致的标准，使得不同的军用飞机之间成本也能够对比。

相比之下，轰炸机的操作费用最高，如B-52H(同温层堡垒)88 534美元/每小时，B-2(幽灵)150 741美元/每小时；战斗机其次，如F-16(战隼战斗机)26 927美元/每小时，F-22(猛禽战斗机)85 325美元/每小时；直升机相对较低，如UH-60(黑鹰)通用直升机3 116美元/每小时，AH-1Z(蝰蛇)舰载攻击直升机20 642美元/每小时。

11.4 降低成本的方法

成本由5个部分组成，那么降低成本首先要分别从这五个部分出发。

第一是降低开发成本。产品开发是一个企业必须进行的重要工作，是必不可少的一个过程。产品开发有3种模式，即自主开发、国外引进，以及自主开发和国外引进相结合。

根据我国目前航空产业的实际：自行研制成本较低，但是周期长，开发的起点较低。国外引进成本较高，但是周期短，开发的起点较高。而两者结合的开发，有可能达到产品开发周期较短，新产品能迅速占领市场，同时还可降低产品开发成本，是目前企业经常采用的开发方式。实际上，我国的 C919 就是采用的这种形式。

在企业产品开发中，应研究技术和成本的关系，必须充分考虑用户的消费观念和消费形态的变化，产品的开发必须充分考虑产品的市场定位，而不能片面追求新产品技术性能的最先进性，还应研究产品开发费用与产品技术性能的关系，筛选最佳的满足市场需求的匹配关系。

第二是降低生产成本。生产工具成本方面要铸造“哑铃型”企业，即紧紧抓住产品开发和产品销售两个关键环节，避免企业走“小而全”的发展模式，重点发展自己的核心技术能力和产品。

降低人力成本，降低员工年收入和减少企业员工数量，两者比较可行的途径是减员增效，大量裁减冗员，实行人力资源的重新合理配置，真正实现人尽其才，才尽其用。

采购成本关键在于实施多元化供货配套机制，做到货比三家，同样产品比质量，同样质量比价格，同样价格比服务。大中采购应实施集中、招标采购，建立采购与使用单位相分离制度和在提高采购人员素质的同时，实施采购目标责任制。

第三是降低管理成本。企业管理成本的高低体现了企业生产管理、资金运用、产品营销等综合管理的水平。

降低管理成本需要加强企业管理，采用适合本企业的先进管理技术，如日本丰田公司的准时生产，美国最新的作业量基本成本法，价值工程等。

第四是降低质量成本。探求能够取得企业最佳经济效益的质量水平，片面追求质量和质量低劣均会造成成本的增加和效益的降低。质量成本包含：研究试验费用、工人技能培训、检验质量保证。

质量水平和价格及成本具有相关性，如图 11.1 所示，只有确定合适的质量水平，才能取得最大的经济利益。

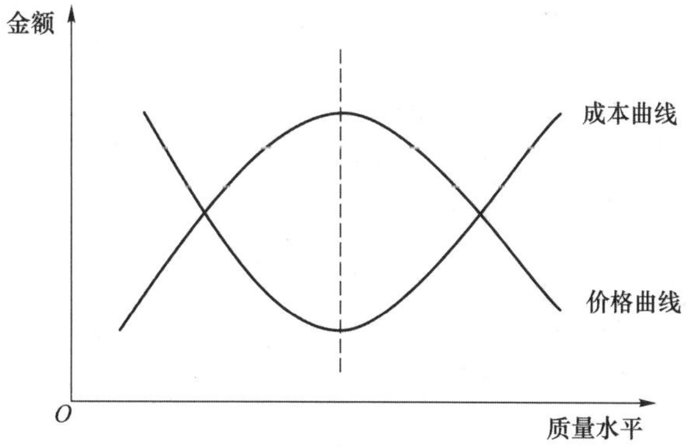

图 11.1　质量成本关系图

第五是降低使用成本。产品的寿命直接影响产品的使用。产品寿命短，用户可能很快丧失产品的使用功能和产品价值；反过来也会直接影响企业的相关产品在市场上的营销。产品寿命是使用成本的重要组成部分，而产品的寿命、油耗、可维护性、可维修性都必须和产品的开发研制结合起来。可以利用航空产品在不同时期的状态，选择合适的运营方式，来降低飞机的使用成本。

作为军机来说，美军提升改革航空作战方式有 5 大方案，能够提高能效并降低成本，一大目标是省钱，非常值得相关国家包括中国学习借鉴。

一是改革作战方式，美军要求当前空运部队可以通过商业航空已经广泛采用的任务指标飞行节约燃油，根据外界条件优选飞行高度和速度，以及爬升和下降的飞行操作。纵队飞行能节约 5%～10%的燃油，但是需要机组调整任务计划。

二是增加模拟训练，利用分布交互式飞行模拟器缩减实飞训练小时，比如 KC-135 和 F-16 模拟器联网训练，减少两种机型的实机加油训练次数。另外，利用模拟器训练电子战相关课目也可大幅提升能源效率。

三是完善作战计划，美国空军的作战计划软件一般明确任务要素、实时气象条件和任务需求，用来减少出动架次和不必要的航线计划，提高作战效率。

四是广泛运用新技术，比如使用共形天线减小飞行阻力达到省油的目的。同时，要降低维修保障强度，比如使用维护需求小的机身结构、减少部件和维修人员数量，提高当前部件的可靠度。

五是加大无人机运用范围，比如研发小型空运无人机，执行运送少量货物的任务。比如，美军“黑骑士”全比例验证机计划采用柴油涡轮增压发动机，能够以 241 km 的飞行时速将 453 kg 的物资或 5 名士兵运送到 463 km 之外的目的地，在公路上行驶时最大速度达到 110 km/h，最大载重量 726 kg，能够搭载 8 名士兵。尽管埃尔塞贡多公司推出了原型机，也完成一次训练飞行测试，但是上述这些理论上的数字很多都没有来得及实现，项目预算随后遭到削减，项目转入第二阶段，项目名称也发生了变化，以便用全新的设计更好地满足美军的特种作战需求。

除此之外，就是用系统工程的方法来降低成本。

实际上各种成本之间都是有一定联系的，一般不是可以单独通过一种方法就能达到降低成本的目的。要提高对企业生产经营活动规律性的认识，有效运用系统整体性原则，采用控制论、信息论的观点来降低产品成本。

思考题

1. 什么是成本？什么是成本系统工程？
2. 成本由哪些部分组成？
3. 降低成本的主要方法有哪些？

第 12 章　民航维修管理

与航空制造业、航空运营业相比，航空维修业则属于高端技术服务业，主要指以航空器为对象进行的维修活动，包括航空器日常维护、排故、航材供应等。随着全球经济一体化和航空业全球化进程不断加快，现代民航维修服务已经从单一产品服务模式向多元化服务模式发展。除了传统意义上的日常经验维修外，民航维修还包括高效安全的科学维修等内容。由于现代民航维修服务具有高度专业化、社会化的特点，因此，对从业人员要求较高。

民航维修是一个高技术、高风险的行业，同时也是一个非常具有挑战性的行业。由于民航维修的特殊性，从业人员需要掌握大量的知识和技术，具有较高的综合素质。中国民航维修业目前还处在起步阶段，与国外先进国家相比还有差距，但是我国民航维修业具有巨大的市场潜力。

航空器在使用过程中，受到高低周载荷及环境作用，各组成部分不可避免地会出现退化、故障或失效，从经济、安全、质量和效率方面考虑，维修是恢复这些可修工程系统功能的唯一选择。

例如，汽车上的一些橡胶件，如果要使它在汽车的整个寿命期间都能有效，而不破损，就要设法提高其性能，但提高性能就要涉及材料、工艺等，要增加成本，但无论如何提高个体的质量，还是难以满足整个寿命周期的需求，可以定期或不定期地进行检查和维护。通过定期或不定期更换构件来解决问题，远比一味提高橡胶件的质量来得要快、要省，这样就可以通过更换来达到整车正常使用的目的了。

12.1　民航维修的概念

维修是为保持或恢复工程系统到其规定的技术状态所进行的全部活动。这与平时意义上的维修不完全一样，包括平时相对分开的检查、保养和维修。

民航维修是指使用和维护航空器材的活动。按照维修对象和范围的不同，民航维修可分为两种：一是航空器制造商提供的设备和部件的维修；二是航空器制造商以外的其他单位提供的设备和部件的维修。例如，波音公司为其生产产品提供技术服务，并在波音公司以外组织开展飞机维修。

航空器维修的直接目的是持续保持航空器处在规定的技术状态下工作。

航空器维修的根本目标则是以最低的维修成本，尽可能地保持、恢复甚至延长航空器的可靠性寿命，保证飞行安全，最大限度地提高其利用率。

维修的代价是维修成本，在民航运输业中，一台发动机一次送修的费用为数百万美元，一架飞机每飞行一小时的直接维修成本是 300～500 美元，民航业的维修成本通常占到全部直接运营成本的 11%～12%，其中动力装置部分约占 40%。一架军用喷气飞机的喷气式飞机每年的维修成本高达一两百万美元，约占使用成本的 11%。

要进行维修就要提出维修要求。维修要求是为了便于对产品进行维修而对航空器设计、维修和保障所提出的要求，是设计、使用、维修、成本和效率等多种因素的综合权衡结果，也是维修工程学要实现的具体要求和指标。

维修要求包括安全和经济两个方面的目标。其中，安全目标就是使航空器保持或延长使用寿命，持续保持其使用的安全性和可靠性；经济目标是通过科学的维修提高飞机和发动机的利用率，保持运输和战术质量。同时，维修还要以最低的全寿命维修成本达到安全和经济目标。

维修对航空器设计的总体（或顶层）要求源自使用要求，通常要通过分解、转化成详细的维修性要求和可靠性要求，才能在航空器设计中加以贯彻、形成面向维修保障的质量属性。

以民机为例，维修要求包括以下内容：

① 整机级（顶层）维修要求。如过站停留时间（短停）小于 30 min，直接维修成本小于 338 美元/飞行小时，飞机派遣可靠度大于 99.5%，飞机利用率为 2 720 飞行小时/年，即 8 飞行小时/日。

② 系统和结构的可靠性及维修性要求。顶层维修要求进一步细化为系统、子系统及部件的可靠性和维修性指标，在产品设计和成品采购中贯彻实施。

③ 维修方案要求。如要求采用最新版的美国运输协会（ATA）MSG-3 规范，A 检 500 飞行小时、C 检 4 000 飞行小时或 4 000 飞行循环或 18 个月。

为了保证飞机的飞行安全，飞机要经常性地进行检查和维修，一般分为航后检查和定期检查，定检也称字母检，分为 A、B、C 和 D 检。其中，A 检最简单，间隔时间也短，无需专门的飞行日停场维修，但不同飞机，甚至同一飞机的 A 检间隔也不是完全一样的，航空公司会根据实际运行情况，维修经验和积累等进行适当调整。一般 4A=B，4B=C，8C=D，即如果 250 飞行小时为一个 A 检，则 4 000 飞行小时为一个 C 检。D 检就是大修，是最高级别的检修，要对飞机进行全面的检查和装修。原则上，大修后应该达到新机的可靠性要求，往往在这个过程中会更换结构或大部件。

但在实际运作中，飞机运营者、航空公司维修部门往往取消 B 检，把 B 检的项目调整到 A 检或 C 检工作中，以减少不必要的停场维修时间。如国内波音 737 一般规定 A 检为 200 飞行小时，没有 B 检，C 检为 3 200 飞行小时。

此外还有特殊维修，也就是由于某种特殊原因而进行的维修。当然，有些理论也把这类维修归到航线维修或定期维修。如经过雷击、重着陆或颠簸飞行后需对某些设备、飞机结构的特定部位进行的特别检查和修理；受外来物撞击、碰伤后的修理；发现飞机某部位不正常发生腐蚀后的除锈、防腐处理；按适航部门或制造厂家的要求对飞机进行加、改装工作；两次 D 检中加做的中检（IL 检），或进行客舱翻新等。

④ 维修保障要求。例如，要求备件库存的保障率达到 95%，飞机停飞待件（AOG，Aircraft On Ground 停飞件）24 小时内到货。

12.2 维修策略

维修策略是针对产品劣化情况而指定的维修方针，包括劣化评估依据（形势描述）、维修策略行动及行动执行计划。

① 劣化评估依据：寿命（如累积飞行时间、起降次数或日历时间等）、状态（如振动信号、磨

损颗粒、性能参数和功能参数等）和故障（如使用困难报告、故障检测报告和停机现象等）；

② 维修决策行动或作用：包括维修措施及其预期效果。基本维修或叫小修（产品修复后瞬间的故障率与故障前瞬间的故障率相同），完全维修（修复后瞬间故障率和新产品刚投入使用时的故障率相同，即修复如新），中度维修（介于两者之间的维修））；

③ 行动执行的计划：包括维修或更换的间隔或周期的安排等。如 A、B、C、D 检间隔一样。

预防性维修（PM）是在事故发生之前，使产品保持在规定状态所进行的各种维修活动。预防性维修策略包括：

① 定时维修策略（PM 或 HTM 或 TBM）：是在对产品故障规律进行充分认识的基础上，根据规定的间隔期或固定的累积工作时间或里程，按事先安排的时间计划进行的维修。条件是已知产品的寿命分布规律且确有损耗期，故障与使用时间有明确的关系，系统中大部分零部件能工作到预期的时间。

② 视情节维修策略（CBM 或 OCM 或 PDM）：是采用一定的状态监测技术，对产品可能发生的功能故障的二次效应进行周期性的监测、分析和诊断，再根据状态发展所安排的预防性维修。这种维修策略的监测计划是基于状态而安排的动态的时间间隔或周期，适用于损耗故障初期有明显劣化特征的产品，并要求有适用的监测技术手段和标准。要在对故障机理和劣化征候的研究的基础上，完善检测手段才能做好。

③ 主动维修策略（PDM）：对引起产品故障的根源性参数（如油液污染度、物理的理化性能及温度等进行识别），主动采取的维修措施，将其控制在一个合理的范围内可以防止引起产品发生进一步的故障或失效。

除了预防性维修策略以外，还有事后维修策略和改进性维修策略。

事后维修策略（CM）是在事故发生或遇到损坏之后，再采取措施使其恢复到规定技术状态所进行的各种维修活动，包括故障定位、故障隔离、分解、更换、再装、调试、检验及修复损坏件等的一项或全部。

改进性维修策略（IM）是利用完成产品维修任务的时机，对其进行经过批准的改进或改装，以消除产品的实用性和安全性方面的缺陷，提高使用性能和可靠性或维修性；或者使之适合某种持续的用途，如客机改货机。它是维修工作的扩展，实质是修改产品的设计。结合维修进行改进，一般属于基地级维修（制造厂或修理厂）的职责范围。

12.3　航空维修思想

维修思想，又称维修原理、维修理念或维修哲学，是制定具体的维修大纲、程序和策略的理论基础。

航空维修从传统的安全第一、预防为主的预防维修思想，经过多年的发展，不断研究、创造、推陈出新，发展到维修指导小组（MSG）维修思想和以可靠性方法控制维修相结合的现代航空维修思想，拓展了众多的新思想和新成果。

民用航空器采用 MSG 思想，这就是 FAA（美国联邦航空管理局）提出的维修指导小组的思想，也是世界各国民用航空界公认的制定民用飞机维修大纲的指导思想。

随着时间的推移，人们对质量管理和维修管理的理论研究越来越深，维修理论也在发生变化。在早期维修理论与实践中，为了保证安全，在设计上加大零部件的安全系数，使飞机的结构“过分”地安全。苏联的设计基本采用这种设计思想。这样做一方面使得飞机重量加大，飞机的性能不容易提高，另一方面，材料的性能也得不到充分利用，使用上也不经济。而且这样做并不能真正起到解决长期使用过程中出现故障的问题。

经过长期的经验积累，人们发现，航空器可靠性和使用时间有一定的关系，即刚开始时故障率较高，随之很快下降，并保持一段时间，之后故障率会陡然上升，曲线就像一个浴盆一样，即浴盆曲线(见图10.1)。其中，早期失效期，主要是由于制造缺陷和工艺不当造成的，故障率较高；偶然失效期，主要是由于使用维护不当，或应力突然超过极限值，零件失效等随机因素造成的，这一时期，故障率低，且稳定，接近常数；损耗失效期，主要是磨损、疲劳、腐蚀、老化等原因造成的，这一时期，故障率递增。

由于存在这样的关系，本着安全第一、预防为主的理念，建立了定期维修的思想，即订立了定期检查、定期修理、定期大修的制度。经过几十年的实践证明，这套制度是有效的。

随着航空运输业的发展，飞机的价格越来越高，结构越来越复杂，故障率也随之增加，传统的维修理论已无法满足保证安全的需要，只能增加检查的次数和缩短翻修时间，这样使得维修费用大大增加。有的时候由于翻修时间过短，反而会造成故障率不降反升的怪现象。1961年，美国联合航空公司发现了航空机件的故障曲线有6种(见图12.1)，推翻了浴盆理论适用于一切情况的假设，率先开始了新的维修理论的研究。

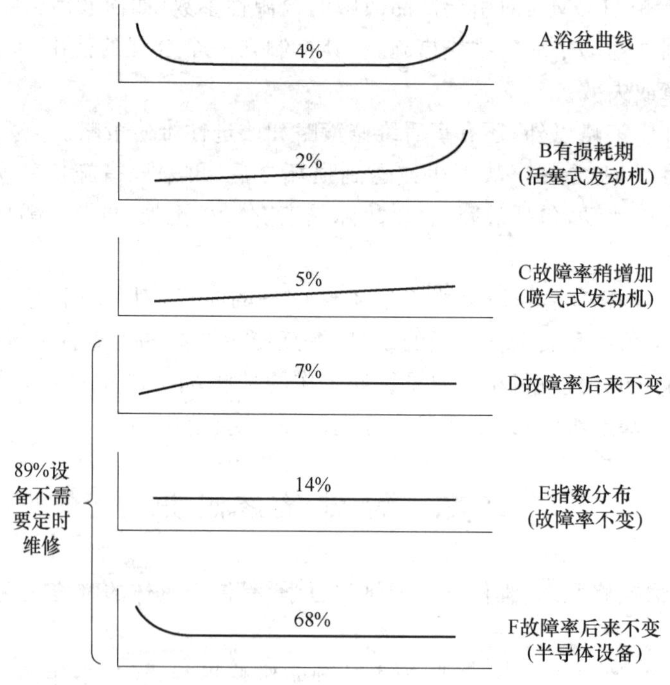

图12.1 航空机件故障曲线的6种形式

通过对维修经验和大量故障的分析，提出了一些新的维修思想和理论，较有影响力的有维修指导小组思想(MSG)和新的以可靠性为中心的维修理论(RCM)。

首先，航空器的整体可靠性是由各个系统的综合功能决定的，因此可以按照可靠性有针对性地规定一定的时间间隔进行预防性的维护，以减少不必要的停机；同时，因为故障发生在不同的、没有预料的时间间隔中，因此，还要安排一些非计划性的维修来排除故障，这也是一种面向任务的思想，。

早期的 MSG 思想是波音公司在 747 飞机制定维修大纲时采用的一种新方法，经过近三十年多年的发展，从 MSG-1 已经发展到了现在的 MSG-3 思想。这些年来，飞机寿命提高了一倍多，发动机寿命提高了五倍。其中：

① MSG-1（全新理念的维修）：MSG-1 应用分析决断方法是专用于波音 747 飞机的维修大纲。MSG-1 颠覆了“以预防性维修为主”的传统维修思想理念，成为第一个采用逻辑决断方法和程序指导制定维修大纲的文件。

② MSG-2（面向过程的维修）：MSG-2 是针对维修方式的分析逻辑。人们把在波音 747 项目上获得的经验应用到所有新研制的飞机上，为了做到这一点，更新了判定逻辑，删除了某些特定的 747 过程信息，剩下的通用文件即为 MSG-2。根据 MSG-2 方法制定的维修大纲，主要针对飞机的每类组件（系统、部件或设备），采用“从下往上”的分析方法，其分析结果是为指定的各组件确定适宜的维修方式。作为 20 世纪 70 年代制定新飞机维修大纲的指导文件，MSG-2 确定了三种维修工作方式，即定时（HT）、视情（OC）和状态监控（CM）。

③ MSG-3（面向任务的维修）：MSG-3 是针对维修工作的分析逻辑，根据 MSG-3 制定的维修大纲，主要针对飞机的系统/分系统的维修工作。采用“从上往下”或称“故障结果”逻辑方法，从飞机系统的最高管理层面而不是在部件层面进行故障分析，确定适合的计划维修任务，以防止故障发生和保证系统的固有可靠性水平。它所采用的“从上往下”的逻辑方法，着眼于系统功能失效时的潜在影响、确定故障的能力和故障及维修的成本。

MSG 将维修任务分为 3 种，即机体系统任务、结构项目任务以及区域任务。

机体系统的维修任务有：润滑、勤务、检查、功能检查、运营检查、目视检查、修复、报废。结构项目的维修任务有：一般目视检查、详细检查、特别详细检查。区域维修任务有：保证飞机规定区域内的所有系统、部件和装置都受到监控，以确保安装和总体状态的安全性。

实际上，MSG3 思想就是 RCM 思想的体现和发展。MSG 是以 RCM 理论为基础的逻辑决断法，以帮助确定预定维修方案的工作任务和维修间隔的方法，保持航空器的固有安全性和可靠性水平。MSG 的逻辑分析方法是目前依据 RCM 思想开展飞机维修指导的最经济有效的分析方法，可以使用这种方法来降低维修成本、提高维修效率、降低飞机系统故障率。因此，MSG 思想就被世界各国民用航空界公认的制定维修大纲的指导思想。其核心是指出最高的安全标准、满意的可靠性水平和良好的经济效益。

现在，民用航空维修大纲是工业部门根据以下两种基本方法制定出来的：MSG2 方法（老旧飞机）和 MSG-3 方法（新型飞机）。两者最大的区别就是前者是“自下而上”，而后者是“自上而下”，MSG-3 方法根据可靠性分配原则，主动地，更加合理地去制定相应的计划和措施。

定时维修（HT）：对较固定零件进行定寿、到时更换或报废；

视情维修（OC）：对第二类故障曲线的零件，通过对其使用情况的监测和观察，视具体情况决定维修或更换，特点是原位检查、快速更换。

状态监控（CM）：对航空器的飞行安全不直接产生影响的零部件，在故障发生后，再去及时排除。

但要注意的是：

① 真正影响飞行安全的零部件只占一小部分（10%左右），通过余度设计、破损安全设计可减小或消除其影响；

② 维修最多只能达到设计要求的固有性能，不能超出原有设计水平；

③ 不同的零部件失效方式不同，因此要采用不同的维修方式。

12.4 航空维修管理

航空维修管理是指对航空器的维护、修理和检查等工作的规划、组织、协调和控制的过程，以确保航空器的安全、可靠和高效运行。

航空维修管理的关键要素包括人员、设备、文件、流程和环境等。

① 航空维修管理需要专业的人员进行管理和指导，包括维修工程师、技术员、质量检查员等；

② 航空维修管理需要使用各种专业的设备和工具，包括检测设备、维修工具和航材等；

③ 航空维修管理需要制定各种维修计划、工作单、技术手册等技术文件，以确保维修工作的规范化和标准化；

④ 航空维修需要建立完善的维修流程和技术程序，以确保维修工作的安全、可靠和高效；

⑤ 航空维修管理需要确保维修场地的清洁、安全，以确保工作的顺利进行。

1. 航空维修管理的目的和原则

航空维修管理的目的，首先是提高航空器维修效率，其次是减少因维修带来的停机问题。而根据预计的维修任务进行分类，然后针对不同的维修活动组织不同的维修生产活动，不仅保证了维修任务的有序进行，还最大限度地发挥了不同维修组织的作用，间接提高了航空器的可用率。

维修部门不是自顾自地进行维修，还要与很多单位进行联系，取得他们的指导和业务上的支持。维修单位与外部的联系，获得他们的支持和配合：

① 适航部门：是直接领导。适航部门负责批准人员持证上岗、制定飞机维修大纲、维修计划及工作文件。

② 制造厂商：负责技术支援。但要注意，维修只能达到或保持原设计功能。

③ 航材供应商：提供所需航材并保证质量，要有严格的检验、存放和管理程序。

航空维修管理的原则是：预防为主、注意细节、科学管理和持续改进。

航空维修管理的内容主要包括：

① 航空维修计划管理，包含计划制定、进度控制、质量控制和资源管理；

② 航空维修技术管理，包含技术标准制定、技术支持、技术更新和技术评估；

③ 航空维修质量管理，包含质量标准制定、质量检查、质量保证和质量分析；

④ 航空维修安全管理，包含安全制度建立、安全培训、安全检查和安全事故处理。

2. 维修生产的组织与管理

(1) 维修内容

维修生产活动是维修中的一个局部，主要包括航线检查维修、定期维修及航空部件、附件的维修等组织方式。不同的维修组织方式面对的对象不同，维修能力和维修成本也不相同。但无论哪种维修组织方式，都必须能使一个处于失效或故障的项目或产品通过维修活动保持或恢复到规定状态。各种维修活动都包含以下基本的维修任务：

① 检查/功能检查。为了检查一个项目的技术状态或者测试该项目的功能状态是否在规定的限度内的定量检查。

② 润滑/勤务环节。对一些特定的设备、项目进行润滑/勤务工作(或保养),也就是为了保证一个项目或结构处于规定状态所需采取的维修措施,包括润滑、清理、添加燃油或润滑油等。

③ 故障定位。根据故障的表现形式及经验,确定故障的大体位置。

④ 故障隔离。进一步把故障部分确定到必须进行维修的范围。

⑤ 分解过程。为了便于检查、维修、调整等,对维修项目进行的结构拆分,包括零、部件的拆分。

⑥ 更换。将分解出来的需更换的零部件进行更新替代。

⑦ 修复。将分解出来的需要修复的零部件(如出现裂纹或其他故障的项目或结构)采用对原件进行加工处理或其他修复措施,恢复零部件的功能,也称为原件修复。

⑧ 再装(结合/组装)。把分解拆下并维修后的零部件重新组装。

⑨ 调整。根据修复项目的情况对其中工作不协调的部分进行调整校正,使项目恢复到规定的工作状态,如修复叶片的涡轮进行动平衡等。

⑩ 使用检查。为检查或检验维修效果,对修复项目进行的试运行检查,保证项目能够在规定状态下进行正常工作。

⑪ 校准。由指定机构或标准的测量仪器查出并校正仪表或检测设备的任何偏差。

对于每次维修生产活动,民用飞机运营人都应当按照规定的期限保存所运营飞机的记录。民用飞机运营人终止运营时,所保存的维修记录应转交给新的合格证持有人。

为了解决由于一些零部件因故障而引起的运营中断问题,工业部门还开发出了三套管理技术,即设备余度、航线可更换组件(LRU)和飞机最低放行要求。有了这 3 种管理措施,能够帮助减少运营中断时间。

(2) 放　行

民用飞机运营人在每次完成维修工作和对任何缺陷、故障进行处理后,应该按照放行要求,让被授权的维修放行人员在飞机飞行记录本上签署飞机放行。

飞机必须满足最低放行条件才可以放行,在规定的使用限制条件下,民用飞机运营人可以在符合官方(适航部门)批准的最低设备清单和外形缺损清单时放行带有某些不工作的设备或者带有缺陷的飞机。放行的条件包括:

① 维修工作是按照合格证持有人的要求进行的;

② 所有的工作项目都是由合格的维修人员完成,并按照 CCAD-145 部《民用航空器维修单位合格审定的规定》颁发了维修放行证明。

③ 没有已知的飞机不适航的任何状况。

(3) 维修管理体系

要有序、低成本地进行维修生产活动,就要对维修生产活动进行有效的管理,包括:

1) 航线维修

航线维修(也称低级维修)主要包括航行前维修、航行后维修及过站(短停)维修。首先,这是最基础的维修单位。考虑到维修成本、投资回报率及组织风险等,只能从航线维修开始。其次,这是最基础的维修活动。在飞机运营期间,最直接维修活动就是航线维修;同时,这也是最

受关心的维修活动。由于航线维修时间性强，就像“消防员”一样，所以备受关注

航线维修的原则包括以下 3 个方面：

① 减少航线维修的内容。既然是基础维修，且时间有限，就不可能做到小而全。首先，航线维修是在定期检查的基础上完成的，所以可以说，根据计划维修的做法，所有计划维修都安排在定期检查中，也就是说通过计划维修，在理论上讲应该可以防止故障的发生；其次，由于维修时间短，不可能将前面定期检查中已经发现的问题留到这时来完成；最后，航线维修不可能准备很多设备和工具，因此航线维修不能排除过于复杂或过多的故障。

② 重视航行后维修。飞机每天完成飞行任务后都要进行航行后维修，这时如果飞机存在问题或潜在的故障应该有所反映或表现，这些表现往往会被飞行员或机组人员发现并记录在飞行记录上，及时维修，更容易进行故障定位和排除存在的潜在故障；即使未被机组发现，根据经验和掌握的规律，经过认真检查也可发现故障苗头并及时予以排除；另外，航行后维修比航行前维修的时间紧迫性稍弱些(一般都是晚上进行，必要时通宵进行)，检查和维修的时间相对充足，所以一般不会出现发现不确定性问题，最终以“请飞行中观察”或“地面检查正常”的敷衍情况出现，也可减轻航行前维修的压力。

③ 合理分配定期维修。一般来说，目前飞机大多执行定期维修(即 ABCD 字母检)和非计划维修结合的办法，相对维修活动比较集中，因此成本也较高，为减小定检压力，缩短维修工时，许多航空公司会将一些定检项目分配到航线检查中，以提高整体维修效率。

2）定期维修

定期维修是指飞机、发动机和机载设备经过一段时间飞行之后，可能发生的磨损、松动断裂和腐蚀等现象进行恢复；飞机、发动机和机载设备各系统使用的油脂(液压油、润滑油、齿轮油等)、油量可能短缺或变质，需要更换或添加。

定期维修的周期划分一般有两类不同的方法：

一类是苏联的定检周期，按 200 h，1 000 h，……，来划分；

另一类是以美英为主导的字母检测方式。

3）车间维修

车间维修，就是将失去功能的故障件带回车间进行维修的过程。车间维修有以下几个特点：

① 主要针对外场无法进行修复的故障进行(大修、大改及失去功能的贵重件的修复)。

② 除在计划内的车间维修以外，由于故障发生的随机性，很难将所有内容都列入维修计划中去，因此，车间维修也包括使用、维修活动中发现的非计划项目的维修。

在车间维修中需要进行一些深入检查，因此，必须配备一定的检查设备和维修设备等。

4）部附件维修

由于航空器是个大型的复杂系统，当对其进行维修时还必须落实到部附件上去。这里的部附件泛指航空器的零部件的总称。航空部件一般指可以在维修工程中以一个独立的单位被从航空器上拆下，且须能承担航空器上的某一独立的功能的部件，可以小到一个小的传感器，也可大到飞机发动机的大组件。

为了便于管理和分析，还要对民用航空器部件进行分类，分类的方法很多，比如按维修特性分，可分为可修理部件(即周转件)和不可修理部件(消耗件)等。

航空器底部附件在使用过程中会因为很多原因被拆换，每次拆换都要进行记录，包括拆换

原因，是计划拆换还是非计划拆换，是故障件还是可用件等。

最后是部件维修间隔的确定。间隔时间长，容易发生问题；间隔时间短，自然成本增加。维修间隔一般都采用频率和参数来表示。例如，自出厂使用时间；自上次大修使用时间和自上次修理使用时间等。也可以综合计算，比如飞行小时和日历年中，二者先到者为准。

3. 维修方案

维修方案是维修思想的最终表现。根据相关的专业知识，比如部附件的重要性，可靠性等，可以为航空器确定出一系列所要做的维修工作类型和间隔，这些维修任务经过合并就组成了基础的维修方案。

对于民用飞机而言，基础维修方案中接入适当的维修任务描述就构成了维修大纲建议书，建议书经适航部门审查和批准后就是维修大纲；

为了进一步落实维修大纲，还必须明确给出维修任务的接近方式和口盖等，同时，为了便于航空公司进行维修人员的确定和维修任务的安排，一般还需要给出维修任务的工时，以及进行任务的合并，这些内容加入到维修大纲中去就构成了推荐的制造商维修方案，也叫维修计划文件(MPD)。

对于实力较强的公司，还可以根据维修计划文件编写自己的维修方案。而更多的公司，由于实力有限，无法(或很难)独立编制自己的维修方案，因此，制造厂为了提高自身产品的质量和运行可靠性，一般会编制能够对航空公司有指导意义的维修方案，便于维修任务的落实和制定合适的维修步骤和程序。实际上，制造厂编写的维修方案已经相对比较严密，考虑因素周全，也可以保证维修效果，同时制造厂通过编写维修大纲、维修计划、维修方案等能够进行自我检查，发现其中可靠性差的项目、避免和改进不能满足维修要求的项目，实现维修设计信息的反馈，对其维修性设计具有较强的指导意义；而航空公司为了更好地执行维修方案，保证维修质量，还要在制造厂编写的维修方案的基础上，结合木公司机型、飞机结构、飞机运行环境、航段、空勤组人员水平、维修水平和能力等编写自己的维修方案。

维修方案：①一套有生命的控制飞机维修的技术立法文件。②把航空器的各项维修任务的工作方式、内容、时间间隔、针对的零部件和问题分类规定，也规定具体的标准和措施。不断吸收适航指令及咨询通告、服务通告及服务函件。工程部门发放工程指令改变维修方案。经验不足或使用新机型时，通常把维修计划文件 MPD 和各类手册作为维修方案的主要内容。

维修计划：计划生产部门按照生产任务的数量质量要求，确定生产任务的安排，可分为长期计划、年度计划、月计划。

4. 航空维修新技术

除了通过合理的维修方案对飞机进行有效的维修以外，随着科学技术的发展，还要借助一些新技术来帮助更好地发现问题和解决问题。

飞机经过飞行后，会产生各种各样的损伤，包括疲劳或应力腐蚀裂纹，环境性功能退化，磨损，碎裂，划伤，由鸟类或导弹攻击所带来的各种形式的破坏，以及由雷击或强热所导致的损伤等，其中一些损伤对飞机的操作和飞行安全没什么影响，有些却会对飞行安全产生影响。因此首先要对损伤进行检测。

对飞机部附件的检测往往需要进行无损检测。

无损检测技术(NDT)是利用光、声、电磁、热等物理效应在不影响性能的情况下检查表面、内部缺陷，包括目视（光学检查：反光镜、照明灯、放大镜、显微镜、内窥镜）、磁力探伤（X射线，γ射线）、超声探伤（利用超声波反射探测零件内部的缺陷）和涡流探伤（利用物体在电场中产生涡流探测表面的缺陷）等。

对于问题，要做到早发现早处理，为此，研发了大量的机载维修系统，使其能在飞机运行中发现、检测、记录故障，分析故障，以提高维修水平。例如，

① 各子系统的故障探测和报警系统：先向飞行管理计算机（FMC）发出信号，再在综合仪表上显示（EICAS，EFIS）。EICAS是发动机指示和机组警告系统；EFIS是电子仪表系统EIS中的一部分，主要包含主飞行显示器（PFD）和导航显示器（ND）。

② 中央维护计算机（CMC）：机组在飞行中了解故障情况，及时采取对策，工程人员得到事故初始记录，保证信息的准确性。

③ 机载设备自测试系统（BITE）：导航系统、自动油门、飞行控制、惯性基准、EFIS等系统都装有BITE，以便快速检查，记录故障，作为维修、分析故障的依据。

发动机是飞机的心脏，如果发动机出现问题，将对飞行安全带来极大的隐患，因此要特别加强对发动机的检测，以有效预防发动机故障的发生。例如，

① 发动机状态监测系统：记录、监控发动机各种参数，对影响因素进行分析、预测，必要时发出维修警报。

② 发动机油料检测系统：对发动机滑油质量和润滑情况进行检测，通过对杂质、微小颗粒的分析，发现重要前兆，预防事故的发生。

此外，还有复合材料修补技术、快速成型技术（如3D打印）等越来越多的新技术在飞机维修活动中采用。

5. 航空维修新发展趋势

随着新技术、新材料、新工艺的应用，新系统、新设计、新产品的出现，维修技术势必将出现革命性的变化。

一、设计、制造和维修的一体化，将使维修工作向快速化、集中化发展。

二、信息和通信技术的发展使信息收集和分析可以不间断地进行，对信息的处理能及时得出结论，使维修的准确性和及时性大幅度提高。

此外，推动维修向综合化、数字化、网络化和智能化发展，使维修工作效率更高，使维修机构组织发生巨大变化。

思考题

1. 什么是民航维修管理？
2. 什么是维修策略？有哪几种主要的维修策略？
3. 如何理解航空维修思想的演变？
4. 简述航空维修管理的目的和原则。
5. 航空维修的基本维修任务有哪些？
6. 航线维修的基本原则有哪些？
7. 什么是维修方案？

第13章　适航与民航运输

13.1　民用航空器适航管理

对于民用航空器都要进行适航管理。美军非常重视其军用航空器的适航性工作，自2002年颁布了MIL-HDBK-516《军用航空器适航性审查准则》之后，经过了多次较大的修改。但目前在我国只对民用航空器进行管理，对军用航空器没有约束作用。随着我国对适航管理研究实践的不断深入，也正在将适航理念引入飞机及发动机的研制中来。

1. 国际航空法

民用航空具有本质上的国际性特点，安全、高效是航空活动的基本要求。1783年第一个热气球升空，1784年巴黎市政局发布治安令：未经批准，不得放飞。这应作为航空法的开端，说明人们已经开始意识到必须通过法律法规进行规范航空活动，才能保证航空活动安全、有序地运行下去。

1903年，随着莱特兄弟研制的第一架有动力、可控的飞机诞生，飞机得到了快速的发展，特别是一战以后，大量的航空器进入运输及邮政等各种民用产业，航空已成为具有国际性的新兴产业。随之而来的是飞行事故、地面生命财产损失，以及飞越国界的纠纷等问题不断出现，由此，促使航空立法列上议事日程。

航空活动除了在本国领空内进行，往往在国际间开展，具有明显的国际性，国际航空运输活动的发展促使与国际航空运输相关公约的制定和完善。1919年10月3日，26个国家在巴黎签定《关于管理空中航行的公约》(巴黎公约)，确立了国家对其领空的主权，允许国家设立空中禁区并保留国内两地间空运权，还对航空器的国籍等问题进行了规定；1928年2月20日，在古巴哈瓦那签定的《泛美商业航空国际公约》(哈瓦那公约)，进一步明确了国际民用航空的基本原则和国际航空运输的责任制度；1929年签定的《统一国际航空运输某些规则的公约》(华沙公约)，规定其承运人承担赔偿责任的责任基础是推定过失责任制。

1944年12月7日，由52个国家在美国芝加哥签定《国际民用航空公约》(芝加哥公约)，公约内容包括1份序言和96个条款，并通过了18个附件。18个附件内容如下：

① 人员执照(personnel licensing)，提供有关飞行机组人员、飞行签派员/飞行运行人员、空中交通管制员和飞机维修人员执照的信息。

② 飞行规则(rules of the air)，包含与目视和仪表飞行相关的规则。

③ 国际空中航行的气象服务(meteorological service forinternational air navigation)，规定国际空中航行的气象服务和航空器观察的气象报告。

④ 航图(aeronautical charts)，包含国际航空中使用的航图规范。

⑤ 在空中和地面操作中使用的计量单位(measurement unitsused in air and ground operations)，列出了在空中和地面操作中使用的量纲系统。

⑥ 航空器运行(operation of aircraft)，包含各种规范，以保证全世界各种运行的安全水平

保持在规定的最低标准之上。该附件由第一部分 国际商业航空运输——飞机;第二部分 国际通用航空——飞机;第三部分 国际运行——直升机。

⑦ 航空器国籍和登记标志(aircraft nationality and registrationmasks),规定航空器识别和登记的要求。

⑧ 航空器适航性(airworthiness of aircraft),规定航空器审定和检查的统一程序。

⑨ 简化手续(facilitation)。该附件规定过境手续的简化程序。

⑩ 航空电信(aeronautical telecommunication)。第1卷规定通信设备和系统的标准;第2卷规定标准的通信程序。

⑪ 空中交通服务(air traffic services),包括建立和使用空中交通管制、飞行情报和告警服务的信息。

⑫ 搜寻与救援(search and rescue),提供搜寻与救援所必需的组织和使用有关设施与服务的信息。

⑬ 航空器事故调查(aircraft accident investigation),对航空器事故的通知、调查和报告规定了统一的做法。

⑭ 机场(aerodromes),提供机场设计和设备的规范。

⑮ 航行情报服务(aeronautical information services),包含收集和分发飞行所必需的航行情报的方法。

⑯ 环境保护(environmental protection),包含航空器噪声的审定、噪声监测和供制定土地利用计划的噪声影响范围的规范(第1卷)以及航空器发动机的排放物的规范(第2卷)。

⑰ 安全保卫(security),保护国际民用航空免受非法干扰,规定了保护国际民用航空免受非法干扰的方法。

⑱ 危险物品的安全运输(the safe transport of dangerous goods byair),包括危险品的标识、包装和运输的规范。

其中与适航直接相关的附件包括以下3个:

附件6:航空器的运行。该附件包含国际商业航空运输用航空器的运行相关的标准和建议,包括用于审定承运人的规章,也包含国际通用航空活动相关的技术和运行规章(包括维修)。

附件8:航空器的适航性。该附件包含的标准定义了制订型号合格审定要求的最低适航水平,作为航空器适航证国际认可的基础(包括公约第33条条款),用于航空器进入缔约国及着陆;还包含关于民用航空管理当局组织和职能的标志和规定。

附件16:环境保护。该附件包含适用于航空器噪声审定的标准;还包含有关航空器发动机排放物中化学成分(如氧化汞)镀锌的审定标准。

根据芝加哥公约的规定,1947年4月4日,国际民航组织(ICAO)正式成立,总部设在加拿大的蒙特利尔。目前,缔约国数量已达180个。1992年9月召开的国际民航组织第29届大会作出决议,自芝加哥公约签署50周年的1994年起,将每年的12月7日定为"国际民航日"。中国于1974年2月15日承认该公约,同时决定参加国际民用航空组织的活动。

自ICAO成立以来,其主要技术任务就是实现安全、有序、高效的航空服务和运行标准化,使国际民航业的航空器、人员、地面设施和服务等相关方面达到高可信度。标准化工作在借鉴和修订芝加哥公约18个附件,在创新的基础上完成,并作为国际标准和建议方法。

此外，还有一批地区性多边条约以及各国之间签定的双边航空协定。例如，1963 年签订了《东京公约》等三个反劫机公约，1999 年签订了《蒙特利尔公约》，2010 签订了《北京公约》等。

随着科学技术的进步，国际政治和经济形势的变化，航空领域中也出现了很多新情况，这些都需要有新的法律框架和规范来指导。因此，现代航空法在不断地发展变化。

航空法是规定领空主权、管理空中航行和民用航空活动的法律规范的总称，是调整民用航空活动及其相关领域中产生的社会关系的法律。这是广义的航空法。

狭义的航空法，专指航空法典，如我国的《民用航空法》、美国的《1958 年联邦航空法》、俄罗斯的《联邦航空法》、英国的《民用航空法》等。

2. 航空器的适航与管理

庞大的飞行器是否能够飞上天，上天飞行是否安全、可靠？如何衡量与评价？谁说了算呢？国际民航组织将芝加哥公约的 18 个附件作为国际统一的最低安全标准，并开始实行适航管理。各国提出更高的要求，但不能低于这一标准，可根据本国国情建立自己的适航管理体系，进行适航管理。

(1) 适航的概念

适航是“适航性”的简称。“适航性”是适航器适合在空中飞行的性质或性能。1980 年美国科学院在《改进航空安全性》的报告中给出了适航性的定义：“在预期的使用环境中和经申请并被核准的使用限制之内运行时，航空器(包括其部件和子系统、性能和操纵特点)的安全性和物理完整性。”1983 年在日本《航空宇宙辞典》中适航性被定义为“航空器的性能、强度和构造特性、装备程度、方法的总成。”尽管对适航性的定义和解释不尽相同，但概括地讲，适航性是个抽象的、物理的、全过程的集合。简单地说，民用航空器的适航性是指民用航空器在预定的运行环境和使用限制条件下，能够满足最低安全标准，并能顺利飞行所必须具备的品质。

(2) 适航管理

适航管理是以保障民用航空器的安全性为目标的技术管理，是政府适航部门在制定了各种最低安全标准的基础上，对民用航空器的设计、制造、使用和维修等环节进行科学统一的审查、鉴定、监督和管理。适航管理揭示和反映了民用航空器从设计、制造到使用、维修的客观规律，并施以符合其规律的一整套规范化的管理。

适航标准是为保证民用航空器的适航性而制定的最低安全标准，是针对民用航空器的制造、使用和维修的安全问题。由适航部门制定的法规，具有强制性，违者要承担法律责任。

适航管理的作用是保证航空安全，保证航空器安全运行。

适航管理的内容主要包括：

① 制定和修改适航标准和审定监督规则；

② 对民用航空器的设计进行审定，发放型号合格证；

③ 对航空器制造厂的生产进行审定，发放生产许可证；

④ 对注册的民用航空器进行适航检查，发放适航器适航证；

⑤ 对航空器的使用者提出要求和使用限制，监督航空器的适航完整性；

⑥ 对维修单位进行审查，发放维修许可证，监督检查维修的质量保证；

⑦ 对维修人员进行考核，发放执照，保证维修人员的技术水平。

(3) 初始适航与持续适航

适航管理贯穿飞机从设计开始的全寿命周期。适航管理分为两个部分，一是初始适航管理，二是持续适航管理。

初始适航管理是从航空器的设计、生产到投入使用阶段的适航管理，主要保证航空器和航空器部件的设计、制造符合适航标准的管理。初始适航管理包括：

① 设计方面的适航管理；

② 生产、制造方面的适航管理；

③ 航空器适航性审查。

持续适航管理是取得适航证后，直到整个使用周期结束期间的管理，主要保证航空器能够始终处于安全运行状态而进行的管理。持续适航管理包括：

① 对维修单位的审核和监督；

② 对航空器持续适航性的鉴定和检查；

③ 对维修人员持照上岗的要求（基础执照：A 照、P 照、R 照、AV 照；专业执照）

④ 信息的收集和管理工作。信息收集分为三级进行工作，包括三级站（航空器使用维修单位）、二级站（地区管理局信息站）和一级站（民航总局信息站）。

总之，适航管理是以航空器的型号合格证、生产许可证、适航证等证件的管理为中心，通过颁发证件后的监督管理等方式对适航性进行控制的过程。

适航管理的工作主要包括以下 3 个部分：

一、立法、定标：根据各自国家《航空法》统一制定颁布各种与安全有关的技术和管理的适航标准、规章、规则、指令和通告等，这是安全性的要求。

二、颁发适航证件：在民用航空器的研制、使用和维修过程中，通过依法的审定并颁发相应的适航证件的方式来检验执行程度或标准要求的符合性，这是合法的资格凭证。

三、监督检查：通过颁证前的审定以及颁证后的监督检查等手段，促使从事民用航空产品设计、制造、使用和维修的单位或个人始终自觉地遵守适航标准、规定，并达到相关的要要求，这是符合性的要求。

（4）适航管理的机构

各国民用航空管理当局主要包括欧洲联合航空管理当局（JAA）以及欧盟成立后取而代之的欧洲航空安全局（EASA）、美国的联邦航空管理局（FAA）。

国内机构由三级构成，包括民航总局适航司（立法决策）、地区管理局适航处（执法监督）和适航主管机构委任代表（基础工作）。

相关适航要求以规章的形式颁布，如 EASA 颁布的规章 JAR、FAA 颁布的规章 FAR，中国颁布的规章 CCAR。

不同的规章有很多共通的地方，也有一定的差别，其中 JAR 得到欧盟国家的采用，而 FAR 在美国和加拿大被采用，CCAR 借鉴了 FAR 的要求，并根据我国国情进行了适当的修正。这种不同就造成了制造人想在不同的地区销售他们的产品就要进行相应地区的适航审定，特别是两套标准差别较大时，会使成本大幅提高。经过多年的协调，目前，相关标准基本一致，使各国管理当局审定互认的难度极大降低，也使审定费用大幅降低。

3. 中国民航规章体系、文件和证件

我国关于适航的文件主要包括《中华人民共和国航空法》《中华人民共和国民用航空器适航管理条例》及《中国民用航空规章》（简称 CCAR）。

民航规章体系主要包括以运营为中心的人员、空管、机场、维修，还包括行政、制造和事故等，如图 13.1 所示，具体分类如下：

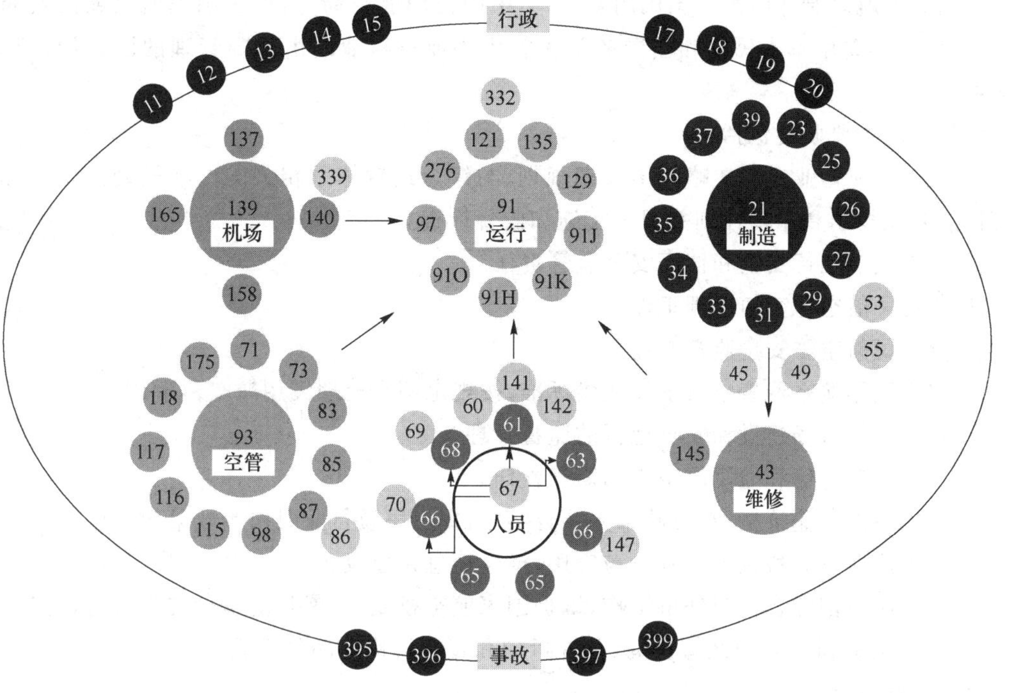

图 13.1　中国民航规章体系

其中：行政程序规则（1～20 部）；航空器（21～59 部）；航空人员（60～70 部）；空域、导航设施、空中交通规则和一般运行规则（71～120 部）；民用航空企业合格审定及运输（121～139 部）；学校、非航空人员及其他单位的合格审定及运行（140～149 部）；民用机场建设和管理（150～179 部）；委任代表规则（180～189 部）；航空保险（190～199 部）；综合调控规则（201～250 部）；航空基金（251～270 部）；航空运输规则（271～325 部）；航空保安（326～355 部）；科技和计量标准（356～390 部）；航空器搜寻援救和事故调查（391～400 部）。

除民航规章以外，还有对上述法律、法规的解释和实施细则，包括适航管理程序（AP）、咨询通告（AC）和适航管理文件（AMD）等。

适航管理通过后，会发放相应的证件，主要包括型号合格证（TC）、生产许可证（PC）和单机合格证（适航证）（AC）。其中，型号合格证 TC：检查航空器设计是否满足适航标准，是取得其余两证证的前提；适航证 AC：核心目的是检查飞行器的安全飞行能力；生产许可证 PC：保证每一架出厂的航空器及其零部件均符合型号设计和安全要求。

根据需求对象不同，所需证件包括：

制造厂：型号合格证（TC）、生产许可证（PC）；

使用单位：适航证（AC）；

维修单位：民用航空器维修单位许可证，其维修人员要获得民用航空器维修人员执照。

4. 民用航空运行机构

每个行业的正常运行都需要不同的组织机构相互配合，就我国民航运行而言，其管理和服务机构可分为民航政府部门、民航企业和相关国际组织 3 部分。

(1) 民航政府部门

我国的民航政府部门为中国民用航空局,中国民用航空局(简称中国民航局或民航局,英文缩写 CAAC)是中华人民共和国国务院主管民用航空事业的由部委管理的国家局,归交通运输部管理。

民航局的主要职责包括:

① 提出民航行业发展战略和中长期规划、与综合运输体系相关的专项规划建议,按规定拟订民航有关规划和年度计划并组织实施和监督检查。

② 承担民航飞行安全和地面安全监管责任。

③ 负责民航空中交通管理工作。

④ 承担民航空防安全监管责任。

⑤ 拟订民用航空器事故及事故征候标准,按规定调查处理民用航空器事故。

⑥ 负责民航机场建设和安全运行的监督管理。

⑦ 承担航空运输和通用航空市场监管责任。

⑧ 拟订民航行业价格、收费政策并监督实施,提出民航行业财税等政策建议。

⑨ 组织民航重大科技项目开发与应用,推进信息化建设。

⑩ 负责民航国际合作与外事工作,维护国家航空权益,开展与港澳台的交流与合作。

民航局由内设机构、地区管理局、驻外机构和直属机构等部分组成。

(2) 民航企业

民航企业的主体无疑是航空公司。航空公司是以各种航空器为运输工具的,为乘客和货物提供民用航空服务的企业,航空公司需要获得官方认可的运营证书或批准。航空公司可以使用自有航空器或租用航空器,可独立提供服务或与其他航空公司合伙或组成联盟共同提供服务。服务范围可以分为国际和国内服务,也可分为航班服务和包机服务。

航空公司一般都包括战略与发展、市场与效益,以及安全与平稳运行三大模块,其中安全和平稳运行是航空有别于其他行业的关键。而航空公司的运行又可分为飞行与运行控制、空中和地面服务、物流和地面支持,以及机务工程与维修。其核心是安全和高效,一旦安全得不到保证,将给航空公司带来灾难性的打击。按照具体操作来看,又涉及飞行人员、客舱服务、地面操作和地面服务、配载、飞机维修和持续适航管理及飞行运行控制等。

其中,运行控制中心(AOC)又是公司运行的指挥核心,是保证航空公司运行安全的中枢。AOC 的功能必须满足安全(最重要)、舒适(服务)、正常(服务)和经济(效益)。

飞行签派是现代化 AOC 的核心,签派员、区域经理和机长作为一个团队,一同做出运行和经济型的决定。

为充分利用运力、共用设施、获得最大利益,很多航空公司自愿组成联盟,如天合联盟、星空联盟和寰宇一家。

(3) 国际组织

航空本身就是国际性很强的行业,必须有国际性组织协调、统一各国的标准、政策,并代表国家某些领域进行交往、交流等。当前主要国际组织有国际民航组织(ICAO)和国际航空运输协会(IATA)。国内也有一些和国际民航组织对应的国内组织,如中国焊工运输协会(CATA)、中国民用机场协会等。

5. 民用航空人员

一个航班的运行需要不同岗位、不同专业的众多人员共同保障，如图 13.2 所示。

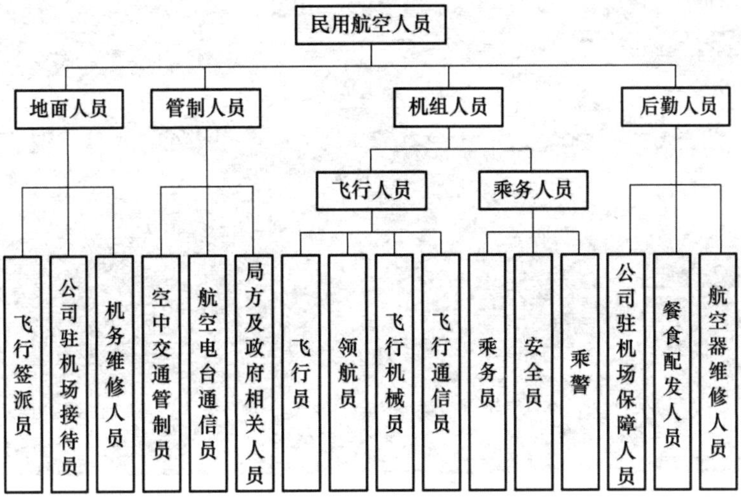

图 13.2　民航人员分类图

13.2　民航运输

民航运输主要涉及机场、管制和进近等。

1. 机　场

机场（也称为航空港）是提供飞机起飞、着陆、停驻、维护、补充给养及组织飞行保障活动的场所，也是旅客和货物的起点、终点或转折点。机场是航空运输系统中航线网络的交汇点，也是航空运输中机场及其服务设施的总称。

机场由供飞机使用的部分（包括飞机用于起飞降落的起飞区和用于地面服务的航战区）和供旅客、接用货物使用的部分（包括办理手续和上下飞机的航站楼地面交通设施及各种附属设施）组成。机场分为枢纽机场、重要机场、一般机场、通用航空机场、备用机场和单位或私人机场等。图 13.3 为北京大兴机场鸟瞰图。

机场一般都分为飞行区、航站区和机务维修区等不同区域。

2. 机场的分类和等级

机场可以根据不同的方式分为不同的类型。

① 按服务对象划分为军用机场、民用机场和军民合用机场。最早南昌机场在向塘，那时是一个军民两用的机场。目前北京的南苑机场也是军民两用的机场。

② 按航线性质划分为国际航线机场（国际机场）、国内航线机场。

③ 按机场的作用划分为枢纽机场、干线机场、支线机场。现在的南昌机场应该可以算是干线机场。

④ 按机场所在城市的性质、地位划分为Ⅰ类机场、Ⅱ类机场、Ⅲ类机场、Ⅳ类机场（由高到低）。

图 13.3 北京大兴机场鸟瞰图

⑤ 按旅客乘机目的划分为始发/终程机场、经停(过境)机场、中转(转机)机场。

⑥ 按起降飞机标准划分为 1A→4F(从低到高),如表 13.1 和表 13.2 所列。

表 13.1 飞行区等级标准

第一位 数字		第二位 字母		
数字	飞行场地长度/m	字母	翼展/m	轮距/m
1	<800	A	<5	<4.5
2	800~1200	B	5~24	4.5~6
3	1200~1800	C	24~36	6~9
4	1800 以上	D	36~52	9~14
		E	52~65	9~14
		F	65~80	14~16

注:4F 级飞行区配套设施必须保障空中客车 A380 飞机全重(560 t)起降。

表 13.2 飞行区等级与主要机型举例

飞行区等级	最大可起降飞机种类举例	机场举例
3C	波音 733、空客 A319、新洲系列、ERJ、ARJ、CRJ 等中短程支线客机	内蒙乌海机场
4C	波音 737、空客 A320 等双发中程窄体客机	井冈山机场 2 600×45
4D	波音 767、空客 A300 等双发中程宽体客机	赣州黄金机场 2 600×45
4E	波音 747、空客 A340 等四发远程宽体客机	南昌昌北机场 3 600×60
4F	空客 A380 等四发远程宽体大客机	首都、大兴、浦东、白云等,大多 3 800×60

注:飞行区等级并不直接与机场跑道长度、宽度等同,还与道面强度、道面摩擦系数相关。

根据通用航空的具体要求,民航局 2017 年颁布了《通用机场分类管理办法》,规定通用机场按照是否对公众开放分为 A、B 两类，其中 A 类机场为对公众开放的机场，也就是允许公众进入，以获得飞行服务或自行开展飞行活动的通用机场；B 类为不对公众开放的通用机场。

A 类通用机场又分为以下三级：

A1 级通用机场：含有使用乘客座位数在 10 座以上的航空器开展商业载客飞行活动的 A 类通用机场；

A2 级通用机场：含有使用乘客座位数在 5～9 之间的航空器开展商业载客飞行活动的 A 类通用机场；

A3 级通用机场：除 A1、A2 级外的 A 类通用机场。

每个机场最少有一条跑道，为了精确指挥飞机着陆，每个跑道都有编号，特别是对有多条跑道的机场更为重要。机场跑道具有一个比较复杂的系统，包括很多内容，如跑道编号（数字）、跑道方向编号（左、中、右），安全带、净空区、滑行道、以及跑道标记（跑道名称、跑道中心线、跑道入口、着陆点、接地区、跑道边界线）等。

每条跑道都需要编号，跑道编号以磁北方向为 0°，飞行员所面对的方向与磁北方向的顺时针夹角称之为磁方位角，把磁方位角除以 10 后，四舍五入取整的数字就是跑道的编号，同时做了各种标记，如图 13.3 所示。从东向西的飞机对应的是 27 号跑道，而从西向东的飞机对应的是 9 号跑道。

图 13.4　跑道编号示意图

3. 航线和航线网络结构

与地面交通一样，空中飞行的飞机也不是随意飞的。为了保障飞行安全，飞机必须按照一定的路线飞行，一般沿途还会设置必要的无线通信、导航设施。

(1) 航路(Air Way)

经民航主管当局批准建立的一条由导航系统划定的空域（具有一定高度、宽度和方向）构成的空中通道，称为航路。

在这个通道上，空中交通管理机构要提供必要的空中交通管制和航行情报服务。

我国民用航路的宽度规定为 20 km，即中线两边各 10 km；航路宽度不得小于 8 km。

(2) 航线(Air Route)

飞机在任何两个地点确定的飞行线路就是航线，航线由飞行的起点、经停点、终点、航路、机型等要素组成。民航飞机的航线除了在未建立航路的地区外都是沿着航路飞行的。

航线可按飞行区域可分为国内航线和国际航线。其中，

国内航线是飞行起点、经停点和终点均在同一国家的航线，具体又可分为北京和各省会、直辖市和自治区首府之间的骨干航线；省或自治区内的各个城市之间，或大城市至中小城市之间的支线航线；以及我国大陆城市与香港、澳门和台湾地区之间的地区航线。

国际航线是起点、经停点和终点超过两个国家以上的航线。

(3) 航班(Flight Service)

按照民航管理部门批准的班期时刻表，使用指定的航空器，沿规定的航线，在指定的起讫点及可能的经停点提供旅客、货物或邮件运输服务的定期或不定期飞行称为航班。

航班用航班号标识其具体的飞行班次。

我国的民航飞行航班号一般采用两个字母的航空公司代码加四位数字组成。

航空公司代码由民航总局规定公布，如表 13.3 所列。

表 13.3 国内主要航空公司的标识号

航空公司名称	英文名称	代码
中国国际航空公司	air china	CA
中国南方航空公司	china southern airlines	CZ
东方航空公司	china eastern airlines	MU
厦门航空公司	xiamen airlines	MF
上海航空公司	shanghai airlines	FM
深圳航空公司	shenzhen airlines	ZH
大新华航空公司	chinaxinhua airlines	CN
江西航空公司	Jiangxi airlines	RY
四川航空公司	sichuan airlines	3U
海南航空公司	hainan airlines	HU

四位数字的第一位数字表示执行该航班任务的航空公司的基地所在地区或所属管理局，第二位数字表示该航班终点站所属的地区或管理局。

其中：1 为华北局，2 为西北局，3 为华南局，4 为西南局，5 为华东局，6 为东北局，8 为厦门，9 为新疆。

时至今日，随着航空公司的重组和新兴航空公司出现和航班越来越多，很多航班号无法套用原来的规律了。虽说航班号不再有严格规律了，但也并非“无迹可寻”。国航、南航、东航和海航原使用的航班号调整不大，主要是在一些地方航空公司航班号中调整(调整后的国内航班号，国航为“1、4、8、9”等字头；东航为“2、5、7、9”等字头；南航为“2、3、4、6”等字头；海航为“7”字头；厦航、川航、江西航为“8”字头；上航和深航为“9”字头

第三，第四位表示这次航班的序号，单数为由基地出发向外飞的去程航班，双数表示飞回基地的回程航班

例如：MU5305，上海—广州航班，MU 为东方航空公司代码，5 代表东航公司所在地上海属华东地区，3 代表广州所在的华南地区，05 为序号，单数是去程航班。

（4）航线网络

航线网络指一地区内的航线按照一定方式连接而成的构造系统，是航空公司航班计划和机组排班等运行计划的先决条件，对航空公司的运行效率和客户的服务质量有着直接的影响，是航空公司生存和发展的基础。

主流的航线网络结构分为：

① 点对点航线网络，又称为城市对航线网络。这种网络中的航线均为直达航线。

② 线形航线网络，是点对点航线网络的衍生形式，指飞机在航线中途机场一次或多次停留，以补充旅客，弥补机场间的客源不足问题。

③ 中枢辐射航线网络，又称枢纽航线网络或轮辐航线网络。指含有枢纽机场飞枢纽机场航线网络模式，是目前最先进的网络结构形式。

4. 空中交通管理(ATM)

与地面交通一样，空中交通也要进行管理，否则将造成不可想象的灾难。人们通过实践和飞行灾难的痛苦教训，逐步形成了一套管理空中交通的规章制度和管理组织，这就是空中交通管理。

空中交通管理主要由空中交通服务（ATS）、空中交通流量管理（ATFM）和空域管理（ASM）组成。

（1）空中交通服务

空中交通服务是空中交通管理的主要组成部分，包括空中交通管制服务（ATC）、飞行情报服务（FIS）和告警服务（AS）。

空中交通管制的主要目的有 3 个：使航空器按计划飞行，保障工作有条不紊；维护飞行秩序，合理控制空中交通流量，防止航空器之间、航空器与障碍物相撞，保证飞行安全；对违反飞行管制的现象，查明情况，进行处理。

按照管制服务的管制范围分为机场（塔台）管制服务、进近管制服务和区域管制服务，如图 13.5所示。

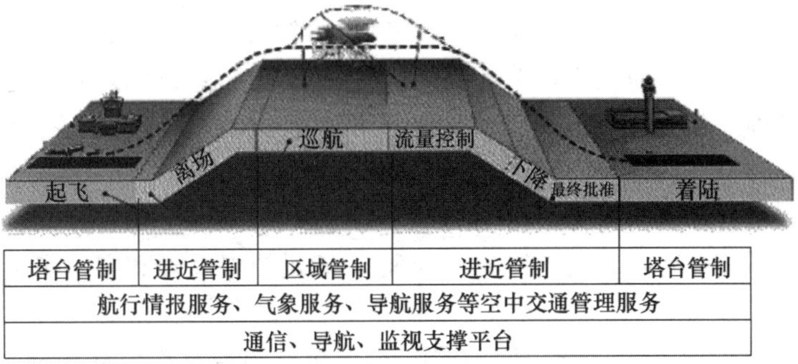

图 13.5　空中交通管制过程

塔台设在机场，塔台管制主要是维持机场的飞行秩序、指挥滑行和起降、防止碰撞。各国的管制范围不一，视空域、飞行量和管制能力而定，在中国通常为 100 km 左右。

进近管制对处于塔台管制范围和区域管制范围之间的进场或离场飞机实施管制，其范围有时较大，可达 180 km 以上，可以包括几个机场。

区域管制也称航路管制，由区域管制中心执行，主要是使航路上的飞机之间保持安全间隔。它能对飞机实施竖向、纵向或横向调配，以避免碰撞，确保安全。

按照管制方法又可分为程序管制和雷达管制两类。

程序管制：依照空中交通管制规则、机场和航路的有关规定，依靠通信手段进行管制的方法。机长应报告飞行的位置和状态，管制员依据飞行时间和机长的报告，通过计算，掌握飞机的位置和航迹。程序管制的主要任务是为飞机配备安全间隔。程序管制是空中交通管制的基础。

雷达管制：根据空中交通管制规则，依靠雷达监视的手段进行管制的方法。通过对飞行中的飞机进行雷达跟踪监视，随时掌握飞机的航迹位置和有关的飞行数据，并主动引导飞机运行。

空中交通管制机构包括空中交通服务报告室、塔台管制室、进近管制室、区域管制室、区域管制中心（民航地区管理局调度室）和全国交通管制中心（民航总局调度室）。

管制工作任务与要求有 5 个：根据有关单位和个人提出的飞行申请，拟定、申请和批复飞行预报和计划，布置飞行任务，通报飞行动态；预见可能发生的问题，处置飞行情况的各种变化；合理控制和有效提高空中交通流量；掌握熟练的业务技能，为飞行提供保障安全的情报、措施和建议；保证及时提供导航设备，提供遇险飞机的情况。

飞行情报服务是指提供规定区域内航行安全、正常和效率所需的航行资料和数据，包括气象情报、高航设备工作状态情报、机场设置状态情报以及可能影响飞行安全的其他情报。其任务是向飞行中的航空器提供有助于安全和高效地实施飞行的建议和情报。飞行情报服务不改变航空器驾驶员的责任。

告警服务是向有关组织发出需要搜寻援救航空器和协助该组织而提供的服务。其任务是向有关机关发出需要搜寻与救援航空器的通知，并根据需要协助该机构或者协调该项工作的进行。

(2) 空中交通流量管理

空中交通流量管理是指为保障空中交通安全、有序和快捷地流通，以确保最大限度地利用空中交通管制服务的容量，并符合有关空中交通服务当局公布的标准和容量，保证空中交通最佳地流向或通过特定区域；为飞机运营者提供及时、精确的信息以规划和实施一种经济的空中运输，为尽可能准确地预报飞行情报而减少延误而设置的服务。简单地说，空中交通流量管理就是指对单位时间内通过航线某一点或者某条航线的飞机数量（不分方向）进行管理，尽可能提高机场、空域可用容量的利用率。

空中交通流量管理分为 3 类：先期流量管理、飞行前流量管理和实时流量管理。

(3) 空域管理

空域管理是指为维护国家安全，兼顾民用、军用航空的需要和公众利益，统一规划，合理、充分、有效地利用空域的管理工作。

空域是航空器在大气空间的活动范围，是空中交通服务单位向空域用户提供服务的资源。空域管理的主要目的是充分满足交通需要，充分利用空域资源，尽可能满足商业运输、通用航空、军事飞行三类用户的基本要求，尽量减少对空域使用的限制，使飞机能沿其最有利的路线飞行，并保证与其他飞机之间的安全间隔。

我国的空域可分为 3 类：

飞行情报区：为提供飞行情报服务和告警服务而划设的空间。我国共有 11 个飞行情报区，包括北京、上海、广州、昆明、武汉、沈阳、兰州、乌鲁木齐、三亚、香港和台北。

空中交通服务空域又称管制空域：根据《国家空域基础分类方法》，我国将空域分为两级七类。管制空域（A、B、C、D、E 类）和非管制区（G、W 类），所有飞行必须接受相应管制室的管制服务，如图 13.6 所示。

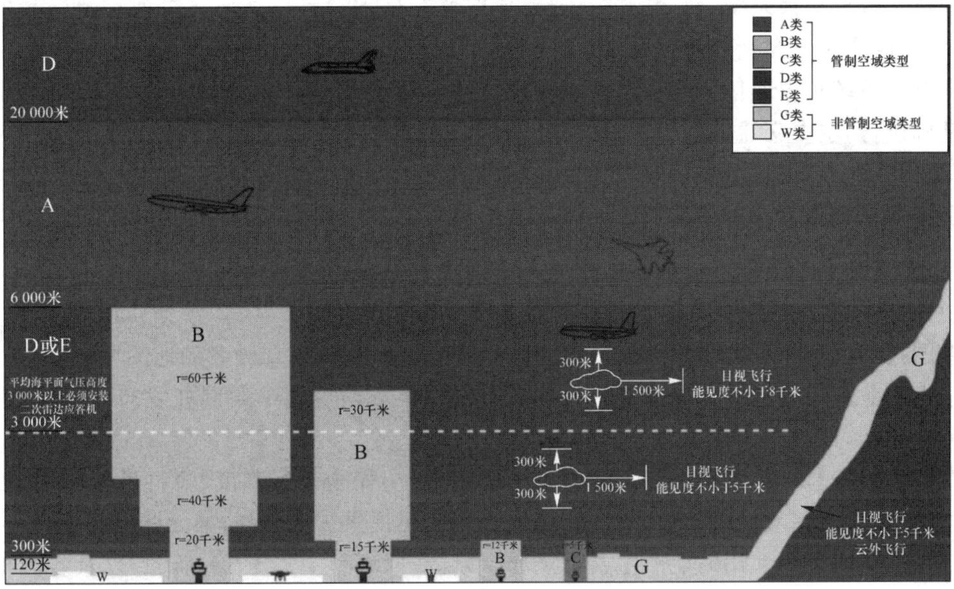

图 13.6　空域分类示意图

特殊空域：是指国家为了政治、军事或科学实验的需求，划设的限制或禁止航空器进入的空域。主要分为以 D 标示的空中危险区、用 R 标示的空中限制区和用 P 标示的空中禁区等，在相关航图上进行标示。

5. 航管设施和新航行系统

（1）航管设施

航管设施管理多架飞机起降和航行，以保障飞行秩序和安全。为完成某些特定任务，必须制定一套规则，接受管制的飞机依靠目视、无线电通信和导航手段执行管制规则。

为实现空中交通管制，要有先进的导航系统、通信系统、监视系统和数据系统。导航系统为驾驶员提供定位信息，协助控制（甚至自动控制中心随时了解飞行情况，并及时向飞行员下达指令）。监视系统的作用是监视本控制空域飞机飞行状况及进港离港的飞机。数据系统不但能随时了解飞机的位置、航线、速度、机号并及时发出必要指令，还与邻近控制中心联网及时交流信息。空中交通管制系统除指挥中心外，还有航线交通控制站、终端交通控制站和飞行服务站。终端控制站主要是由甚高频全向信标系统和测距系统实现导引飞行，由仪表着陆系统引进港。20 世纪 80 年代已有很多终端交通控制站装备有自动、半自动雷达系统，到 20 世纪 90 年代中期已有使用卫星导航自动着陆系统。空中交通控制系统正面临大变革时期，国际上实行通信导航监视和空中交通管理系统，这要求更多地利用全球卫星定位系统和地面计算机网络。在通信中，使用卫星通信，保留并发展“甚高频语音”通信，发展“数据”通信，利用“差分卫星系统”和“微波着陆系统”等。飞行服务站(航空港)不但要能提供气象服务，而且还要能实现港内自动化监视、控制和管理，以便更好地为空中导航、进港出港控制以及飞机和机场地面运输服务。

(2) 新航行系统

由于现行航行系统存在精度低、可靠性差，全球难以以统一方式运作，通信采用语音而缺少空地数字数据交换系统，现行的航空通信导航监视(CNS)难以适应飞机架次及流量的增加等原因，急需推出一套新的航行系统。

新航行系统仍由通信、导航、监视和空中交通管理 4 部分组成。其中，通信、导航和监视系统是基础设备，空中交通管理是管理体制、配套设施及其应用软件的组合。新航行系统是一个以星基为主的全球通信、导航、监视加上自动化的空中交通管理系统。从技术利用上说，主要是卫星技术＋数据链技术＋计算机网络技术的应用。

6. 航图与飞行程序

(1) 航　图

航图是一种用于辅助飞机导航的地图，与船舶的海图、汽车驾驶者的地图原理相似。航图民航情报服务部门根据飞行规则、飞机性能、空域情况等内容统一绘制并发布，具有很强的时效性和针对性，并具有法律效力的公文。

飞行员根据航图可判断自己驾驶的飞机所在方位、安全飞行高度、飞行最佳路径、沿途导航设备，以及飞机失事时最佳迫降机场/场地。航图还提供其他信息，如无线电频率、空域等。

现在民航飞行中使用的航图主要有杰普森航图，联邦航空局 FAA 航图，以及各国根据自己情况制作的航图，而其中以杰普森航图比较通用。中国国内也有自己制作的航图，其制作基本结构采用了杰普森的航图样式。图 13.7 为上海浦东机场航图。

(2) 飞行程序

飞行程序是指为航空器在机场区域运行所规定的、按顺序进行的一系列机动飞行的要求，如飞行区域、航迹、高度、速度的规定和限制等，一般包括起飞离场程序、进场程序、进近程序、复飞程序和等待程序等。飞行程序分为仪表飞行程序和目视飞行程序两类。仪表飞行程序包括传统导航飞行程序和基于性能导航(PBN)飞行程序。

飞行程序的结果以航图的形式进行公布。

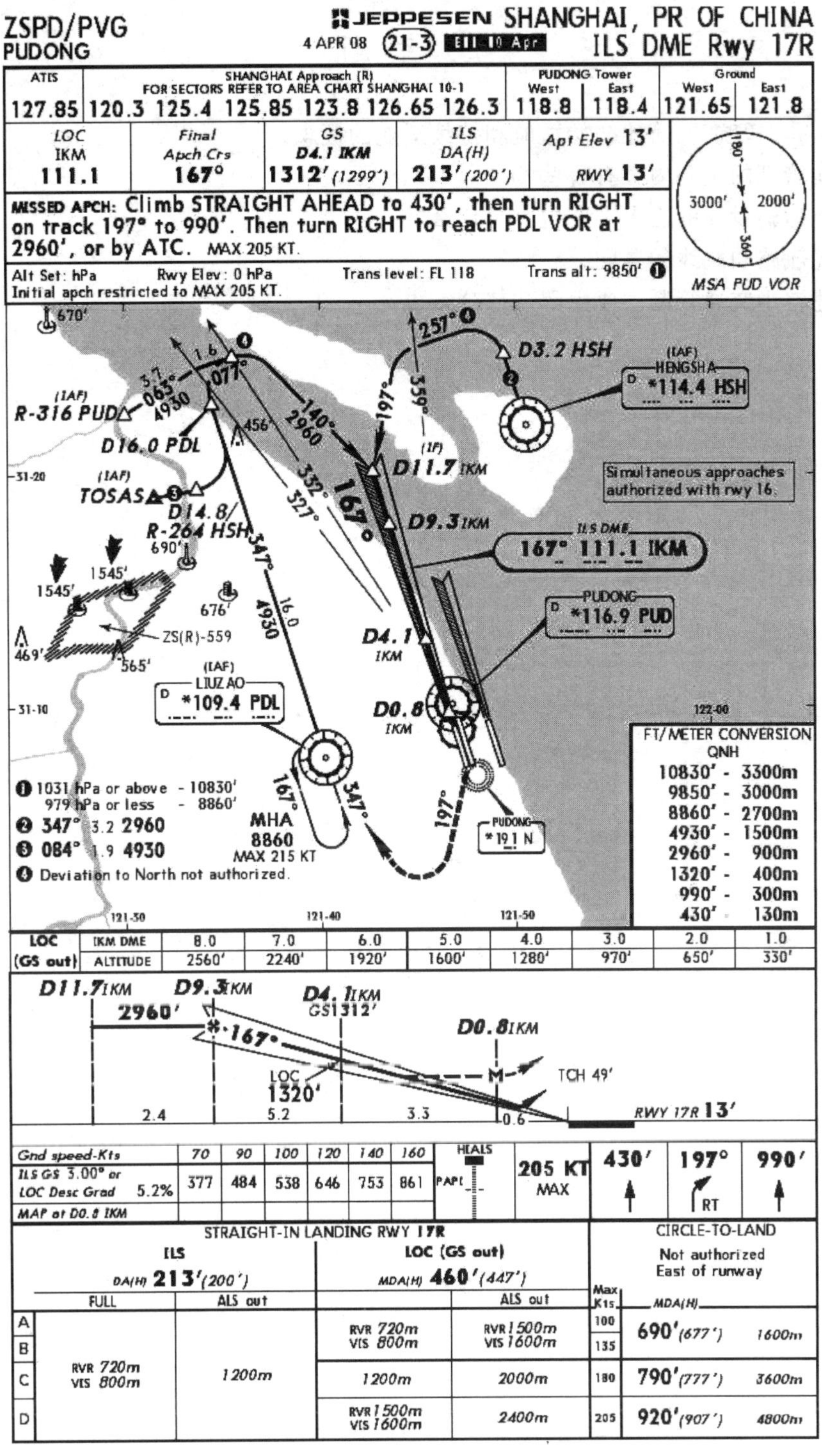

图 13.7　上海浦东机场航图

思考题

1. 什么是“适航”？简述初始适航和持续适航的概念。
2. 适航管理的主要内容有哪些？
3. 民航运输设计的三大主要内容是什么？
4. 简述航路和航线的异同。
5. 简述空中交通管制主要由哪几部分组成？

参考文献

[1] 史超礼. 航空概论[M]. 北京:国防工业出版社,1978.

[2] 过崇伟. 航空航天技术概论[M]. 北京:北京航空航天大学出版社, 1992.

[3] 贾玉红. 航空航天概论[M].4 版. 北京:北京航空航天大学出版社, 2017.

[4] 宋笔锋. 航空航天概论[M]. 北京:国防工业出版社,2006.

[5] 何庆芝. 航空航天概论 [M]. 北京:北京航空航天大学出版社, 1997.

[6] 张聚恩. 新航空航天概论[M].2 版. 北京:航空工业出版社, 2022.

[7] 波波夫. 航空技术基础[M]. 苏家琅,译. 北京:国防工业出版社,1956.

[8] 杨华宝. 飞机原理与构造[M]. 西安:西北工业大学出版社, 2002.

[9] 戚发轫. 载人航天器[M]. 北京:国防工业出版社, 2001.

[11] 顾诵芬. 科学技术:航空卷[M]. 济南:山东教育出版社, 1998.

[12] 闵桂荣. 科学技术:航天卷[M]. 济南:山东教育出版社, 1998.

[13] 《当代中国的航空工业》编辑委员会. 当代中国的航空工业[M]. 北京:中国社会科学出版社, 1988.

[14] 中国大百科全书总编辑委员会,《航空航天》编辑委员会. 中国大百科全书:航空航天[M]. 北京, 中国大百科全书出版社,1985.

[15] 《国防科技名词大典》航空卷编委会. 国防科技名词大典:航空[M]. 北京:航空工业出版社, 兵器工业出版社, 原子能出版社,2002.

[16] 《人类与太空》编委会. 人类与太空[M]. 北京:长虹出版社, 1999.

[17] 顾诵芬. 飞机总体设计[M]. 北京:北京航空航天大学出版社, 2001.

[18] 姜长英. 中国航空史[M]. 北京:清华大学出版社, 2000.

[19] 文裕武. 现代直升机应用与发展[M]. 北京:航空工业出版社, 2000.

[20] 赵月华. 美国航空工业发展模式研究[M]. 北京:中国民航出版社, 2018.

[21] 万寿义. 成本管理[M]. 北京:中央广播电视大学出版社, 2001.

[22] 翟文莹. 成本系统工程 [M]. 北京:经济科学出版社, 2000.

[23] 曾声奎. 系统可靠性设计分析教程[M]. 北京:北京航空航天大学出版社, 2001.

[24] 梅文华. 可靠性增长试验[M]. 北京:国防工业出版社, 2003.

[25] 彭苏娥. 质量与可靠性管理[M]. 北京:电子工业出版社, 2003.

[26] 张永生. 民用航空维修工程管理概论[M]. 北京:中国民航出版社, 1999.

[27] 菲利普·德·弗洛里奥. 适航性:航空器合格审定导论[M]. 上海:上海交通大学出版社, 2013.

[28] 徐浩军. 航空器适航性概论[M]. 西安:西北工业大学出版社, 2012.

[29] 罗随力. 民航运输概论[M].3 版. 北京:北京航空航天大学出版社, 2017.

[30] 杨道华. 民航安全管理[M].4 版. 北京:中国民航出版社, 2018.